财富博客

新媒体时代的商业对话策略

〔美〕

罗伯特·斯考伯 (Robert Scoble)

谢尔·以色列 (Shel Israel)

著

李宛蓉 译

重庆出版集团
重庆出版社

本书中文简体字版通过 **Grand China Publishing House**（中资出版社）授权重庆出版社在中国大陆地区出版并独家发行。未经出版者书面许可，本书的任何部分不得以任何方式抄袭、节录或翻印。

版权所有　侵权必究

版贸核渝字 (2007) 第 91 号
图书在版编目（CIP）数据
财富博客 /（美）斯考伯，以色列著；李宛蓉译 . —重庆：重庆出版社，2008.5
书名原文 Naked Conversations: How Blogs Are Changing the Way Businesses Talk with
Customers

ISBN 978-7-5366-9539-9

I. 财… II. ①斯… ②李… III. 互联网络－应用－企业管理 IV . F270.7

中国版本图书馆 CIP 数据核字 (2008) 第 033768 号

财富博客
CAIFU BOKE

〔美〕罗伯特·斯考伯　谢尔·以色列　著

李宛蓉　译

出 版 人：罗小卫　　　　　策　　划：中资海派·广东宏图华章
执行策划：桂 林 黄 河　　　责任编辑：温远才 朱远洋
责任校对：庄少兰　　　　　装帧设计：袁青青

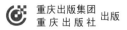
重庆出版集团
重庆出版社　出版

重庆长江二路 205 号　邮政编码：400016　http://www.cqph.com
深圳大公印刷有限公司制版印刷
重庆出版集团图书发行有限公司发行
E-MAIL: fxchu@cqph.com　邮购电话：023-68809452
全国新华书店经销

开本：787×1092mm　1/16　印张：18　字数：233 千
2008 年 5 月第 1 版　2008 年 5 月第 1 次印刷
定价：38.00 元

如有印装质量问题，请向本集团图书发行有限公司调换：023-68706683

博客改变商业世界

blog**bus** 魏武挥

BlogBus.com[①]副总裁兼首席运营官

在 2005 年中国网民突破 1 亿之际，CNNIC(中国互联网信息中心) 调查了当时中国的博客数量已超过 1 000 万[②]。而到了 2007 年年末，这个数字已经增长到 5 000 万[③]。如今，"博客" 已经成为大众耳熟能详的名词。

也正是因为博客二字影响如此之大，商界始终没有放弃过利用博客来赢取财富的这条通道。博客营销的概念体系中，大体上分为两条路线：其一，如何利用现有的数以万计的博客展开营销；其二，如何搭建一个博客来更好地宣传企业的产品从而取得相应的利润。而本书主要探讨的，就是第二条路线的内容。

《财富博客》的第一作者罗伯特·斯考伯因为博客一夜成名。2000 年，当时他还只是微软的一名普通技术人员，在得到首席执行官史蒂夫·鲍

---

① BlogBus.com是中国最早的专业BSP之一，创建于2002年。公司自成立以来，一直坚持简洁明快的风格，截止到2008年，已经累积了400余万高学历高收入高感度的用户。BlogBus.com致力于打造口碑传播和博客营销，先后为别克君越、欧莱雅、世界黄金协会、绝对伏特加、香必飘汽车香薰等客户提供过新媒体整合营销传播解决方案。

② CNNIC，《第16次中国互联网络发展状况统计报告》，2005年7月，p.17。

③ CNNIC，《中国博客市场调查报告》，2007年12月，p.9。

尔默的许可后，他开始撰写博客，并自由发表自己对微软的看法。在
2006年罗伯特离开微软之前，他已经是微软的Channel 9频道和网络Blog
的宣传负责人，还被冠上"比尔盖茨一号小喇叭"的称号。在公司内部，
罗伯特就象一名巡回记者，专门负责在微软的Channel 9频道上以采访的
方式将微软公司700余名员工的生活经历、工作理念发掘出来。

罗伯特的微软博客访问者众多，他通过酣畅淋漓的自由书写、一针
见血的个人评论，让一贯高高在上的微软拥有了一张人性化的面孔。连
英国《经济学人》都称他为"首席感化官"。《远东经济评论》在2004年
的7月号也用如此煽情的文字写道：

"从前，有一个带着眼镜、名叫比尔的'暴君'，他统治着全球近乎
98%的'领土'。他将自己的软件解决方案强加于人，并且通过高利贷式
的授权协议盘剥着整个世界。这个世界对比尔的憎恨是如此普遍，以至
于'暴君'所有的公关活动和慈善事业都不能挽回他的形象。后来，忽
然有一天，出现了一个名叫罗伯特·斯考伯的胖胖的电脑商人，他通过
个人日志，也就是blog(博客)，改变了这一切。转眼之间，大家开始重
新喜欢这个'国王'，并购买他的产品。(至少，人们不再那么憎恨他了，
甚至在晚会上见了他，也开始和他打招呼了。)"

这本书的英文原名是 *Naked Conversations*，而 conversation(对话)一
词至关重要。在很多提到宣传(或者叫营销)的图书里，经常使用的是"沟
通"、"传播"，英文则常用"communication"；但事实上，企业应该和它
的利益相关人(stakeholder)进行对话而非单向说服；而且，这种对话还应
该是平等双向的。著名的危机公关学者Grunig教授在研究了大量案例后
得出结论：对等双向传播模式(two-way symmetrical communication model)
是组织在面对危机时使用的最恰当的处理方式。

然而，这一点，并不是那么容易做到的。

在组织和大众的交流中(这种交流包括广告、公关、直销等一系列所
谓整合营销传播的手法)，一端是虚拟的人——商业组织(组织并不是一

一个人，而品牌在大多数时候缺少人性的元素），另外一端则更含混——一群无法辨识的大众。所谓信息交流就是在这两端进行着，这是一个基本上可以被称为单向传播（从冷冰冰的组织到面容模糊的大众）的流动。这种没有信任基础且又是单向的传播，势必造成沟通不畅，企业说企业的，大众做大众自己的。这个局面丝毫没有奇怪之处，商业组织耗资巨大，试图让自己的信息更具说服力，他们大搞公关营销，奇招百出以传播信息，但却忽略了一样很重要的东西——当一句话从冷冰冰的机器人而不是一个人口中说出来的时候，所谓说服力，必定是要打折扣的。

但大众难道不想知道商业组织的信息吗？也不尽然。特别是对于一些有影响力的知名企业，大众并非对它们的信息不屑一顾。更进一步来讲，如果是这些企业的花边新闻，那么大众就更感兴趣了。由此看来，并不是大众不想知道，而是企业的信息传播方式亟待革新。在这场革新中，博客无疑是一个值得重视的新工具。本书作者如是说：

"博客们纯粹互相对话，他们书写时会犯文法错误，讨论主题前后乱跳，经常中途打断别人的话去问问题、提建议、挑战对方主张，但这些对话可以建立信任感。博客的一位先驱戴夫·温纳（Dave Winer，博客技术的领袖人物之一。作为PC软件业的先驱，是最早的博客之一，并最早提供博客软件，为博客运动提供软件技术'驱动力'。）称之为用真面貌对话，他也乐见偶然出现的错别字，因为那充分说明对话的真实性，证明你所阅读的内容未经过滤，出于真实人物的手笔。"

博客正在因为个人色彩的介入，慢慢发展成为强有力的公关工具。这种个人化的写作，让读者们觉得更亲切，更可信。而较之于一般企业的官网论坛（BBS），它的信息发布以及与读者间的对话随意但不乏井然有序。博客，事实上已经帮助组织搭建了一个"对等双向传播模式"的平台。

2007年7月，万科董事长王石夫人被人发现购入将近5万股万科股票，随后万科便发布了一项利好消息。这次购买引发了公众的广泛质疑。9天之后，王石通过他的博客发布了题为"作为万科董事长，深表歉意"的日志，

文中做了非常诚恳的解释和道歉。而在新浪随后的调查中发现，有将近7成的投资人接受了这一道歉，认为万科这起危机公关处理得十分到位。最重要的是，这起事件之后，万科的股价并未受到太多的负面影响。

罗伯特作为一个基层员工开设博客，最终成为微软重要的非官方发言人，这只是一个例子。相对于美式文化而言，中国民众，有时候更愿意相信"负责人"所说的话。鉴于这种文化的不同，建议中国有更多的企业领导人开设"CEO博客"。然而，不管怎样，正如三次艾美奖得主、美国查普曼大学的休伊特教授所说："如果你是一位领导，你就应该开博；如果可能的话，每天都应该更新博客；如果条件不允许，也应该利用大多数时间写博客。"

那么，究竟如何架设和运作一个商业博客来充当有效的对话渠道？如何利用博客获取最大的财富价值呢？请翻开本书，相信您会找到此中的玄机。

新空间洞开，人人都是财富主角

段传敏

《新营销》杂志主编 新营销

两年前，当《新营销》杂志推出《博客营销》专题时，虽然我们对这种新兴营销模式在企业中的应用给予积极评价，但仍然没有想到，这种形态会在门户网站的推波助澜下，在中国以如此迅猛的姿态铺开，迅速成为网民们的新宠。

博客被如此迅速而广泛地应用到传统以及新型企业的营销中，这不足为奇，如今越来越多自信的中国企业对于新生事物抱有近乎天然的实践热情，各种营销方式被迅速应用，快速流行。

但这还只是博客这种新型沟通方式所带来的革命性变化的一角。真正具有颠覆意义的是，人人都可以成为一个媒体，沟通方式出现多维交互性，沟通平台日益全球化。博客创造了一个完全崭新的世界，充满了无限的潜力与可能。

改革开放30年来，我们只是渐次开放了部分思想与地理的空间，就已经使中国的财富激增，中国一跃成为世界经济的发动机；未来，随着以博客为代表的新营销技术的广泛应用，新空间的洞开所带来的财富将无可限量。更重要的是，在未来这种经济增长方式中，人人都可以成为财富主角。

中国影星徐静蕾靠着博客的力量成长为全球知名艺人。未来你将看到"蝴蝶效应"在现实生活中以规模方式集体上演。每个人都具有改变世界的能量与潜力，都具有引发财富重新分配的革命力量。而这些，源于我们所处空间的无限洞开。

博客，在新时代将协助我们打开新空间，踏入新的财富之门。而这些变化正在我们身边倾情上演。当然，我们仍然可以习惯太阳照常升起，可以无视这种革命的来临，那么依然年轻的我们将不可否认地快速沦为旧世纪的遗老遗少。

不信？那我们走着瞧。

博客如何影响我

张智勇

亿玛在线 副总裁　EM 亿玛

关于博客，只说三个事情，全部是我亲身经历的。

2004 年临近毕业的时候，我的很多同学参加招聘会，通常失望而归；我从不参加任何招聘会，因为我丝毫不用担心工作问题。

在大三时，我开始对电子商务感兴趣，那时候恰好博客开始流行，就也搭建了一个，并且把自己关于电子商务的一些思考发上去，渐渐地读者多了起来，甚至一些大电子商务公司的高管也会看我的博客。临近毕业，我在博客上透露了要找工作的信息，结果很快就收到很多邀请邮件，包括当当、8848 等当时非常大的电子商务网站。最终我去了当当，并且在没有任何工作经验的情况下，跳过基层，直接从中层做起。

博客是可以帮助我们找到好工作的。

目前最火的是在网上卖衬衫，vancl 就是其中一个卖衬衫的网站。作为一个博客，vancl 白送了我一件价值 68 元的衬衫，只是要求我写一篇介

财富博客

绍 vancl 的文章,甚至是负面都可以。而作为报偿,vancl 还会给我额外的 80 元作为润笔费,这样子我的一篇博客就能净赚 148 元。Vancl 一共为像我这样的博客付出了几十万的推广费用,当然,也取得了非常好的效果。

我其实并没打算通过博客赚钱,所以很多方法只是了解但并没有去实践,我知道的一些博客,每个月的收入甚至能高达几万、十几万元;当然,这个难度就非常高了,不是谁都能够做到。

博客是可以帮我们赚钱的。

我所在的亿玛公司,2006 年开始进军电子商务营销业务,这个业务需要有良好的品牌。为了塑造品牌,我们开通了亿玛的官方博客,在博客上每周总结一次上周电子商务行业的重要新闻,偶尔也会发一些我们对电子商务的思考。很多电子商务从业人士都是从我们的博客中了解业界动态的。潜移默化中,这些潜在客户逐渐对亿玛的品牌有了印象,当这些公司需要营销服务的时候,他们首先想起的就是亿玛。有了品牌,很多事情就好办了,我们用了不到一年的时间,迅速做到了该行业第一名。

博客是可以帮我们打造品牌的。

毕业三年,工作三载,个人和公司发展都超乎预期,需要感谢很多,尤其是自己和公司的博客。

确实,只要运用得好,博客就是财富。

目　录

第一部分　对话的时代

第 1 章　与顾客沟通的绝佳方法

　　我们是在暗示员工博客已经说服全世界去爱微软了吗？别傻了，那一天还远得很，何况那个恼人的安全问题依旧挥之不去。我们的重点是：如果博客能为微软做这么多，试想一下，它能为贵公司做些什么？

第 2 章　翻天覆地的商业革命

　　博客和其他沟通渠道有 6 项主要差别，也许你可以在其他地方找到其中一项特点，但绝不可能像博客一样 6 项通吃。事实证明，博客是确保你赢得 Google 高排名的最佳方法。

第 3 章　紫牛效应加强版

　　1996 年 12 月，4 个年轻人发明了一套软件，目的是用它来和其他朋友在线聊天。两个月不到，竟然有 6.5 万多人下载了他们的软件，而他们都是经由口耳相传的对话知道这套软件的事，并称之为"ICQ"，即取"I Seek You"的谐音。

如果企业开口闭口说"这儿一切完美无缺"，人们的反应多半是不信任。

我们喜欢《冷河》(Cold River) 一书作者乔伊夫·伊姆瑞区 (Jozef Imrich) 颇富诗意的评述："阳光是最佳杀菌剂，只要敏感数据不外泄，所有执行官都会鼓励透明与公开。"

第二部分　聪明经营博客

第三部分　是科技，也是人性

自从传奇的网络公司热潮爆发以来，许多观察家都认为科技界没有什么惊世骇俗的进展，然而事实上，这个表象的背后确实出现了令人目不暇接的创新，而其中有很多新技术都和博客与社交媒体有关。

博客不仅冲击营销，也凌驾于营销；它不仅在对外沟通上举足轻重，对内沟通一样也少不了它；博客是危机时的救火队，是卓越的研究汇集器、诚聘英才的工具、产品发明机，也是顾客服务与支持的改善机制，博客会把企业变得更好。

商业博客真的能赚钱

汤姆·彼得斯 (Tom Peters, 博客先行者)
国际畅销书《追求卓越》作者

这是我 20 年来过得最好的一年！

为什么？因为我在 2004 年 7 月 27 日开始主持博客。

我手里有了一颗球，我的"顾客群"也有一颗球。

我的生活改变了，这得感谢博客。

我正在和我分散在世界各地的"社群"进行有生以来最棒的"对话"。

起初这只是斯考伯的独力奋斗，是他给了"邪恶帝国"（还有谁？就是微软嘛）"人性面貌"。一切得归功于他的博客。

"商业博客"的重要性非比寻常——如果你确实遵照某些"简单原则"的话——也就是：公开＋诚实＋酷炫（这三项恐怕都不是企业所擅长的）。

我已经写过 50 多篇"序"了，但写这篇序是有个人因素的：很私人。

商业博客真的能赚钱。它具有划时代的重要性或具有这样的潜力。

写这本书的两位朋友最清楚。

仔细听他们的话。（如果不听，损失就太惨重了。）

拜托你。

现在就得加入博客大军

沟通是从人与人之间的对话开始的，后来我们迷上广播
媒体，现在又回归到对话。这是完整的循环。

——特里·卡奇普尔

(Terry Catchpole，卡奇普尔公司创办人)

这本书将给企业与顾客间的沟通带来一场巨变，它讲述的是如何铲除双方互相了解与信任的障碍，最主要的是关于博客，迄今为止它是这场革命最有威力的工具。

《财富博客》不标榜所提到的观点都能得到客观检验，不过我们倒是想尽力写得公平正确；我们是博客急先锋，深信那些希望与顾客更亲近的企业善用博客不仅做法明智，而且是必要之举。我们预测，在不远的将来，不愿意经营博客的公司，将遭到外界或多或少的质疑，人们会怀疑这些公司是否有不可告人之处，抑或公司老板担心员工会揭露什么不堪的内幕。说到革命，我们可不是危言耸听。从你的角度来看，目前公司的业务可能和以往没什么两样，公关人员照样挖空心思做文案，直销活动仍然力图从根本不想被打扰的受访对象中逼出 2% 以上的回函率——

然而你可能心里也有数，这玩意儿愈来愈贵，而且愈来愈不灵了。诚如《纽约时报》(*New York Times*)、美国皮尤研究中心 (Pew Research) 和其他资料来源所述，就在昨天和今天之间，世界上每过一秒钟就多了一个博客，有的充其量是爱写日记的青少年和政治狂热分子的抒情管道。不过，确实有大量新崛起的博客谈的是商业。

或许这类商业对话讲的正是你所关注的市场、顾客或产品。其实，如果今天人们还没有在博客里谈论你的公司，很可能过不了多久他们就会谈到了。假如你足够聪明的话，现在就该加入他们的对话，就算只是感谢那些赞美你的人，或批驳不符事实的评论，也绝对不虚此举；如果你漠视博客圈 (blogosphere，这个词被用来形容所有博客串联起来的全球网络)，你就无法得知人们在背后怎么说你，也不能从他们身上学到东西，而他们也不会诚恳地站在关心你的事业与公司声誉的立场上向你建言。

《财富博客》讲的是你应该如何加入对话，理由是什么，书里也告诉你应该如何"聪明经营博客"才能成功——重点不在于运用什么工具，而在于采用哪些策略以及明白背后的道理。本书阐述雇主为何应该鼓励中、高层管理团队的成员经营博客，以发自肺腑的诚挚之言谈论他们最熟悉的业务，来让外界更好地理解公司文化。书中将会解释，为什么好公司应该保护这些畅所欲言的员工，不让那些生性喜欢控制与集中管制信息的保守派监督者钳制他们。

假如你选择加入对话，贵公司将能在这方面表现更佳，顾客也会更满意。获得顾客集思广益的协助，贵公司将能开发出更优越的产品与更优质的服务，将摒弃以往那些陈旧的营销战术，因为那些战术不仅不管用，而且会激怒目标对象。

我们不能保证博客会让你变高、变瘦、变性感，我们早就听腻了这样的保证；我们能做到的是给你介绍一大堆从事博客营销、而且成效卓著的企业人物。这本书的大半内容纯粹是让成功的博客亲口讲述自己的故事。我们尽可能直接引用他们的话，如此一来，读者可以亲耳听听他们的见解，然后自己去做判断。

有时我们也并不认同这些人所说的话，此时我们会诚恳地提出自己的观点。早先我们曾在自己的博客中发表本书的草稿，有些读者造访之后留下反对意见，我们也从中选出一些批评纳入本书。这些访客让我获益匪浅，他们是本书中许多故事的来源，也是帮我们检验事实、反映舆情的功臣，简而言之，是他们协助我们把这本书变得更精彩。我们希望书里的某些故事能适用于你和你的事业，不论你在哪里、从事哪行哪业。我们访谈的博客，从《财富》(Fortune) 十大企业高管，到在家办公的自由撰稿人无所不包；报道的对象包括日本牙医、球队老板、演员，还有国际顶尖时装设计师。如果你现在是站在书店里翻阅本书，请不要客气，尽情地在各章节中寻找，看看这些顾问、技术人员、企业家、工匠、餐厅老板、律师、创业先锋、上市公司高管当中，有没有哪一位有关博客的见解对你有用；如果你正在网上冲浪，不妨到这个网站 (http://nakedconversations.com) 去瞧瞧，读一读里面完整的访谈内容。我们针对大部分访问都提供了篇幅较长的版本，你可以从中确切了解受访者所讲述的故事的来龙去脉。

请别误会：本书的确鼓吹博客，然而我们并没有忽略它的黑暗面。我们审视博客的风险与局限，如它的旷日废时、法律层面的缺失、负面批评，以及公关冲突、参与者惨遭老板开除、泄露竞争机密等。但我们提醒你，尽管如此，所有受访博客 (超过 100 人) 都认为这件事绝对值得去做。

本书还勾勒了博客的"大未来"愿景：一方面，博客只是个工具；另一方面，在一场默默进行许久、正要猛烈爆发的沟通革命之中，博客却是发展至今威力最强大的组件之一。这场革命关乎企业沟通的方式，而且沟通对象不仅仅限于顾客，还扩及整个企业界——合作伙伴、供货商、员工、潜在客户、投资人和媒体等无所不包。

广告、公关、官网都完了

在博客出现之前，已经有许多涉及对话的通讯工具出现，例如电子邮件、手机短信、聊天室（甚至连电话也可以算进去），所有这些通讯工具采用的技术都能让人们直接、非正式地对话——博客不会互相提醒注意预测性陈述 (forward-looking statements，指企业对发展前景的预测和展望，内含风险与不确定因素。——译者注) 和侵犯知识产权等事宜，也不会互传可疑信息，譬如服用某种头痛药会使眼睛流血、衬衫较白的人婚姻比较幸福、在家除草的男性分泌较多睾脂酮 (testosterone) 等。

博客纯粹互相对话，他们书写时会犯文法错误，讨论某个主题时思维前后跳跃，经常中途打断别人的话去问问题、提建议、挑战对方的主张，但这些对话却能在彼此之间建立起信任感。一位博客先驱戴夫·魏纳 (Dave Winer) 称之为"用真面貌对话" (come-as-you-are conversations)，他也乐于见到博客上偶然出现的错别字，因为它们显示了对话的真实性，证明你所阅读的内容未经过滤，是出自真实人物的手笔。

反之，博客与很多人一样，对官方发言人那种流畅精致的语言通常抱有怀疑的态度，他们会用"西装" (suits) 之类的字眼来暗示内心的疑虑，意思是堂皇外表之下并无人性存在。发言人所使用的奇怪语言，我们称为"官方语言" (corpspeak)，是糅合谨慎的法律字句与夸张营销语法的矛盾混合体。说官方语言的人是在有话想说的时候才发言，而不是在人们想倾听的时候发言，他们使用广告、新闻稿、网站等去"轰击"目标对象，手法简直骇人。

人们为了躲避这类营销信息的骚扰，还得掏钱购买科技产品或在内心自筑过滤机制，譬如购买数字电视录放机 (TiVo) 和防堵垃圾邮件的过滤程序，然后营销人员又开发新技术去突破这些滤网。然而当顾客有话想对他们说时，同一批营销人员却采用诸如语音处理、网站常见问答集 (FAQs) 等技术和官僚措施应付顾客，或是以信息不足、人手欠缺的远程顾客服务小组来敷衍顾客，其做法无异于将顾客的意见消音，而且回避真人接触。

一般人大多讨厌企业营销。有一家大公司的高级传播主管向我们坦承，他属下公关部门所印发的新闻稿，连他自己都不想看。他告诉我们："内容只是一堆垃圾。"另外他还补充，"不过我们有一些真的很酷的博客。"我们发现，不论在大企业、小公司或家庭工作室中，普遍弥漫着这种反公司情结，这也就是博客之所以出现，同时变得举足轻重的关键原因，博客将变得越来越强大。

这本书讲的是企业与相关对象站在同一高度彼此对话，其实这并不算真正的新东西，过去街巷里的肉贩、糕点师傅、蜡烛工匠就是这么做的，至少在他们的小店变成连锁店、加盟店、超级市场时，或是被他们亲手结束营业之前，就是这样子做的。不过在 2000 年，这一思想再度被点燃，一本叫做《市场就是谈话》(*The Cluetrain Manifesto*) 的书横空出世，"市场就是对话"这一理念触动了很多人的心弦，尤其是那些即将建构博客必备工具的未受雇用的软件开发工程师，以及那些纳闷为什么大量促销手法纷纷失灵的营销人员。

《市场就是谈话》的作者说，真理大致是不证自明的。该书作者之一戴维·温伯格 (David Weinberger) 使用的电子邮件信箱便是以此命名 (self@evident.com)，我们都觉得非常贴切。

《市场就是谈话》出版至今 6 年以来，博客领域发展惊人，已经开始渗透到三大洲的企业中。几个月之前，当我们开始制定出版这本书的计划时，大多数企业都以为博客会旋即退烧。而如今，许多企业主管和高层领导人都诚惶诚恐地意识到博客的威力，这就是进步，至少在我们看来是进步。著名作家、哲学家阿瑟·叔本华 (Arthur Schopenhauer) 曾说："所有真理都必须经过三个阶段，在第一阶段被冷嘲热讽；在第二阶段被强烈反对；到了第三阶段，却被视为不证自明而广为接受。"博客已经经过被否定和被许多人强烈反对的阶段，现在企业认为博客具有惊人潜力，开始以业务需求来建立适合自己的博客。

别成了革命的牺牲者

接受我们访谈的企业主与高层主管指出，他们明白改变是必须的，而旧有制度的表现不如他们的期望，这令他们感到紧张；大约10年以前，当因特网在他们周遭突然开始流行时，有些受访人也感受过相同的紧张。10年之后，很可能也有别的新玩意儿会出现，届时博客会变得像今天的因特网一样平淡无奇，那时候我们回顾来时路，一定会惊叹2006年时，博客曾经多么古老原始。

不过，博客的对话能力有朝一日会过时吗？我们深感怀疑，然而现在它是第一项能够促成简单对话瞬间全球化的技术，也是第一个瓦解公司沟通集中管制、第一个对抗长久以来钳制沟通者的技术，而且它能消除许多地理障碍，解除世界各地的人们分享相同兴趣的局限。

我们不太确定该怎么为这场信息革命命名，撰写《财富博客》的过程中，我们不断听见人们把这种现象界定为对话营销、开放来源营销、双向营销，甚至命名为街角杂货店营销。我们认为这些名称都合适，也许这也说明，目前还没有一个新名词可以概括此种新的营销方式，尚未有人找到贴切的名称，但是已经有太多人了解并关注其内涵。

就像所有革命一样，这场革命也会造成伤亡。就眼前的形势而言，我们认为主要受害者会是那些主张保持现有单向、指挥控制、广播式营销的从业者（他们坚称保持现状没啥不好），也许这些人应该回家去问问自己家人，看看他们对电视广告、垃圾邮件、街头"牛皮膏药"的观感如何。我们预料这些营销手段将会销声匿迹，但这不是主张营销本身将会灭亡或应该灭亡，我们指的只是营销的传播层面，也就是"我们讲、你们听"的那个部分终将消失。

我们相信，那些不顺应潮流的人，很快就会面临铁匠在上个世纪所遭遇的相同命运。当铁匠第一眼看见汽车时，心里必定对那笨拙的机械怪物暗中讥笑，当下可能还会继续举起强壮的胳膊用力以榔头敲击铁砧，脸上还挂着迷惘的表情，浑然不知自己和绝大多数的同行即将失业。

我们提出诚恳的忠告——现在，就是加入对话的时机。博客的进入门槛极低，获利却很丰厚，何况博客的本意就是开心、好玩。

如果这样的博客还能给你带来巨大的财富，那为什么现在还不加入呢？

希望读者喜欢这本书，也请参观我们的博客 (http://nakedconversations. com)，并不吝赐教，我们永远欢迎精彩的对话。

Naked
Conversations

第一部分

对话的时代

古往今来，缺少热情永远无法成就大事。

——德国著名哲学家黑格尔 (G.W.F.Hegel)

第 1 章

与顾客沟通的绝佳方法

企业不能被判叛乱罪，也不能被法律禁制，更不能被流放，因为它们没有灵魂。

——英国首席大法官爱德华·柯克爵士
(Sir Edward Coke, 1552 年～ 1634 年)

在今天这个时代，大部分人都不信任大公司，媒体头条经常充斥着大企业不法、滥权、掠夺成性的新闻。然而这只是问题的一隅，一般人印象中的大企业是被滑头的律师和善做假账的会计师所操控，并且由他们监督大批逆来顺受、做一天和尚撞一天钟的员工干活。企业被视为缺少灵魂的庞大单一个体 (monolith)，简单地说，我们在其中找不到人性。

长久以来，当人们想到以上所描绘的这番景象时，首先跃入脑海的常常是微软公司 (Microsoft)。一般人总认为微软是生性残暴的猎人，冷酷无情，它精于飞速摧毁竞争者、在法庭里对抗政府检察官、让顾客承受软件的安全瑕疵和令人痛恨的毛病。如果你想了解人们怎样看待微软公司，不妨信手在任何搜索引擎上试试。像我们就曾在 Google 的搜索引擎中输入"邪恶帝国＋微软"(Evil Empire + Microsoft)，结果跑出来

47万多个条目，而搜索"微软烂货"(Microsoft Sucks)时，跑出来66.9万个之多，再试试"微软＋博格人(Borg，源自电影《星际旅行》中的角色，是星际中一支半生化物种，最喜欢劫掠新科技并移植到自己身上，后来被科技界用来指代微软、思科、英特尔等大公司。——译者注)"，得到的条目竟然超过25万个。

在现实生活中，微软并非庞大的单一个体，而是由5.6万多名员工构成的组织，他们多半不清楚公司过去犯了哪些恶行，也不知道谁是始作俑者。当那些争议行为发生时，微软的大多数员工根本还没到公司上班；就算已经来了，职位和资历也还低得很，不可能得知公司的秘密。至于被大做文章的微软产品瑕疵，很可能源自几乎人人都使用的某些微软产品。话虽如此，微软公司的声誉无疑遭到这些攻讦而受损，有些才华出众的人才直接拒绝到微软工作，还有很多在职员工也坦称，外界的负面评价偶尔会令他们士气低落。

近年来，微软公司为了改善公众形象，可说是用心良苦。深具影响力的《华尔街日报》(Wall Street Journal) 个人科技专栏 (Personal Technology) 作家沃尔特·莫斯伯格 (Walter Mossberg) 写下他的观察：

"自从反托拉斯案审判终结以来，微软展开了大规模的笑脸攻势，有系统地就诉讼案与竞争对手和各级政府一一达成和解。该公司向各界示好；(总裁)比尔·盖茨本人从辞去执行官职务以来，变得较为沉稳，公开场合上也不再那么咄咄逼人；他的慈善基金会蒸蒸日上，行事非常公开；此外，该公司也允许无数员工通过博客发表见解，这呈现了人性化的一面。这一切作为都改善了微软的形象。"

大部分非正式的研究也支持上述说法，不论从哪个层面来看，我们发现最近大众对微软的敌意都减轻了。检视 Google 的搜索结果，最近有关微软的负面文章和贴文都显著下降，报道微软的出版物也采取比较中立的态度。广受推崇的杂志，如《财富》和《经济学人》(*The Economist*) 最近提起微软时，甚至不约而同报以含蓄的称许。除此之外，微软推出的新产品 (如免费的博客服务 MSN Spaces) 在科技界所引发的挑剔和怀疑，远远少于过去。

即便常被妖魔化的比尔·盖茨，似乎也获得了外界稍微友善一点的对待。2004 年 9 月底，身为总裁的盖茨在六场硅谷的会议上致辞，样子看起来比过去在类似场合中自在得多。媒体观察家对此表示惊奇，看到会议上大部分提问的听众都彬彬有礼，他们甚至感到失望。至于少数提出质疑的听众，关注的也只是安全瑕疵和 Linux 服务器方面的问题，而非以前常见的道德论战。

另一件轶事是经营 5 年之久的"邪恶帝国博客"(Evil Empire Blog) 于 2005 年 1 月关闭了，作者自己的说法是：反正主流媒体已经详尽报道了相关事件，这个博客没必要存在下去。但其他人却指出，真正原因是这个博客的读者愈来愈少。

开放资源应用软件基金会 (Open Source Application Foundation) 主席卡波尔 (Mitch Kapor) 素来厌恶微软，可现在就连他的态度也显得软化了。在 2004 年 5 月的一场会议中，卡波尔对访问他的人说："讴歌批判邪恶帝国也许仍然饶有乐趣，不过，这论调现在只有上了年纪的嬉皮士才听得进去。"另外，苹果计算机执行官史蒂夫·乔布斯 (Steve Jobs)、太阳微系统 (Sun Microsystems) 创办人之一斯科特·麦克尼利 (Scott McNealy) 和甲骨文 (Oracle) 执行官拉里·埃利森 (Larry Ellison) 等微软的长期宿敌，最近各自为了不同的商业利益或有碍于法律因素，一致抱袖手旁观的态度闭上了嘴。

除了有这类轶事堪称证据以外，微软还握有强有力的铁证：根据微软官方主持的第 9 频道 (Channel 9) 博客对到访网友的问卷调查，如今消费者对该公司的态度趋于信任。

媒体观察家也从读者身上发现类似的改变，《个人计算机》(*PC*

Magazine) 总编辑迈克尔·米勒 (Michael Miller) 告诉我们："我认为许多人，特别是在硅谷工作的人，对微软的态度已经有所改观，个中原因可能有很多，包括微软在硅谷大幅拓展，对计算机产业扎根更深更广，还有网络泡沫破灭后的经济状况等。"

尽管如此，有愈来愈多微软观察家和该公司内部的中坚分子都认为，另有其他因素才导致了这种局面。至于真正经营博客的人则百分之百确定，博客正是一手造就此种改变的功臣。

是普通人，不是博格人

微软 XML 小组计划经理乔舒亚·艾伦 (Joshua Allen) 认为，导致外界对微软观感明显转变的原因有很多，不过他觉得"博客无疑是其中最具影响力的因素"。艾伦是微软的第一位博客，他目前主持的博客"软件使生活更美好"(Better Living Through Software)①创建于 2000 年，当时正是外界指控、攻讦微软的最高峰——政府想要分割这家公司，还有一轮"只要不是微软都好"的运动正蓄势待发。那时候微软公司内部弥漫着不安的气氛，艾伦回忆说："我们很害怕走出去和别人交谈，担心负面宣传会给公司惹麻烦。"艾伦没有事先征得上级、法务或公关部门的同意，便径自成立博客并发表文章。"我想要表达自己是微软人，读者可以直接找我谈。"他补充说。

"我知道别公开干傻事，也想借此做个好的测试示范。"他回忆道。艾伦以为，如果他开始经营博客，其他员工也可能跟进来，这样一来，"我们就能证明我们也是有血有肉的真人，不是博格人。"艾伦认为公司的文化应该有助于博客的发展，就像我们访谈过的其他几位微软博客一样，他也认为微软员工应该每时每刻保持与客户对话。

结果不到 1 个月，艾伦的顶头上司就收到第一封来自公司内部的电

---

① http://www.netcrucible.com/blog/default.aspx

子邮件，要求开除艾伦。这类电子邮件之后持续不断地涌入。

不久，几位与艾伦关系密切的同仁也开始建立博客，然后又有几位陆续加入。当这群人的数目达到 15 人时，法务部门开始忧心忡忡，喃喃抱怨相关的风险。不过据艾伦的说法，这些博客开始像走钢丝一样谨慎，他说："每个人都担心会不会有什么人干傻事，让整桩事砸了锅。但法务部门的人还是很担心，一直在考虑该拿出什么指导方针。"

到了 2005 年 3 月，微软已经创建了 1 500 多个活跃的博客，艾伦耸耸肩说："法务部门依旧担心，不过至今我们当中还没有哪一个做出什么了不得的蠢事，让法务部门觉得有必要制定一套规范博客言论的政策。"

正当法务部门的人为这些博客可能带来的风险胆战心惊时，有些顾客逐渐变得兴致勃勃，很多人根本不明白他们所造访的网页叫做博客。这些顾客感兴趣的是博客的双向对谈形式，至于这一切是怎么发生的，就没那么重要了。他们很高兴微软内部有"真实"的人能和他们对话，同时倾听、回应他们的意见。

对话会引发更多人的参与。博客技术之父魏纳、博客圣经《市场就是谈话》的另一位作者达克·席尔斯 (Doc Searls)[①]、欧瑞利媒体公司 (O'Reilly Media) 的创办人兼执行官蒂姆·欧瑞利 (Tim O'Reilly) 等深受大众欢迎的人物，不约而同地开始向人推荐艾伦的博客。对魏纳而言，光是微软人经营博客这件事，就已具备足够高的新闻价值。他在 2000 年 5 次对读者提到艾伦这个人。艾伦回忆，当时博客挤进很多读者，纯粹只是抱着好奇心来瞧瞧邪恶帝国在搞什么。他说："其他博客也来链接，还解释说，'这就是博格人的想法'。"

不过，长期以来被视为最严厉的微软批评者之一的魏纳不断提出质疑，为什么微软内部没有更多人出来经营博客？而他每一次提出质疑，就多出几个人开始建立博客。艾伦觉得博客数目的增加，显露了微软公

---

① http://doc.weblogs.com

司其实是由多元化的个体所组成的，"人们可以亲眼看见，公司内部也存在不同阵营和走向。"

回顾过去，艾伦说："微软经历了公司形象的大幅软化，包括新闻记者在内的很多人，现在都能比以前得到更多关于微软的信息。"他认为更重要的成果是员工士气的提高，以及公司吸纳新人才的能力大增。

然而，微软的管理层对于员工博客的看法依然存在分歧。缺少有关博客管理的政策反而延长公司摇摆不定的态度。虽然有些高管主张采取行动，让博客闭嘴不谈，却也有其他主管保护博客，并且鼓励他们继续做。尽管身为总裁的比尔·盖茨并未发表内部声明，但有纪录证明，他已看出企业博客的价值与发展趋势。2005 年 9 月，盖茨在一次专访中向本书作者之一斯考伯致谢，因为斯考伯协助微软建立了第 9 频道博客。盖茨说："你让人们认识了这儿的员工，你建立了连接，让人们更有归属感，也许他们有朝一日会告诉我们，该如何将产品改善得更好。"

专门讨论创新的博客杂志 (blogazine)《永远在线》(Always On) 的执行官兼发行人托尼·珀金斯 (Tony Perkins) 在其杂志中刊载了盖茨在西雅图华盛顿湖畔家中一场餐宴中所发表的评论，据珀金斯的说法，盖茨评论道："博客摆脱了电子邮件和网站的缺点，使沟通变得轻而易举，最终大部分企业将会使用博客来与顾客、供货商、员工沟通，因为它是双向沟通，更能令人满意。"

珀金斯还说："盖茨明白博客圈的参照力量 (referral power) 也在爆炸性成长，营销和公关部门的高管必须利用这个现实，否则就会承受丧失对信息的掌控力的风险。"盖茨在珀金斯与斯考伯面前所说的话，似乎都显示他并未考虑关闭博客，也未曾质疑博客的战略价值。

艾伦客气地暗示微软公司中那些反对博客的人见识短浅，他说："就我个人来说，我认为他们（微软的反博客者）的本意是好的，可是担心过度了，而且也低估了博客传播的威力。"

其他企业能从微软的经验中学到什么？艾伦说："如果你动手建立

博客，公司不会因此垮掉，而你的顾客将会更爱你。"

在微软上班？你不邪恶呀！

莱恩·普赖尔(Lenn Pryor)加入微软公司时，对公司的科技成就十分倾心。他是1998年才到微软任职的，由于本身醉心科技，他并不了解这家公司当时已经在世界各地都很不得人心。

"第一次觉得奇怪，是我拜访客户时，对方不是很高兴见到我。"他说，"阻碍我与客户关系发展的，竟是我在微软上班这件事，代表公司的两个人物(盖茨和鲍默)坏了我的好事。"普赖尔觉得自己因为和"地球上最有钱的两个人"共事，就被当做了另类。

后来这样的事一再发生。有一次他和一个客户一起出去吃晚饭，本来气氛还很愉快，然后客户突然安静下来，沉默一会儿之后脱口而出："你知道吗，莱恩(Lenn，普赖尔的名字)，我真没想到你是这么好的人，我真没料到。"普赖尔追问："呃，为什么呢？"客户回答："因为你替微软工作，而微软是彻彻底底邪恶的。可是你怎么看都不邪恶，如果不是你隐藏太深，就是我看错你们微软了。"

这种经历让普赖尔感到困扰，因为他代表微软，而客户似乎认定他是不可信任的，这样的矛盾在他心里盘绕了多年。

微软每两年召开一场专业开发工程师会议(Professional Developer's Conference，简称PDC)，为期一周的大会暂时中断了仇恨微软的情结。会上大约有6 000名软件开发工程师和2 000名微软员工混在一起，他们一起观看新出炉技术的展示，分享点子，一起吃比萨、喝酒、掏出家人照片与对方分享，大家其乐融融。普赖尔回忆说："我们其实都是朋友，这时候我们在客户的眼中变成了普通人，他们也在我们眼中变为一般人，所有的误解都消失无踪了。"

可是大会一闭幕，神奇魔法也瞬间消失，普赖尔知道，除非他想

出别的办法来维系这种美好的感觉，否则欢乐气氛将烟消云散："我们又会变成邪恶的家伙——微软。"接下来的一星期他度日如年，仍然沉浸在会场美好的回忆中。对了，那天回家时他还感冒了。几天之后，普赖尔正在冲热水澡，想要赶走感冒药带来的不适，霎时间一道灵光击中了他。

在 PDC 大会上，出现了人与人的沟通，微软员工亲眼见到客户、亲耳听到客户的声音，而不只是面对一堆统计数字。同样，顾客见到的微软代表也是真实的人，假如普赖尔能够设法把这份人性的感觉带进日常生活中，那么微软与顾客的关系将可能永远改观。普赖尔明白，微软需要的是某种开放的渠道，要让微软变得有人性。可是即使真的有这样的开放渠道，也需克服许多困难才能达成。他心想，自己也许能在微软内部建立某种形式的实境电视 (Reality TV)，如此就能通过网络将信息传送给外界。譬如他可以把摄影机带进微软，呈现软件开发工程师和科技大佬们的真实面貌，以及他们工作的场所。普赖尔会保留这些影片的原貌，不加以剪接和编辑，也不以营销手法润饰，影片中当然更不会出现身穿西装、晒了一身古铜色肌肤、圆滑善言的讲评人。

这个主意在微软内部酝酿了一段时间，然后第 9 频道的概念成形了。这将是个没有剧本、即兴演出的影像博客，也是微软公司唯一的官方博客，它的名称源自联合航空 (United Airlines) 的开放语音频道（这个频道能让搭乘飞机的旅客在起飞、飞行、降落期间收听飞行员的对话）。普赖尔很了解联合航空的这个第 9 频道，因为收听这个频道时帮助他克服了对飞行的恐惧。"我和联合航空关系恶劣，尽管我因为公务不得不依赖他们，心里却被他们吓得半死，可是这家公司没有任何一个人出来做些什么，好让我对他们的印象好一点。这番话听起来是不是很耳熟？"普赖尔问道，对他自己想出来的比喻顽皮地微笑。普赖尔说，收听飞行员的对话，治好了他搭飞机的恐惧。他由衷地说："我愈了解飞行员，就愈能体会他的最大利益也是我的最大利益，我相信，用害怕搭飞机的乘客的感受来形容人们对微软的印象是再贴切不过的了。"

　　于是普赖尔和第 9 频道小组决定，微软也应该建立自己的第 9 频道。普赖尔的想法是"真实地与人们分享我们的生活，之后他们就会明白我们也是有血有肉的人，因此能得到他们的信任。"他构想中的第 9 频道将可能重新界定科技传播 (evangelism)。传统上，技术传播师 (tech-evangelist) 是通过文字描述公司产品的特色与优点，并加以散播，借此强化这些产品的好处。现在普赖尔想要改变焦点，从产品转变到关系。

　　普赖尔和同事杰夫·桑德奎斯特 (Jeff Sandquist) 向顶头上司维克·冈铎特拉 (Vic Gundotra) 提出这个点子。冈铎特拉是科技传播平台 (Platform Evangelism) 的总经理，他听说这个计划是要让一个家伙拿着摄影机在公司走道和办公隔间里乱逛，一边拍摄员工，一边还要他们谈谈自己的工作与生活，马上觉得这个点子有些疯狂。不过冈铎特拉喜欢这主意，同意让普赖尔和桑德奎斯特放手去做。他们一致同意这项计划一开始应该低调进行，当然绝对不能掺入营销花招。他们也晓得微软内部也有人会持反对意见，但冈铎特拉表示会提供掩护和个人的大力支持。

　　普赖尔决定重新调整第 9 频道小组成员，刚好公司最近雇来了一个叫做斯考伯的家伙还不太清楚自己在微软的角色是什么。普赖尔两年前就认识斯考伯，当时斯考伯在魏纳经营的 UserLand 公司工作，并得到了魏纳的指导。斯考伯的作品丰富且满怀热忱，他还是个狂热的博客迷。他在自己的个人博客 Scobleizer[①]上，一个晚上就贴文 50 次之多。

　　加入微软之前，斯考伯曾经在 NEC 担任技术传播师，研究平板计算机 (tablet PC)。他在担任那个职务时曾经参加过一次微软开发工程师会议，公开建言鲍默"赋予微软更人性的面貌"（鲍默当时送给他一张签了名的一元美钞，谢谢他提供的点子）。当 NEC 推出首批大获用户称赞的平板计算机时，斯考伯送给微软内部两名员工一人一台新出炉的产品，一个是盖茨，另一个就是后来雇用他的冈铎特拉。

---

① http://www.scobleizer.com

斯考伯不是典型的微软人，更不像是待在总公司里的人。普赖尔说："罗伯特（Robert，斯考伯的名字）毫不掩饰自己的缺点，他像孩子一样充满好奇心，你很难不去喜欢和信任他。"此时斯考伯已经开始主持他的 Scobleizer 博客，里面经常有批评微软的内容。普赖尔注意到，大部分批评微软的人都企图拉高姿态迎面痛击，可是斯考伯却总是能找出让对方洗耳恭听的方法，他会说："你们这些家伙搞错了，我来告诉你们，为什么你们的做法会伤害我也会伤害你们，我又为什么觉得你们可以做得更好……"斯考伯告诉访客很多关于他自己的事，他把自己放在网络上，所有的情感流露都发自他的内心。

事实上，前一年的 3 月，冈铎特拉把斯考伯从 NEC 挖过来时，普赖尔就与斯考伯首度讨论了把摄影机带进微软的想法。有一天，冈铎特拉邀请斯考伯去看西雅图超音速队（SuperSonics）的篮球比赛，那一场也是明星球员迈克尔·乔丹（Michael Jordan）最后一次穿球员制服在西雅图比赛。不料冈铎特拉临时有事不能到场，在最后一刻把票送给了普赖尔。球赛开始，主持人介绍完乔丹出场后，普赖尔和斯考伯两个人就没有再看过球场一眼（他们俩后来都不记得当天到底哪一个队赢球）。离开球场时，两个人都坚信：如果普赖尔的点子真的付诸实践，斯考伯正是摄影机后操镜的不二人选。

不久之后斯考伯便加入微软公司，可是拍摄影片的点子一直被搁置，直到普赖尔那天淋浴时才又迸了出来。此时斯考伯已经成为微软的一个技术传播师，每天晚上在自己家里经营博客。在普赖尔淋浴偶发灵感，想出微软应模仿第 9 频道建立影像博客之后，时间已经过了 6 个月。当他和桑德奎斯特向冈铎特拉提出这个议案时，冈铎特拉告诉他们去找斯考伯当访谈人。

第 9 频道小组的成员还包括两位软件开发工程师，分别是布琳·韦贝尔（Bryn Waibel）和查尔斯·托尔（Charles Torre）。项目经理由桑德奎斯特担任。小组心目中的理想频道是混合多种元素，采取实时转播形式，拥有丰富的沟通素材，而且非常注重双向互动，观众的声音和微软的影像受到同样的重视等。他们规划的第9频道将鼓励真正的对话，而不是提供访客恶意搅局的园地，那种形态只会使人们抛出激烈的煽动性的批评，之后头也不回地离去。普赖尔回忆说：“我心里想，微软可以与人们展开对话，不过如果由微软控制对话，事情就没什么意思了。”

第9频道一开始是标准的纯文字博客。普赖尔回想当时的情境说：“我想在网站上公开每个人的名字，铲除匿名。”不久，影像开始进驻，观众可以听见斯考伯询问员工的声音，他还请受访者谈谈他们的职务和手里的计划。第9频道的观众自始至终看不见斯考伯本人，不过可以听见他偶尔喃喃自语：“噢，狗屎。”那是因为他拍摄时只顾着看镜头，不小心撞上墙壁所致。第9频道中还有一个“论坛”区，供软件开发工程师辩论各式各样的问题，另外这里还加入一套被称作维基 (wiki) 的合作系统，让微软内外的人能联手投入软件设计。“我们呈现我们是谁，工作的地方是什么样子，我们说，‘请来里面参观，来看看我们的员工，听听看我们的想法与热情。’”结果人们真的来了——前6个月就拥入250万人次。

有人问冈铎特拉，像第9频道这种能见度这么高、这么公开的计划，是否涉及什么风险？他说这项计划是增加了透明度，“除非你想隐瞒什么，否则算不上什么高风险”。他认为第9频道可以正确呈现“一群乐观的技客 (geeks，原指怪异的人，后来演绎成钻研技术成痴的计算机玩家。——译者注)”。这群人相信：通过软件的力量，我们能把世界变得更美好。“我并不是‘核准’进行第9频道，我做的是从头启发创意、找资金、聘用负责任的小组。”

普赖尔说：“我们利用第9频道作为回应顾客的途径，如果人们想知道什么，我们就拍摄相关画面告诉他们；如果有新产品即将问世，我们也拍摄画面公开此事。我们在第一时间立即反应各项议题，而不是在拍纪录片，这是全新的方法，由真实员工与顾客讨论自己工作的交互式

影像。"

外界公认，第9频道是最具创新的博客形态之一，至少就公司沟通而言绝对如此。它是第一个公司影像博客，第一个将顾客的话和照片放在网站首页的博客，也因此创造出"等时"(equal time) 形式，让赞美或训诫微软的访客拥有相同的刊登篇幅。除此之外，第9频道也是第一个采用维基系统，允许产品开发小组与顾客合作，联手改善产品和升级的博客；它在每一页都采用可以综合信息内容的 RSS(Really Simple Syndication，网页资料交换技术架构) 技术，是率先全部采用 RSS 技术的公司网站。

现在外界都在猜测第9频道会怎么演变。第9频道的对话一度从平常的技术中心堡垒游走到政治，尽管有人担心微软对博客的对话失去控制，但普赖尔却兴高采烈，因为对话重心的转移显示第9频道不再只和微软有关系，他说："它 (第9频道) 属于大众，也许这个博客的未来就是把第9频道的控制钮交还给大众。"

虽然普赖尔的背景来自营销，但他刻意避免从数据中挖宝，也不愿开发问卷调查的市场价值，不过他承认微软公司的数据显示，第9频道改变了人们对微软的看法：第9频道上路之后，在6个月之内，竟然让人们对微软的负面印象逆转为正面。普赖尔说："毫无疑问，我们改变了方向。"另外，他还得意扬扬地加了一句，"而且花费还比不上一次新闻发布会呢！"

普赖尔深信，人们对微软的印象从负面转成正面，这可以从先前提到的那些轶事中得到证明。他引述博客民意调查网站 Technorati[1]的一份报告指出，已经有将近 1 300 个其他博客链接到第9频道，另外搜索服务网站 PubSub[2]曾在 2005 年 3 月对 850 多万个网站进行评比时发现，第9频道名列第 5 877 名。

---

[1] http://www.technorati.com

[2] http://www.pubsub.com

投资报酬率该怎么算？

普赖尔承认，公司管理层对是否支持博客一事产生"严重分歧"：一方面，斯考伯和数量持续增加的员工博客建立了他们所谓的"信任网络"，同时媒体也对此持续表示赞许；然而另一方面，公司内部某些人的职责就是降低风险和控制公司相关信息；此外还有一些人坚持公司的任何业务都应该符合商业模式，也就是必须以投资报酬率来衡量努力的结果。

然而，公司内部有很多员工认为冒这个风险很值得，这一点他们从日常生活中都能感觉得到。普赖尔语气平淡地表示："今天，微软做的是建立关系，而 6 个月以前，我们却是在破坏关系。"

话虽如此，但普赖尔坦承，未来也可能发生斯考伯或其他活跃的博客不慎失足因而惨遭解雇的事。他说："万一斯考伯走了，事情会很棘手，不过这儿已经不再是某人唱独角戏的情况了，你不能把逃出来的精灵再塞回瓶子里。一旦确立这就是和顾客沟通的方式，就不能再走回头路了。"

如今已经离开了微软的普赖尔指出，博客必须尊重别人的隐私，譬如微软博客几乎从未泄露关于公司的重大新闻，也从未抢先发布新产品的消息，虽然他们有时会在官方声明发布之后短短几分钟内在博客上张贴相关文章，但是博客的日常焦点大多锁定在给顾客提供增补信息上。普赖尔说："我们的工作不是让报纸在这里挖掘独家新闻。"但他同时强调博客要想获得媒体的正面报道，必须表现出众，也只有这样才能吸引并留住顾客。

大部分微软员工心里仍然有个挥之不去的疑问：盖茨和鲍默怎么想？盖茨曾在接受斯考伯和珀金斯的访谈时，默许支持博客；而鲍默于 2005 年 7 月 7 日接受斯考伯在第 9 频道上播出的独家专访时，他所表现的立场就很明确了。斯考伯问身为执行官的鲍默，为何容许微软内部存在博客？

鲍默如此回答："在软件开发工程师的世界里，不论我想不想允许博客发生大概都无关紧要。不过我认为博客是让我们和顾客沟通的绝佳方式，更重要的是顾客也可借此机会与我们沟通。我们信任员工足以代表公司，那正是我们花钱请他们做的事。如果他们不想在这里，一开始就不会来了。所以就某方面而言，让员工在博客上表达自己的意见，造成的风险不会比让他们自己出去拜访顾客时更大，只是接触到的人更多而已。嘿，假如员工因此需要接受培训，我们做得到，可是我发现，博客纯粹是达到与顾客沟通目的的绝妙方法。"

我们觉得，他的态度听起来够明确了。

找出你的信徒，坚定你的信念

微软的博客和他们贴文的风格、主题、频率，差异性非常大，而造访某个微软博客网站的人数，最少时每天不到 10 人，最多时高达 1 万人。不过如果每一个博客都链接到博客圈，并且只要这些领域彼此相关，总是会传到感兴趣的人的耳朵里。

虽然微软最出名的博客可能非斯考伯莫属，但其他博客也各自拥有忠实的仰慕者。例如，社群计划经理贝奇·艾欧琦 (Betsy Aoki) 的博客曾激发支持者成立俱乐部[①]。当她想一探究竟时，发现这个支持者俱乐部只有一个成员菲尔·韦伯 (Phil Weber)，而韦伯的文章谈到艾欧琦时，都洋溢着万分的仰慕与敬意。后来这两个人真的碰了面，艾欧琦以为这场会面一定很诡异，韦伯必然会失望地离去，没想到韦伯并没有失望，而且继续担任艾欧琦支持俱乐部的队长。如今这个俱乐部已经有了 3 个会员。我们发现在商业博客圈里这类趣闻有很多，它们也说明了博客真的能给企业一张人性化的脸孔。

艾欧琦的工作是让公司员工的博客持续经营下去，并且协助员工把

---

① http://www.philweber.com/2004/07/08.htm

博客经营得更好。她说："来找我的人，或多或少都已经准备好要经营博客了，他们体会到博客的力量和了解聪明经营博客 (blog smart) 的重要性。"如果说微软有关于博客的政策的话，那就是这句"聪明经营博客"。员工们意识到，博客给予他们重要的竞争优势，那是不容许博客存在的公司所欠缺的，譬如苹果计算机就是其中之一。

艾欧琦说："顾客的抱怨直接发进我的收件箱，他们一定能得到回复；为了这个，我收发无数封电子邮件，因此顾客明白他们确实有影响力。你也看得出自己发挥了影响力，你主持博客，其他人跑来留下评论，这让你在微软的工作更扎实。"艾欧琦说她的博客"是我与外界联络的地方，它让我感觉自己的工作是真真实实的"。

艾欧琦也认为，各种规模与产业的企业将来别无选择，只能追随博客的脚步向前迈进。她说："先是客户服务电话，然后发展到网站，企业知道如果自己没有跟进的话，情势就对他们不利。博客只不过是合乎逻辑的下一步。"

托雷是微软 MSN Spaces 的首席计划经理，MSN Spaces 软件是微软开发的博客编写工具组，具有高度客制化 (consumerized) 的特性，推出不到半年已经被下载了上千万次。托雷表示他利用 Technorati、Feedster、PubSub 等搜索服务，迅速找寻任何支持或反对 MSN Spaces 的评论意见，然后一一回复。他说："这么做可以阻止反对者恶意攻击，很多次我这么做时，对方的反应是'抱歉，我不知道你在看啊'。有位仁兄还贴文表示'诚心收回先前的话，我错了'。一旦他们知道你参与对话，他们就会尊重你；他们可能还会批评你，但是绝不会撒谎。"

MSN Spaces 拥有草根阶层的支持，托雷说读者变成自动自发的服务推广人员，在网站上教授他人使用技巧并为该软件辩护。先前托雷在个人博客[①]张贴一篇《MSN Spaces，最令我不悦的五件事》的文章，结果引起一阵小骚动，他说："这是对微软产品小组成员的公开挞伐，建

---

① http://spaces.msn.com/members/mike/Blog/cns!1pG4qKNdtRA5N1-UhvZI_lrQ!940.entry

议产品应该如何改善。这么做显示我们不只是把产品卖出去后就一走了之。"

集结猛将精兵的求才工具

我们访问的每一个微软博客，几乎都提到以博客作为招聘工具的优势。目前微软有两个人力资源博客，给想去微软谋职的人提供建议，指点求职迷津。斯考伯还为第 9 频道摄影，提着摄影机在公司四下走动，让应征者亲眼目睹微软的工作情况，他甚至还采访了往返巴士的驾驶员。

负责制定微软认同策略的金·卡梅伦 (Kim Cameron) 认为，博客能改善全球性组织的内部合作，因为在规模庞杂的组织中，某方面的人才往往被其他领域的员工视而不见。卡梅伦说："博客为其他团队的人员创造讨论渠道，这些员工也许正在建立互补甚或彼此竞争的技术。"

博客似乎正加速改变微软。回顾 1999 年艾伦成为微软的首位博客时，这还是一场慢慢爬行的游戏，如今微软公司新博客加入和贴文数目迅速攀升，而且每天都在增加，博客在公司主流文化里力争上游。督导微软办公室软件 (Office) 的资深副总裁史蒂文·西诺夫斯基 (Steven Sinofsky)[①] 经营博客的时间很早，堪称资深博客，他认为和草创时期那种孤单岁月相比，公司允许博客继续存在的时间愈久，就会愈安全。诚如艾欧琦所观察的，"如今连较为谨慎的员工都站出来了"。

如此说来，这一切对微软公司最终的意义是什么？我们是在暗示员工博客已经说服全世界去爱微软了吗？别傻了，那一天还远得很，何况那个恼人的安全问题依旧挥之不去。《华尔街日报》作家莫斯博格的观察颇具影响力：

　　"正当该公司的处境好转之际，一连串危机重挫 Windows 世界：病毒、

---

① http://blogs.msdn.com/techtalk

间谍软件和其他安全威胁似乎构成了永远阻拦不了的瘟疫。数千万微软用户，尤其是一般消费者和没有信息专家的小型企业，蒙受安全隐患之害，浪费时间金钱，甚至常常损失重要数据和生产力。很多人对微软拿不出办法保护他们，而且容许自家软件那么容易遭到破坏感到愤怒难平。微软只有主动提出解决方案，未来才可能赢回消费者的信任。不过在那一天降临之前，我相信安全危机一定会抵消很多微软改善形象的努力，至少在主流社会里，大部分人不会去阅读科技导向的博客，不会参加科技会议，也不会在 Google 可以搜索得到的网页上贴文表达自己的感受。"

安全议题，免费网络浏览软件火狐狸 (Firefox) 所点燃的一把野火，以及对微软最具威胁的对手 Google 最近掀起的创新风暴，均说明微软这个曾经无坚不摧的巨人眼前仍有不小的障碍，而且有些障碍十分棘手。不过受访的微软员工（多数是企业中层）都深信，微软这个不久前还被比喻成博格人的公司正朝着人性化的方向大步迈进！如同冈铎特拉所说，博客"让人们看见我们的真实面貌，他们通过我们员工的镜头认识我们"。

我们的重点是：如果博客能为微软做这么多，试想一下，它能为贵公司做些什么？

第2章

翻天覆地的商业革命

观念与产品，信息与行为，散播起来就像病毒一样。

——马尔科姆·格拉德韦尔 (Malcolm Gladwell)

《引爆点》(*The Tipping Point*) 作者

2001 年 10 月，本书作者之一以色列有机会和专门研究未来学的哲学家约翰·奈斯比特 (John Naisbitt)① 同席小酌，这次会谈对以色列深有启发。奈斯比特是 20 世纪 80 年代畅销商业书《大趋势》(*Megatrends*) 的作者。就在他们碰面的 30 天前，两架遭劫持的飞机撞上纽约世界贸易中心 (World Trade Center)。以色列告诉奈斯比特，他觉得每件事都改变了，奈斯比特仔细打量以色列，仿佛在审视一个脑筋不太灵光的学生。奈斯比特说："绝非所有的事情都改变了。只是某件事（"9·11"事件是美国人不愿回想的痛，因而用"某个事件"替代——译者注）改变了，冲击到其他的一切，可是你的生活还是一样，人们仍然去相同的地方做相同的工作，回家和一样的家人看一样的电视节目。当某件事发生变化并产生重大影响时，我们的生活依旧会持续下去。"

---

① http://westpoint.k12.ms.us/FSWeb/myweb/John%20Naisbitt.htm

他说的没错，只有某件事改变了，而不是所有的事情都跟着变了。我们只有在回顾某个事件（不论是好事或坏事）时，才能充分了解它的影响，明白世界如何调整过来。当然，和"9·11"事件相比，博客只是微不足道的议题，不过它却是某件事情的改变具有强烈冲击力量的例证之一。我们认为博客和对话营销将会剧烈地改变这个世界，可是我们没有办法证明这一论调，唯有等到几年之后回头看看企业对话发生了的变化，这件事才有可能得以印证。

我们不想过多宣传博客，好像清洁剂制造商在吹嘘什么神奇配方一样。博客的诞生其实并没有引起太多人注意，而一个天资聪颖、脾气倔犟的技术先锋（魏纳）正在酝酿一项计划，他想用新的方法组织一大堆条目；魏纳凝神观看，心想"哇，好酷"，接着又陆续扩充，并加进各种新发明的技术，终于创造出一种可以综合信息内容的规则，最后这套规则演变成网页数据交换技术架构 (RSS)。至于其他人，例如设立 Six Apart 公司的卓若特夫妇 (Ben and Mena Trott)，以及博客发明人之一埃文·威廉姆斯 (Evan Williams) 则将博客工具变得更容易上手，以便人们能大量地使用它。从此之后，博客用户的数量呈直线上升，在大家都还浑然不知的情况下，格拉德韦尔所撰写的《引爆点》一书中所罗列的某种趋势已经悄悄发生。这件事情发生了，带动了许多别的事（即使不是所有的事）开始调整。

我们姑且再来看看微软，这家公司有没有因为 2.6% 的员工现在经营博客就改变了一切？其实微软并没有多大改变，和艾伦首次在博客上贴文之前并无二致。然而，我们都认为某件事情改观了，而且影响力仍在扩大。也许我们在导言中称这些改变为"革命"是对的，但也有可能是错的，这得等到以后才能见分晓。

不过，假设我们现在是在 1994 年，当我们告诉你，网景 (Netscape) 公司的一些年轻软件设计师即将设计出一种"浏览器"，使你能够阅读网络上的网页，只要鼠标轻轻一点就能链接到这些网址，而且这将使世界各地的信息得以共享。你可能会茫然不解地看看我们，然后转头去做自己的事。你可能会想，少了万维网 (World Wide Web)，你的生活一样过得好好的，它怎么可能改变你什么？我们认为，革命性的改变通常是悄悄潜入你生活中的。试想，第一个瞧见火车疾驶而过的马车夫，会想得到自己的职业即将因此而不保吗？只知用鹅毛笔书写的僧侣，又怎么能预见到古登堡 (Gutenberg) 印刷机的发明会给人类社会带来怎样的冲击？记住，没有人注意到发明轮子的人叫什么名字，那位老兄很可能是出于需要才发明了这个东西。

我们相信一连串造就博客的小事件对企业都具有革命性影响，它们在营销、客户支持、内部沟通、股东关系、产品开发，甚至研究发展等方面都富有深意。我们认为普赖尔是对的，一旦精灵被释放出来，就再也塞不回瓶子里了。

各种规模的企业都应该注意博客，这才称得上明智。我们可能很难预测革命，可是忽视革命通常会造成不幸的后果。对企业而言，决定该注意什么往往是困难的挑战；如今一天到晚都有号称革命的假消息出现，但是大部分信息要么昙花一现，要么就是虚假的空包弹。20 世纪90 年代初期，多媒体光碟 (CD-ROMs) 被吹捧成下一波大趋势，然而还等不到企业升级平台来支持它们，光碟就因为网络传送系统的崛起而过时了。当时许多零售商店把货架全部拆掉，改成可以容纳数百张碟的格式，结果又不得不全部恢复原状。

革命一开始通常起于小事，很少吹嘘的成分。社会革命往往起于穷乡僻壤，接着星火燎原。很多企业也曾排斥博客，认为博客终将在绚烂后归于平静，甚至认为博客和正规的企业营运没什么关联。可是在商业领域，数字会说话，数据显示博客并非昙花一现，它与企业的关联性之强已不容否认。

博客大军成长速度超乎想象

根据 Technorati(像 Google 一样的搜索引擎，主要追踪博客的主题、连接与趋势) 创办人兼执行官戴维·希弗利 (David L. Sifry) 的说法，2003 年以来，博客的数量每 5 个月就增长 1 倍，如今全世界大约有 2 000 万个博客。诸位读者读到这段文字时，该数字已经又上升了。

尽管有高达 1/3 的博客在开张之后一年内就停摆，但是博客整体成长速度却令任何科技难以望其项背。根据佩尤研究中心的调查，美国的网络用户中有 1/4 阅读博客，而这个比率更以每年 60% 的速度增加。

在这么多博客当中，究竟有多少是和企业有关的？我们无法回答，世界最大的企业博客编写工具供货商 Six Apart 公司的副董事长阿尼尔·达什 (Anil Dash) 告诉我们：“这一切刚开始时，没有人去追踪数字的变化，也没有人知道数字会变得多大，或增加得多快。”全球各地接纳博客的速度也在加快，Technorati 说博客在亚洲和中东的成长速度比在北美更快。2004 年希弗利报告说，除了英语之外，波斯语博客成长最快。到了 2005 年 7 月，据估计中国的博客已经达到 125 万个，其他语言博客的发展速度也不可小视。在所有因特网科技普及的国家都有博客的踪影，有些博客每天发表十几篇文章，他们的读者成千上万；其他的博客只偶尔贴贴文章，分享的对象只限于自己圈内的人，可即使这样他们也感到心满意足。

佩尤研究中心估计，目前大概有半数博客属于私人性质，他们的文章或由少数几个朋友或家人私下分享，或是隐藏在公司防火墙内部，以密码通关作保护。也有博客涵盖这两种特质，譬如 IBM 的公司内部博客就超过 3 000 个。公司内的私人博客愈来愈受欢迎，使用者把它们当做维系合作之用的“干净内部网络”(Clean Internet)。

博客是什么？又有谁在乎？

说穿了很简单，博客其实就是个人网站加上以反向刊登时间作排序的内容索引，新的贴文置于页首而非页尾，使读者很容易看出网页的改变。大多数情况下，网站访客能够辨认作者是谁，也能留下评语让其他人阅读。博客通过超级链接 (Hyperlinks) 彼此松散互联，只要找到一个博客，接下来你很可能就须耗费数个小时在众多博客之间连来连去。如此链接性质，意味着任何有话要说的博客都是"博客圈"这个全球网络的一分子。不论你的博客只拥有 3 个固定访客和 1 个链接博客，还是每天有 1 万人造访，且有数千个博客链接进来，理论上在 2005 年 7 月这个时间点上，任何博客所发表的文章都可能拥有 2 000 万发行量，比发行量最高的百万大报还多了将近 12 倍。我们这是在玩业界流传的数字游戏，这些数字或许不太吻合，可是有件事很确定：这些数字都大得惊人。

有些过去令人敬畏的人物都很不明智地低估了博客圈的威力，例如前参议院多数党领袖特伦特·罗特 (Trent Lott) 就在此栽了跟头。博客坚持不放过罗特泄露自己主张种族隔离的评论，一再谈论这个问题，最后迫使罗特黯然下台。又如哥伦比亚广播公司 (CBS) 的电视主播丹·拉瑟 (Dan Rather) 播报新闻时，不实报道布什总统的从军纪录，但后来博客们毫不留情地证明该报道高度可疑，CBS 信誉因此受损。也有公司犯下低估个人博客实力的大错，他们不把 "点击率低"的博客放在眼里，结果付出惨痛代价。例如有两家锁具制造商（第 10 章再讨论他们）忽视博客里泄露如何开启他们锁具的消息而蒙受损失；还有一家电子游戏制造商因为某个博客里张贴员工抱怨工作条件的文章，后来遭到员工诉讼，必须付出 1 500 万美元的高昂代价。

博客最重要的特色是"对话"，虽然没有任何沟通方式比得上面对面的会谈，但是企业走上全球化的现实致使这类会谈大多数无法达成，企

业没有办法亲自拜访每一位客户、潜在买家或可能的股东。电话、传真、电子邮件、手机短信、实时通讯都是对话的延伸，另外，在线论坛、公告栏、聊天室也都具有相同的特质。然而上述这些方式都无法让一个人从任何地点（可以上网的地方）和身处世界各地的许多人一起对谈，这种局面直到博客出现以后才得以改观。在后面的章节中，我们将介绍许多企业或个人以博客辅佐事业而取得成功的例子，他们运用博客的手法令人大开眼界。从整体来看，他们是这场沟通革命正在进行的铁证，显示原本受到控制的单向沟通模式将逐渐转为权力分散的互动沟通模式的趋势。

企业需要加入对话，因为对话能与人建立信任感，大多数公司都明白信任的价值的重要性。博客的另一个优点是让公司变得人性化，至少会使公司内部员工变得更具人性。公司的博客让潜在顾客有机会与你做生意之前，就能看看你们公司办公桌后面的员工是什么样子，这种交流效果远胜于访客到你们办公室参观时瞧见的照片、学历证书、奖杯等物；你和某人的对话愈多，就愈能了解对方；同样，如果你对某人的了解程度达到可以信任他的程度，那你和他做生意的机会就更大了。传统的营销方式无法让顾客了解或信任企业，让演员扮演真人，无论如何不如真人来得实在；近来人们宁可相信一个讲话结结巴巴的产品经理，也不愿信赖任何公司的传播媒体。

如果你还未经营博客，但是现在正在阅读本书，那么你应该去瞧瞧Technorati 和 PubSub 网站，开始阅读那些讨论你所属市场、甚至你公司的博客文章。仔细看看，你将会发现广布于全世界的对话正在发生，而且通常这样的对话是关于产品或公司，也就是我们下一章所访问到的一位人士所形容的"超强效口耳相传"。

威力无比的沟通工具

我们希望有人写一本关于博客圈历史的书，保证书里通篇都是有趣的人物和不可思议的巧合，可是这样的内容并非本书关注的焦点，我们想做的是设法让工商界人士明白他们应该经营博客的理由。

博客和其他沟通渠道有 6 项主要差别，也许你可以在其他地方找到其中一项特点，但绝不可能像博客一样 6 项通吃。以下就是博客的 6 大特点：

1. **可以发行**。任何人都能发行博客，而且价格低廉，要贴多少文章都随你高兴；同时文章一贴出，全世界的人立刻都能读得到。

2. **可以搜索**。通过搜索引擎，人们可以按照主题、作者（或两者）找到想看的博客；而你贴的文章愈多，就愈容易被搜索到。

3. **社会性强**。博客圈本身就是个庞大的对话群，博客们各自讨论有趣的话题，而且互相链接。拥有共同兴趣的人们可以通过博客建立友谊，丝毫不受地理位置的限制。

4. **强力散播**。信息经由博客传播的速度通常比其他传播方式快，没有任何散布式营销模式的速度和效率能胜过博客。

5. **可以综合内容**。你只要轻轻点一下图标，就能获得免费"配送到家"的 RSS 功能博客。它能让你知道你所订阅的博客是否有了更新，节省你搜索的时间。一般认为这样的过程比上一代网页效率更高，因为以前你只能一次造访一个网页，以确定有无新的改变。

6. **可以链接**。因为每一个博客都可以和其他所有博客相连，因此每一位博客都能接触到数以百万计的其他博客。

你也能够在别的地方发现上述特点中的一个，其实拆开来看，这 6 项特点都不那么惊天动地，但是博客将它们全部整合起来了。因此，截至目前为止，博客便成了人们开发出来的威力最强大的双向网络沟通工具。

博客确保你赢得 Google 高排名

我们认为博客具有策略性商业用途，也许最具说服力的例子，就是博客和 Google 或其他搜索引擎之间的互动关系。

1998 年 Google 诞生时，并未得到世人的太多注意，大家以为它不过是另一个免费搜索引擎罢了。不料时势剧烈变迁，2003 年时，Google 已经是号称网络世界最有影响力的公司，其影响力最大之处就是它为所有公司所做的排序。在 Google 网页上某家公司获得较高排名的价值，远远超过聘请一大堆公关公司代它主办光鲜的记者会。有些人甚至认为，一家公司若能争取到 Google 网页上的高排名，其价值甚至超越荣登《商业周刊》(*BusinessWeek*) 的封面。即使你宁愿获得《商业周刊》封面的青睐，但你也不能否认在 Google 网页上名列前茅仍然比聘请公关公司或买下整版广告能更快替你实现目标。

事实证明，博客是确保你赢得 Google 高排名的最佳方法，因为 Google 的触角在网络上到处延伸以寻找改变，而博客时时都在更新，加上绝大多数网站很少有改动，所以博客能得到搜索引擎更多的注意。

每次你一贴文，Google 就会注意到，而且提高你的排名；Google 也会注意链接，也就是其他网站链接到你博客的频率（别的博客如果发现你的文章很有意思，就会转贴到自己的网站，同时回头与你建立网站的链接，这些链接也会增加你的"Google 能量"）。事实上，这正是刺激搜索引擎提高你排名的绝佳方法：不论是召开记者会，还是在《纽约时报》上买整版广告以提高你在搜索引擎上排名的效果，都不如经常更新博客来得快。假如你想获得 Google 的青睐来提高排名，我们的建议是下海经营博客，而且要经常贴文。有些工商界人士宣称博客这样做是不公平竞争，也有其他人猜测 Google 未来势必会改变其排序的计算方法，因为广告主不喜欢博客在 Google 排名上占便宜。

我们倒是不以为然，因为搜索引擎愿意或能够改变他们的核心技术吗？这一点大有可疑。目前看来，要想获得 Google 网页上的高排名，最便宜、最迅速、最容易的途径显然是经常在博客上贴文。

就博客来说，惊人的改变已经发生，冰山顶点已经浮现，精灵确实已从瓶中逃出，然而历史显示，有些公司依然执意忽视这样的改变。

要证实革命性技术确有翻天覆地的本事总得花上好长一段时间，我们通常在回首过往时，才发现当时革命确实已经启动。因为前瞻往往不足以辨识革命，就像我们在这本书中想要做的一样。就在我们执笔撰写本书之际，许多商界人士还是摸不着头脑，想不通博客有什么好大惊小怪的。那么，后面的章节完全可以解除他们的疑惑。

第**3**章

紫牛效应加强版

如今，网络正重新赋予市场对话的能力，因为关于公司与产品的现况，人们可以通过网络奔走相告，也可以倾吐彼此的心声。

——《市场就是谈话》

朋友对我们的影响之大，是任何广告或营销活动都不能比拟的。朋友直接影响我们看什么电视电影、读什么书籍杂志、穿什么衣帽鞋袜，就连去何处旅行，都往往被朋友左右。一位优秀的营业员会告诉你，他从事的是经营"关系"的事业，他需要直接接触顾客。不过专业营销人员的看法有所不同，他会指出买卖双方的对话受地理限制，在这个超级市场、连锁店、加盟店、全球化公司盛行的年代，企业需要接触大众，但不可能和每个人坐下来聊一聊。

真的不能吗？

过去 50 年来，营销部门认为对话营销格局太小，因此将它打进冷宫，让大众传播营销主控大局。可是现在情况有些失控，大众传播营销或许能带来一些顾客，可是这种乱枪打鸟的营销方式实在太没准头了。

为了获取经济效益，一次电视广告或直接邮寄活动需要创造 2% 的回复率，但是只要能争取到全部受众之中的 2%，主办单位就心满意足了，至于其他 98% 的受众是否喜欢这个广告，或者其他公司是否瞄准同一批对象，根本无关紧要。

20 世纪 90 年代中期，以色列担任过通讯公司 MCI 的顾问，那是一段短暂却不愉快的经验。当时 MCI 正在举办一场叫做"朋友与家人"的大规模电视电话营销活动，以色列和该计划并无直接关系，但是却对这项活动趁晚餐时间打电话给好几百万人一事深感不妥。几个月之后，他鼓起勇气告诉 MCI 的一位高管，请他放弃这项活动，他的建议是："人们真的痛恨被侵扰。"

"我们才不在乎那些痛恨的人，"高管冷淡地回答，"我们在所有中心城市的回复率都至少达到了 2%，眼看就会达到 5%。另外 98% 的人，让他们滚开吧！"

在我们看来，这正是大众传播式营销的错误之处，传递信息的一方太轻视绝大多数收到信息的人对他们的广告与营销信息的感受。

畅销书《小就是大》(*Small Is the New Big*)、《免费力量大》(*Free Prize Inside*)、《紫牛》(*Purple Cow*) 和《营销人是大骗子》(*All Marketers Are Liars*) 的作者兼演说家赛斯·高汀 (Seth Godin)[①]就形容这类战术为"打岔营销"(Interruption Marketing)——未先预警、无特定对象、不相干的广告重复骚扰非自愿的受众。

不久，打岔营销缓慢而持续地激怒了越来越多的人，大众变得越来越排斥这类营销，在心理上和技术上都建立了过滤机制，以免暴露在营销噪音中。他们利用防止垃圾邮件的软件和数字电视摄像机，尽力防堵广告，还利用电视播出广告的时间翻看冰箱、打电话或回复电子邮件。

这使得传统营销的效果愈来愈差，为了达到相同回复率，企业必须付出更昂贵的代价。据美国国家广告评议会 (National Advertising

---

① http://www.sethgodin.com

Council) 估计，仅在 2005 年一年内，美国六大电视网的广告收入就超过 90 亿美元，即便他们的市场占有率和总收视人口持续下滑，却并没有影响其广告收益。

广告大客户自己爱浪费钱，我们并不怎么觉得心疼，但是强迫观众收看、收听、阅读他们一股脑儿倾倒出来的广告，这点真让我们难过。

长久以来，人们毫无办法避开这些玩意儿，不过科技终于提供了沟通选项，让我们可以远离大众传播，回到对话。

现在，这项新科技已经容许对话营销从"冷宫"中复出，重新操控方向盘，以高效的沟通方式和极低的成本快速安全地前进。有些采用这一技术的公司积累了数以百万计的用户，却没有花费一毛钱从事传统营销活动。

这怎么可能？答案是只要懂得倾听顾客的心声、吸引他们参与，这些顾客便会化身为公司的拥护者；他们还会鼓励其他人试用公司的产品与服务；如果公司遭受不公平或恶意的攻击，他们还会挺身替公司辩护；当然他们也会建议公司如何打造更好的产品与服务。

"顾客教会"博客 (Church of the Customer) 合伙人和《创造顾客传道家：铁杆客户如何变成业务义工》(*Creating Customer Evangelist: How Loyal Customers Become a Volunteer Sales Force*) 作者兼演说家本·麦康奈尔 (Ben McConnell) 告诉我们："没有比'顾客传道家'更有力的营销武器了。博客能够把顾客变成世界级传道家，真正的铁杆支持者借这项威力无穷的机制，散播与公司有关的口碑，说服其他人也应该相信你的东西。"到目前为止，博客是顾客传道家最强大的工具。不过口耳相传的传播方式并非什么新鲜事物，几百年来，肉贩子、面包师傅、蜡烛工匠都是这么做的。不同的是，网络加入战局，在电子邮件、实时通讯、手机短信、聊天室、论坛等先进对话工具的推动下，对话营销开始突飞猛进，其威猛强效早在博客趋势引爆的 10 年之前，就已经被 5 位富有创新精神的以色列人证明了。

免费得到 2 500 万个顾客

1996 年 12 月，艾瑞克·瓦尔帝 (Arik Vardi) 和 3 个高中死党一起向他的父亲尤喜·瓦尔帝 (YossiVardi) 解说他们几个发明的"死党系统" (Buddy System)。瓦尔帝是专门投资新科技公司的资深投资人。艾瑞克和 3 个朋友发明了这套软件，目的是用它来和其他朋友在线聊天。一开始他们只告诉了 40 个小伙子，两个月不到，竟然有 6.5 万多人下载了他们的软件，而他们都是经由口耳相传的对话知道这套软件的事，并称之为"ICQ"，即取"I Seek You"（我找你）的谐音。这些小伙子想说服瓦尔帝拨出一小笔钱投资，他们觉得这个计划可能有发展潜力，于是瓦尔帝鼓励了他们一番，同时给了他们 1 万美元。

瓦尔帝说："我没告诉他们，可是心里真的感到极度震撼。我告诉妻子，这是我所见过的最了不起的事，我说它将会改变世界，而这些孩子们自己都还不知道。"他说对了，两年后美国在线公司 (AOL) 以 28 700 万美元买下米拉毕力 (Mirabilis)——这是用瓦尔帝出资的 1 万美元所成立的公司。到 1998 年底时，这项目前被称作"美国在线实时通讯" (AOL Instant Messenger) 的服务软件已经被下载 2 500 多万次，距初次上线不到 26 个月。这段时间的营销支出近乎零，ICQ 创办人曾经印了一本小册子做宣传，但是从来没用过。他们出资赞助一位科技会议演说家，原因只是瓦尔帝喜欢这个人；他们从来没有雇用或约聘营销人员，也从未从事公关活动，从来没有召开记者会。相反的，他们采用一系列有创意、低成本的战略，引燃在线热烈的对话。举例来说，每次一有新版实时通讯软件被制作完成，他们就会随机联络 1 000 位用户，给他们相同的"密码"，同时叮咛他们只可以将密码透露给两个最好的朋友知道。正如公司所料，雀屏中选的试用者才不管两个朋友的限制，很快就把密码一传十、十传百地散布出去。该公司让使用者产生圈内人的感觉，借此点燃狂热的传道家热情。

另一项成功的技巧，是穿插一段略带情色意味的"喔—啊"音效，只要用户收到实时信息就会播放。假设一个青少年正在打电话，忽然传来新的信息，这时对方就会听到类似交欢的呻吟声，如此激发更多对谈，也招徕更多闻风而来的用户下载。

ICQ 也率先尝试利用其他网站作为通路，该公司提供 ICQ "通讯测试小组"（communications panels）名单给网站管理员，允许下载 ICQ 软件的访客可以和网站管理员聊天，当然也能和其他 ICQ 用户谈谈，这种模式又迅速创造了 10 万次新的下载。

美国在线公司不愿透露实际的客户数目，但是好几位观察家估计，截至 2005 年 6 月，ICQ 和美国在线实时通讯的用户总数大约是 4 亿，每天下载次数更是数以万计。根据费里斯研究公司（Ferris Research）的数据，从 2002 年到 2003 年，全世界企业实时通讯市场整体增长了 130%，从 2003 到 2004 年还将增长 85%。到 2007 年，整体企业实时通讯市场用户将增加到 1.82 亿个，每年复合增长率高达 79%。[①]这一切依然没有在营销上费半毛钱，而实时通讯服务现在是由高利润的故事型广告（contextual advertising，或称情境式广告）所支持（这类广告和 Google 类似，不突兀扰人，只有在主题与网页内容相符时才会出现）。

尽管美国在线公司不肯讨论其毛利、下载次数或任何其他数据，我们保守猜测这个软件每天至少被使用者下载 5 万次，如果是采用直接寄送广告函（DM）之类的传统营销方式，成本一定居高不下。DM 专家宣称，他们寄送的每一份广告邮件成本维持在 80 美分就算是有利润，同时 2% 的回复率也足以令他们满意。如果以这样的标准计算，美国在线公司要达到目前的发展速度，每天就需要寄送 250 万份广告邮件，每天的支出也需高达 200 万美元。完全免费或每天 200 万美元？读者自己选选看。

在博客出现以前，由 ICQ 造就的实时通讯被视为最后一个伟大的杀手级应用程序，虽然它目前的所有权人时代华纳公司（Time Warner）

---

① http://www.pcworld.idg.com.au/index.php/id;368803475;fp;l6;fpid;0

以穿插不得罪人的情境式广告而获取惊人利润，但该公司依然免费提供实时通讯软件，此举当然有助于加快人们接纳这项产品的速度。

在 ICQ 骤然红起来的同时，另有别的事发生了，它让当时仍然经营 ICQ 的瓦尔帝惊叹不已，终端用户甚至寄情书表达爱慕：不是寄给个人，而是寄给这项服务。瓦尔帝称这个现象为"工具欲"(Tool Lust)，他认为人们对于促成新颖、快捷、方便等活动的事物，会产生情绪上的依恋。瓦尔帝认定，博客的神奇将再现工具欲的新一轮重生，他观察说："当年 ICQ 促成一对一的对话，如今博客达成的是一对多的对话。博客这个工具让你和全世界保持联系，这将会引爆澎湃的热情。"

Skype 打造营销新王朝

即使早在 1996 年，使用者就已经能通过 ICQ 在网络上进行语音对谈，只不过那时候用户仍在使用拨号连接的方式上网，传输速度缓慢，因此很少人这么做。此外，用拨号连接的方式打国际电话也很昂贵，这对目前当红的网络电话服务 Skype 可能是件好事。Skype 的免费核心服务推出之后，短短 19 个月内就被人下载 2 500 万次，打破了 ICQ 的划时代纪录。话又说回来，Skype 上市采用的实时通讯和博客技术，在 1996 年 ICQ 创建时还根本不存在。

Skype 和 ICQ 一样，主要是通过口耳相传的方式刺激人们采用，不同的是 Skype 公司用少量的钱投资了几项传统营销计划，例如赞助讨论会。Skype 也和其他公司一样模仿 ICQ 的战术，譬如独特的音效和推荐友人计划，设法让基本用户群化身为该公司的全球免费的业务主力。Skype 采用的低成本营销策略，对其他网络电话公司（如在电视上打广告的宽带电话公司 Vonage) 而言不啻为致命武器。根据路透社 (Reuters) 的报道，2005 年 5 月 Vonage①的用户刚刚突破 100 万人，而 Skype 的

---

① http://www.vonage.com/corporate/index.php?lid=footer_corporate

使用者已经超越3 000万大关。

不过Skype的抱负还不止于此，网络拍卖龙头eBay在2005年10月买下Skype之后，下一步计划增设低价付费服务。例如在传统电话上拨打与接收费用极为低廉的Skype通话，这一来肯定会动摇传统电话公司的垄断地位。在这一领域里，初生之犊Skype面对的是资金雄厚、顾客众多、品牌稳固、并由政府高官支持的大型公司，两者实力对比悬殊。然而Skype相信它拥有两项竞争优势：首先，绝大多数用户都喜爱他们的服务，你很少听到使用者对Verizon、SBC或WorldCom等电话公司表达相同爱意；其次，人们都有工具欲——他们想拥有最新、最酷的玩意儿。

由于Skype采用口耳相传的高效率营销方式，而不是采用大规模传统广告和营销活动，因此在争取新客户上就已经取得了价格和绩效优势。尽管营销预算少得可怜，可是Skype争取一位新顾客的成本只有1美分，反之，分析家估计，无线电话通讯业者每争取一位新顾客的成本大约是125美元。

这样令人难以置信的比率未来可能会缩短差距。最近Skype宣布未来将开始进行品牌认知广告和促销活动，他们的投资额度有多少？这样的策略是否明智？一切都还有待观察。Skype预估未来每5个免费用户中，大约有一个人会使用额外付费的服务。另外该公司还宣称，由于成本低廉，Skype将利用这项优势来打造新时代通讯王朝。

烈火狐狸的狂热威力

Skype在19个月内创下2 500万用户的新纪录没能保持太久，新崛起的火狐狸(Firefox)99天就打破了这项纪录。人们认为火狐狸是比微软网络探险家(IE)更简单、更安全的网络浏览器，最先是由一个博客独家提供免费下载，这个博客也是火狐狸的中控通路。推出6个月之后，火狐狸的下载次数已经超过5 000万，而且普及率仍然持续上升。火狐狸

的故事本身就值得大书特书，它的开发团队完全没有薪酬，也不是全职工作，这套软件是四个孕育它的组织群策群力合作写成的。对于反微软情结和开放来源技术而言，火狐狸的出现仿佛避雷针：这套软件的创作构想就是容许终端用户与第三者自行摸索修改，来创造出遍及全球的、急切的、拥护它的草根用户。

现年 20 岁的布莱克·罗斯 (Black Ross) 念高中时就加入了火狐狸的开发团队，他建立自己的博客，作为不满网景、美国在线、时代华纳公司所有权频频换手的宣泄渠道，最后他把博客命名为"拓展火狐狸"(SpreadFirefox)①。这个网页成为一连串无成本营销活动的中枢，也成为 2005 年最热门的博客门户之一。罗斯每星期都会在网站上宣布新的"社群营销活动"。举例来说，某个星期他宣称要推动吸引大学生的某个计划，他登高一呼，其他的事便可都由读者包办，结果很快就会吸引好几千人来下载软件。这样一来，火狐狸最后竟累积到数百万次下载。目前就读斯坦福大学 (Stanford University)，并已和人合伙创办新公司的罗斯回忆说："大部分活动都大获成功。拓展火狐狸点燃强烈的舆论支持，随后自行迅速蔓延开来。"

火狐狸比 ICQ 实现 2 500 万次下载目标的速度快了 6 倍，接着又打破了自己的纪录，在此前的一半时间内又累积了另外 2 500 万次，而他们借助的仅仅是网络科技改良后的口耳相传的营销渠道（当然，同时也受惠于 ICQ 推出 10 年来网络用户的大幅增加）。除此之外，火狐狸还拥有借助 ICQ 先驱的优势。例如早先火狐狸自愿在其他博客和网站上设置下载按钮，因此人们也可以从那些网站上取得免费浏览器软件，短短数月，连接到微软网络探险家浏览器的网站数量，已经少于通过这些按钮连接至火狐狸网页的网站。如果你现在走访 Google，搜索"网络浏览器"一词，结果一定会是火狐狸的排名在网络探险家之前（编注：输入中文也一样）。

---

① http://www.spreadfirefox.com

火狐狸的用户狂热地传播这项科技，热心程度甚至高到集体募资为这项产品刊登广告：在《纽约时报》周日版上登了整整两页广告。据火狐狸团队另一位发起人乔·休伊特 (Joe Hewitt) 的说法，这份广告制造了"一点儿好回响"，但是和拓展火狐狸所创造的稳定增长的下载次数相比实在是微不足道。到了 2005 年 4 月，这个博客成了口耳相传系统的活水源头，每天被下载的次数超过 20 万。使用者每次下载火狐狸，就获赠一个免费博客，罗斯说："我们的成员利用这些博客去发明、讨论、协调与执行庞大的营销活动。"因此，火狐狸得以横跨整个网络和博客圈，打造一个口耳相传的网络体系，放大任何营销作为，同时接触全球并得到全球的响应。假如是靠传统广告活动，想要达成这样的效果，成本无疑庞大得惊人。即使企业负担得起，广告能够如此有效鼓动热心的用户大军，让他们这么心甘情愿狂热地宣传你的产品吗？

火狐狸得到的媒体报道的密度同样令人咋舌，如果你把所有报道火狐狸的剪报和封面头尾相连地摆成一线，它们可以从火狐狸在硅谷的基地，一直排到微软位于西雅图的总部门前。火狐狸团队深信口耳相传的神奇效果，当火狐狸软件从试用版升级到正式版时，他们曾经举办过一次新闻发布会，但是效果远不如使用者的口碑推荐。

火狐狸的例子证明博客们所谓的"热情议事厅"(the passion chamber) 正是一再被人提及的对话营销的主题。人们开始尝试新东西，激励他们的因素多半是能在朋友间分享好东西，而不是这种新东西有可以向顾客保证的种种好处；友人先行试用，如果喜欢这样东西，然后就会把消息传给朋友分享。罗斯说："火狐狸诞生的原因是因为它必须诞生出来，这项产品已经深植于我们的心灵，让我们不论在工作、吃饭、周末时都念念不忘。"休伊特补充说，开发团队的本意不是扳倒目前市场上的对手或令自己声名大噪，他说："我们只是想要打造一个优良的浏览器，不但自己可以使用，还能与朋友分享。"

当口碑借如此高涨的热情传递出去时，口耳相传的散播威力最为惊

人。同样，当这类行为来自个人酝酿，而非外来营销活动时，口碑的传播效果也最好。和麦康奈尔合写《创造顾客传道家》的作者杰基·哈伯(Jackie Huba)就表示，她特别警觉那些"刻意想散播什么或创造声势的组织，通常他们费了一番口舌以后，呈现出来的却是毫无价值的东西。想要传播什么，一定得靠双向营销；如果采取单向沟通，口耳相传的战术也可能一败涂地"。

热情，而非传声筒

然而"热情议事厅"还有一项危险，它可能沦为"传声筒议事厅"(Echo Chamber)，这一点从民主党候选人霍华德·迪安(Howard Dean)竞选总统时的大起大落就可以得到证明。迪安的异军突起最初是靠良好的口碑，后来又拜众多博客的热情支持所赐，获得募款数百万美元。这从而也让媒体纷纷看好迪安，其实这一切和真相相去甚远。迪安的热情支持者从头到尾无法跨越传统定见的断层，也就是早期狂热支持者和主流投票选民之间的分歧，而后者一般而言根本还没有造访过博客、通过博客与人对话。迪安的支持者以为博客将自己的声音放大数倍，其实他们只是在彼此对谈罢了。

根据网络分析公司OneStat[①]的数据，即便火狐狸在科技圈中横扫千军(推出不到6个月就攻下一成浏览器市场)，微软的网络探险家依然稳稳握有87.28％的市场占有率。另一家网络需求分析公司WebSideStory[②]也观察到，火狐狸在初期蹿红之后，成长率已经开始趋缓。最受欢迎的五个博客之一BoingBoing[③]估计，该网站的访客当中有38.7％使用火狐狸，比微软探险家多了4％。这些不同消息来源所提供的数据并不一致，也强烈显示热衷博客的客户群并不能代表一般市场，

---

① http://www.onestat.com
② http://www.websidestory.com
③ http://www.boingboing.net/stats/#browsers

如果是不严谨地随意观察，还可能有误导之嫌。

火狐狸口耳相传的威力和迪安竞选的挫败，两者的结果完全不一样，博客必须好好认清其中的差别。

让技术专家在主流氛围下担任种子角色，并持续散布信息是火狐狸的关键策略。休伊特说："当我听到软件开发工程师使用火狐狸时，并不觉得特别欣喜；但若听说他回家在母亲的计算机上安装火狐狸，我就会感到兴奋。"火狐狸仰仗不相干的软件开发工程师协助它进入主流视野。开发它的团队成员估计，火狐狸推出后 100 天内，就获得世界上 20%的网络开发工程师的采纳。火狐狸团队希望这些开发工程师未来设计各式各样的附加产品，让愈来愈多非科技背景的终端用户觉得火狐狸难以抗拒，备妥实力与微软展开下一波更为猛烈的浏览器市场竞争。

其他新创立的公司也开始广泛运用这些由 ICQ 发明、经过火狐狸雕琢的战术。我们在 2005 年 2 月随便上网搜索一下，就发现以下支持散布某软件的网站：拓展 Opera(SpreadOpera.com)、拓展网景 (SpreadNetscape.com)、拓展 IE(SpreadIE.com)、拓展海猴 (SpreadSeamonkey.com)、拓展 Mozilla(SpreadMozilla.com)、拓展开放来源 (SpreadOpenSource.com)、拓展开放办公室文书软件 (SpreadOpenOffice.org)、拓展 Linux(SpreadLinux.com)、拓展免费操作系统 BSD(SpreadFreeBSD.com)、拓展曼波 (SpreadMambo.com)、拓展 Ubuntu(SpreadUbuntu.com)。到了 7 月，其中半数已经销声匿迹，但是另外又有三四个新创的拓展 (Spread) 网站成立。

显然，想要从默默无闻到一夕间一飞冲天，你需要的不只是响亮的关键词，还需要学习更多的知识；企业只有提供独特、有价值、难以抗拒的产品，人们才会奔走相告。尽管利用报酬和奖励措施举办"推荐友人"活动也许能吸引一些人的注意，可是它们绝非人们口耳相传的主要诱因。真正威力无比的口耳相传，来自人们忠于自己所信任的人，而不是来自你熟知的品牌名称。人们碰到新鲜事物都会想着告诉他们的同事，他们喜欢当领先者，也喜欢有影响力。然而除非这项产品或服务真的与

众不同，否则他们也不会费力去散播消息。

卓尔不群或形同消失？

《紫牛》作者赛斯·高汀说："市场的新现实是消费者有了选择，他们可以忽视你，忽视你的广告、信函、大幅标语和业务员，结果你将面临艰难抉择，你可以生产一些值得人们讨论的东西，不然就选择形同消失的下场。如今外面有好几百万个博客，每个博客背后都有一个真人在那儿编辑撰写，如果你创造了什么卓尔不群、值得人们讨论的东西，这些人就会选择在博客里谈论它。如果他们真的这样做了，你的口碑就会传播开来。"

高汀称这种卓尔不群的产品与服务为"紫牛"(Purple Cows)，也就是他那本畅销书的书名。紫牛是不寻常的，棕色牛则遍地都是。前者是大家注意的焦点，后者却乏味无趣。高汀用两项基本原则来界定紫牛：

1. **能够传播的观念才会胜出。**由于市场人员很难直接接触那些真正会掏腰包向他们购买产品的人，因此必须仰赖口碑。最好的口耳相传的宣传方式不是建制精彩的网站，不是推荐友人软件，也不是现金回馈，而是制造值得讨论的话题。现在的营销讲究的是产品开发，而不是产品宣传。

2. **消费者判定产品是否卓尔不群。**假如市场不认为你的产品出众，那么你的产品就绝对无法出头。不论你在产品上投注多少心血，它对你又是何等重要，都改变不了这个事实。

"不仅博客迷恋卓尔不群的事物，阅读博客的读者也一样。"高汀说，"这是最令人好奇的一部分。这些人千方百计找出新的、有用的东西，这一群读者不需要被提醒，因为他们早已竖起耳朵倾听。他们很警觉,孜孜不倦地找寻下一波大趋势,你不需要拉高嗓门对他们喊叫,如果你投资足够的时间、精力和胆量去制造无与伦比的东西,这些读者将会迫不及待地听你说一说。"

口碑营销的威力:从 0 到 100 000 000

我们谈到的这三家成功企业有个共通点:他们都营销免费软件,尽管他们后来都在不同时间开始收取费用,但一开始都是免费提供产品或服务给热心推广的终端使用者的。Google 也是如此,经由提供免费服务给顾客而获取了惊人的成功。可是免费并非必要元素,eBay 和网络书店亚马逊 (Amazon) 都是要顾客付费的。但是所有这些公司的共同点是善用网络这个口耳相传工具的效率,放大他们产品与服务的能见度。

并非每一家公司都适合执行现阶段免费、未来再收费的策略,许多公司一开始尝试限时或限量免费试用,也获得了初步成功。但是先免费后来又开口要钱的做法,也是很多公司迅速灭亡的原因。在本书第 13 章《用博客扭转危机》里,我们探讨了 Six Apart 这家公司如何通过有效地运用博客扭转上述颓势。

Google、eBay 和亚马逊现在都已经成为全球化的品牌企业,而假如不是靠网络的传播效率,他们绝不可能有今天。没错,他们成功的重要原因之一就是铲除实体销售设施的必要性,他们明白网络口碑营销的巨大威力,并善加利用。尽管现在这些企业都已经是身价数十亿的上市公司,但他们的营销策略依旧坚持以口耳相传为核心。亚马逊执行官杰夫·贝佐斯 (Jeff Bezos) 最近宣称公司将避免在电视上打广告,原因是电视广告的效果远远赶不上口耳相传的活动。亚马逊公司发现一种不致惹人反感的经营方式,对介绍生意上门的博客报以财务酬劳:博客可以加入相关计划,如果他们的网站为亚马逊卖出任何一本书,博客可以与亚马逊分享利润。

1998 年 Google 创业时正值密集营销的高峰，新成立的公司纷纷斥资数千万美元做营销、打广告，但是 Google 在这方面的支出却非常少。当时许多企业设置花招酷炫的网站，利用蹦出式、极尽声光和动画效果的画面来吸引顾客，但 Google 却反其道而行之，推出独特的空荡荡网页，里面从头到尾不超过 30 个字。结果人们决定试一试，没想到一试之下就发现，Google 无与伦比的搜索能力超越了当时网络上的其他任何对手；那时候其他搜索引擎都在使用者的屏幕上堆砌了大量无用信息，反观 Google，它却常常能替人们在大海中捞到苦寻不着的宝藏。接下来，Google 继续利用几乎所有形式的口耳相传战术。举例来说，2004 年这家公司推出了 Gmail(它是具有惊人网络储存能力的电子邮件程序)，并利用与 ICQ 类似的战术刺激了大量用户采用：Google 容许入选的申请者持有几份试用版软件，然后要求每一位申请者只邀请少数几个朋友试用，以制造供应量稀缺的假象，结果这些限量邀请激起很多人想要拥有它的欲望，以致该软件在 eBay 上掀起拍卖热潮。

苹果计算机当然也利用传统广告，而且许多观察家都说，苹果是少数几家推出过精彩绝伦广告的计算机公司之一，然而它的随身音乐播放器 iPod 推广的成功主要依赖博客对话。当然，这一产品本身足够"有料"，且与众不同，并得到博客圈用户的普遍赞美。苹果计算机也具有远见，知道要注重那些可以引起话题的设计细节，比如设计白色的耳机 (这个颜色的耳机对使用者并无实质利益，唯一的用途就是引爆对话)。你可以想象一下：在搭乘喷气式客机时，有两个陌生人并肩而坐，各自从自己的播放器中聆听音乐，其中一个人向另一个人打听白色耳机的事，于是简单的问题开启了一次对话，坐在同一排的其他人也开始加入对话，有人请求试听一下白色耳机，想知道音效是否比较好……话题就这样产生了。于是，随身音乐播放器迅速成为大众商品，并同时建立起卓尔不群的形象。

此外，苹果计算机也把广告费花在非传统途径上，借以创造口耳相传的效果。如果你对计算机的认识仅来自在电影与电视上的所见所闻，那么，你一定以为苹果麦金塔 (Macintosh) 占有 97% 的计算机市场，而不是实际上的 3% 以下。由于该公司非常积极地与娱乐公司合作，经由各种媒体让产品曝光，才能制造这样的非凡效果。

利他行为比赚钱更令人兴奋

假如要评选出最不吝花钱做宣传的行业，那一定非好莱坞莫属。外界都知道，当好莱坞推出一部高预算电影时，只是为了支持首映，宣传人员就可以砸下 2 亿美元。不过现在情况不同了，青少年人手一部手机，他们以小众方式集结，正在阻碍（甚至摧毁）这些昂贵的宣传攻势。一小群青少年去观看一部新上映的电影，电影才开始放映几分钟，他们就开始发短信给电影院外面的朋友，短信虽然简短却一针见血，譬如"很好看"或"烂透了"。收到信息的朋友接着开始在博客上讨论这部电影，结果影评都还没出炉，这一群不受好莱坞控制的年轻人便显示出影响力，甚至在首映结束以前，就大致决定了这部电影的命运。

为什么人们愿意大费周章去帮助别人，而且大多数都是陌生人？为何人们愿意在飞机上把耳机借给陌生人试听？又为何会向出租车司机倾吐私人生活故事？资深投资人瓦尔帝告诉我们，世界上第二受欢迎的娱乐方式就是说故事，而稳居第一名的则是与人对话。就算家里没有数字电视，我们也心甘情愿让一通电话打断我们收看电视节目，或阅读杂志。这种行为和人性很一致，至少有一项实验研究确切说明了为何这类符合人性的行为令我们趋之若鹜。

艾莫里大学 (Emory University) 精神医学与行为科学教授格雷戈里·伯恩斯 (Gregory S. Berns)，利用功能性核磁共振摄影和其他计算机技术，研究人类大脑对不同类型刺激的反应。简单地说，他的研究小组以电线连接大脑，看看大脑是怎么通联的。几年前，伯恩斯研究过生物

学与利他主义的互动关系，他利用功能性核磁共振摄影技术扫描36位妇女的大脑，这些妇女一边玩行为学家给的"囚犯的困境"(Prisoner's Dilemma) 游戏，一边接受测试。参加游戏的人得到的报酬多寡取决于她们做了什么选择。伯恩斯发现，这些妇女即使明知彼此不相互合作时能获得较高报酬，却仍表现出合作的行为；实验采用的技术显示纹状体（我们大脑中比较原始的区域）在合作期间会变得活跃。事实上，合作时我们的身体默默释放出高于平常5倍的多巴胺，这种化学物质正是我们从事性行为或赌博之类的刺激性活动时分泌的。简而言之，人类的大脑天生就被设定为趋向合作，利他行为比赚钱更令人兴奋。

这项事实使得博客变为信息时代的万人迷，虽然面对面的口耳相传是传播知识(Awareness)与采纳建议(Adoption)的最可靠方式，但博客这种最新、最强有力的口耳相传机制，却具备了面对面沟通的特质，诚如瓦尔帝告诉我们的："博客是超强效的口耳相传渠道。"

为了让我们有历史观，瓦尔帝对自己祖国以色列的三个最强势品牌作了比较：圣经、基督教和ICQ。这三者都依赖热情的拥护者口耳相传得以散播，圣经（包括旧约圣经）花了2700年才达到目前的认知率与势力；基督教花了2000年；ICQ则在10年之内获得了全世界的接纳。瓦尔帝指出ICQ的重要性无需吹嘘，它只是在工具演进之际水到渠成地被世人接纳。

我们的重点是：和徒步在村里走动挨家挨户拜访客户相比，博客的速度和效果都出色太多了。

博客的财富效应

博客是一部硕大无比的提供口耳相传机制的引擎，如果以开车来比喻，与其说博客没有被局限在无关紧要的后座，反而还掌握方向盘，以无比的效率、威力和速度驾驭时尚的走向的话，倒不如说它同时开着两部车，因为车子是进与出双向进行的。

博客可以让你真切地聆听人们正在讲哪些与你的产品、公司、种类有关的事，也让那些人有机会反馈，如此就使你的事业链接上了一种更智能、更有效率的新式口耳相传网络。博客使你能：

◆ **找到与加入对话。**通过 Technorati、Feedster、PubSub 之类的搜索引擎，人们可以立即查阅与自己事业有关的评论，就像 Google 能瞬间找出数十亿个网站一样，这些博客搜索引擎随时都在追踪好几百万个博客的进展。这类搜索引擎动作较迅速，通常在几个小时或几分钟内就能传来搜索结果，让你看见人们正在谈论哪些与你的市场、产品和公司相关的话题（正面或负面都有）。其实博客圈里早就在谈论这些事了，所以你如果够聪明的话，就应该赶紧加入，就算你不想经营自己的博客也应该加入。

正如微软公司的托雷告诉我们的："当人们知道你也参与对话时，就会变得比较尊重你。"想象你自己是个汽车迷，在底特律汽车展中见到一辆超酷的新款雪佛莱跑车，于是在某个博客上贴文讨论，也许同时贴上一两张照片。没想到几个小时后，同是博客的通用汽车 (GM) 副总裁钱鲍勃·卢兹 (Bob Lutz) 读到了你的文章，并且让考维特团队成员传阅，还把你的博客连接到该公司的相关博客，也许还加上了一段评论你博客的文字。试想一家大企业注意到你的博客，还把它加入链接，此举所创造的品牌忠诚度有多深!

博客圈里还有所谓"一网打尽"型的博客，专门观察整个产业的发展情况。以上述例子而言，发挥力量的可能就是汽车博客 Autoblog[①]，他们观察产业、贴文讨论、链接到你关注汽车的博客，随后就会有成千上万的汽车迷直接进入你的网站。

一开始你只贴了一篇文章，没有任何开支，就算有也无关紧要，可

---

① http://www.autoblog.com

是文章一贴出去之后，你便启动了一场有趣或宝贵的对谈，某个有影响力的人认同你，这一来你的影响力就变大了。

◆ **创造话题。**以往这个名词与创意广告联系在一起，就像 1984 年苹果计算机在超级杯 (SuperBowl) 足球赛时推出的砸电视广告，而今天这类广告仍然有市场，不过近来真的很难见到真正值得讨论的广告了。反观博客却可以让你用极为低廉的成本创造话题，同时它也是更值得信赖的话题来源。

我们再次以通用汽车的卢兹为例，他的第一个博客与通用的钍星 (Saturn) 有关，这款车在顾客服务排行榜中名列前茅。卢兹在一场大型汽车展举办前，贴文介绍将在展览中推出的漂亮新款钍星汽车处女秀，结果博客圈迅速热烈讨论起卢兹主持博客的事，以及卢兹亲自回应读者猜测新车究竟是真车或模型的评论。最后统计结果显示，卢兹的贴文之下张贴了大约一百篇评论文章，同时有大约相同数量的网站链接到卢兹的博客：大多数链接者只是普通人，他们乐于加入并延伸与这位《财富》十大企业知名高管的对话。汽车媒体也报道这则新闻。卢兹的贴文很可能花了他不到一个小时的时间，和打一支钍星汽车的广告相比，这则贴文的效果如何？如果当初卢兹选择在正式的记者招待会上宣布消息，我们怀疑是否能够得到很多人的注意。顺便提一下，电视上正在打一支钍星汽车的新广告，你想得起来看过它吗？我们也想不起来。什么更能创造题？博客，还是昂贵的广告活动？

瓦尔帝说得对，博客真是超强效的口耳相传，好似服用兴奋剂一样效果惊人。然而不同于重要体育比赛中兴奋剂成为众多丑闻的来源，博客这种加强版的口耳相传，建立了可信度、激发了热忱，并引起了顾客良性的传播行为。

第 4 章

金律：以真面目示人

新闻自由只属于掌握新闻的人。

——美国记者兼评论家利布林 (A. J. Liebling)

大部分工商界人士都认为媒体报道是好事，在博客出现以前，一般人也相信，媒体报道是提升公司知名度、产品声誉的最可靠途径，而且大多数组织能从中获得巨大利益。许多公司不惜重金推动营销活动，其主要目标就是要得到媒体的报道。

然而我们往往发现，媒体对他们的报道内容令人失望，我们有一位同事曾经涉足一项争执激烈的事件，他最近对我们说："如果我阅读媒体上某个我熟知的事件，经常会发现当中有错得离谱的事实陈述，也经常发现记者立场偏颇或相当无知，尽管他们的不公正报道往往是有利于我的，但错了就是错了。"

有些经常受镁光灯追逐的高管，确实获得了媒体异常的青睐，令其他人艳羡，可是他们却不想再享有这样的"待遇"了。这些高管抱怨新闻界断章取义，曲解了他们的说辞；他们坚称新闻媒体在刊登报道之前欠缺事实求证，等到错误被人揭发时，还顽固地不肯认错。

有个众所周知的例子。哥伦比亚广播公司主播拉瑟曾出示"证据"指控布什总统的从军纪录缺失，后来被揭发所谓的证据可能是捏造的，然而在该公司终于被迫承认错误以前，新闻部总裁安德鲁·海沃德(Andrew Heyward)一再顽强地以空洞的字眼发表宣言，支持他们制作的新闻："我对我们的报道有十足信心。"

博客提供了一套充裕的工具组合，使高管和工商界人士能够将他们的信息直接传送给目标受众，同时得到对方的响应，这是无法通过媒体或其他有时间落差的机制去做到的。

有些顶尖的主管和名人可以随心所欲获得媒体报道，但这并不意味着他们因而感到满足，也不表示阅读该报道的读者能比较清楚地了解他们的意图。他们之中已经有一些转而经营博客，因为这项工具容许他们直接接触目标受众，读者可以听听他们表达自己的立场与说法。

虽然高管有力量对抗新闻界，但是对于大部分工商界人士而言，最需要的是直接接触主要受众。知名的企业领袖并不介意一对一单挑新闻界，事实上，有些企业家利用博客来证明自己是非常乐于与受众对话的，至少他们是这样告诉我们的。

对小公司的主管来说，情况就复杂得多，他们通常得不到想要的媒体曝光；即使真的被报道了，内容也经常遭到删减，不然就是篇幅小得不起眼。博客就不同了，它让小公司可以选择任何时间直接接触目标受众。本书作者之一以色列在公关界耕耘了20多年，他服务的多半是刚创立不久的公司，主要工作通常是推动第一项关键产品上市。很多时候当他的客户会因为媒体报道的不公正、过于简短或不正确而感到心烦意乱，当他观察到媒体编辑被人纠正错误时，往往抱以拒绝认错甚至是傲慢的态度，并且拒绝收回报道或刊登更正启示，还直截了当地告诉抗议的客户可以写信给编辑，不过编辑很少认真阅读这些要求更正的来函，更不会将其放在与新闻稿相同的版面上。即使报社真的刊登客户来函，也不会完整呈现，编辑必会删节与浓缩读者抱怨的信件；此外，读者来函多半要在新闻刊登之后数周才会见报，届时损害早已造成，要想完全更正错误也为时太晚。

博客并不能完全解决上述问题，不过事实已经证明它们威力强大，公司根本不需要在报纸杂志上买广告版面，就可以直接接触希望诉求的对象，而且博客比广告便宜多了，它以略带优雅的讽刺感改变了原来的平衡。升阳计算机董事长兼营运长乔纳森·施瓦茨 (Jonathan Schwartz) 告诉我们："当某位新闻记者报道我的博客时，我也反过来报道他写的新闻。"这样做显然重新调整了过去倾斜一方的游戏规则，方法则是前所未见。

通用汽车副总裁卢兹告诉我们，他正在通过博客"寻找直接与世界沟通的线路"，他刊登的第一篇贴文宣称："在网络时代，任何人都能成为新闻记者。"他认为自己的博客"通用快车道" (GM FastLane)① 可以让他达到这个目标。达拉斯小牛 (Dallas Mavericks)② 篮球队的老板马克·库班 (Mark Cuban) 说得更直接：他的博客主要是为了回应媒体。"我已经厌烦媒体把 4 个小时的访谈浓缩成 500 字的报道，使得访谈的味道尽失。《财富》来访问我，我坐下来和他们的记者促膝长谈，以为这是一次认真严肃的访问，结果却完全不是那么回事。这类情况是促成我开始主持博客的原因之一。"

库班的博客经常提出新闻记者在报道中所犯的与事实不符、缺乏头脑、懒惰等毛病，而且他不仅关注与达拉斯小牛队有关的报道，也关注整个体育界新闻。库班评论时绝不模棱两可。有一次某个电视台记者吉姆·格雷 (Jim Gray) 猜测小牛队教练和球员合不来，库班在博客里这么写道："美国广播公司体育频道 (ABC Sports) 应该立刻对格雷采取行动，除非他道歉，否则应暂停他的职务。"先前库班的博客搜集了许多记者执行职务失当的轶事和统计数字佐证，他宣称自己的努力已有成果：国

---

① http://fastlane.gmblogs.com

② http://www.blogmaverick.com/entry/1234000340034879

家篮球协会 (NBA) 的裁判标准因此获得改善。

被公认为"博客之父"的魏纳，曾对我们讲述过一则相当骇人的故事。英国的《卫报》(*The Guardian*) 刊登了一则新闻，撰稿记者竟是故事的当事人之一。魏纳说那个记者所引述的"观察者"其实就是他自己，而且在文章中并未揭露自己牵涉这桩事情。当魏纳找到这家报纸的主管，指控该新闻报道不实、偏颇、误导受众时，编辑竟然充耳不闻。虽然博客之父发明博客的目的不是为了迂回避开新闻界，但长久以来，他一直没有忘记用自己发明的这项技术来表达对新闻界不满的初衷。

我们访谈的高管都用某种方式显示，博客是他们的优先选择，库班在小牛队进入紧张的季后赛时依然保持上博客贴文的习惯；卢兹在通用汽车亏损 11 亿美元以后被撤职，值此充满争议的多事之秋，卢兹不仅花费时间回答博客上读者的问题，而且暂停贴文仅区区 4 天，又继续回去主持博客了。他张贴了 3 篇系列文章，标题是《太阳依旧上升》(*The Sun Keeps Coming Up*)，文中开门见山地说："有时候我们都会质疑自己的理智，想要确认明天早上太阳是否依然会升起。通用汽车最近弥漫低潮和不幸，在此我想提供给你们一个另类观点。"接着卢兹贴文介绍了几款鼓舞着他的通用新车，即使当时某些报纸暗示这位争议性高的主管即将下台，也没有挫败他的信心。

新闻界也阅读卢兹的博客，随着他贴文的频率增加，报界揣测他即将离开通用的消息也逐渐消失。

每一位主管看待博客的方式都有些不同，实现目标的途径也不尽相同，而且所在企业的文化都不一样。从这一点来看，所有已加入博客的主管都没有浪费时间，显然他们全看见了花费时间贴文、或多或少参与对话的价值，对他们每一个人而言，与受众直接接触，正是其经营博客的主要动机。

截至本书完稿时，卢兹是《财富》十大企业的董事会高管当中，唯一一个经营博客的人，他说他的目标是"吸引那些与我们的产品和服务相关的大众。博客已经成为未经过滤（强调'过滤'两字）的重要声音，如今我们拥有一条直接与受众沟通的线路。博客已经变得无可替代。"

通用汽车疾驶快车道

当我们访问卢兹时，他说的那条直通线路正发挥着很大的作用。当时通用汽车刚宣布将断绝在《洛杉矶时报》上登广告，这份报纸是美国密西西比河以西发行量最大的报纸。通用汽车的公关部副总裁加里·格雷提斯 (Gary Grates) 拿卢兹的博客"快车道"作为依据，很有说服力地替通用辩解：外界在这个博客里所张贴的评论（完全不经过滤）一边倒地支持通用的立场，事实上，至少有一位汽车媒体的记者也在博客里发言表示支持通用汽车。

卢兹不愿意特别讨论《洛杉矶时报》事件，但是他所说的话与该事件有很大的关联。卢兹告诉我们："博客可以作为平衡局面的力量，回应媒体的批评，这一点非常了不起。博客是一个自我规范的媒体。"

他也不愿意一竿子打翻一船人，牵扯到所有的媒体，而只是说："媒体中当然有见多识广的记者，他们公正地报道新闻，而且只在审慎求证之后才会发表文章。令人遗憾的是，也有很多记者太急于表现，把传言和肤浅的印象当做实际的证据，而且经常得出错误的结论，这对企业可能会造成重大伤害。最近有一篇见报的文章宣称我们公司的一款新车无人问津，短短几天之内，一位局外人在博客上分析了那则文章，并用事实证明其报道的谬误。"

卢兹强调，直接接触话题的重要性远远超过纯粹对抗不支持自己的记者。据他自己的说法，他的博客展现了公司领导阶层的某种热情，和"愿意倾听一般人谈话"的谦虚态度，这种做法已经开始逐渐打破通用汽车乏善可陈的外在形象。

卢兹告诉我们："任何指责我们是讨厌批评或禁不起批评的人,显然还没有读过我们的博客。"他说"快车道"证明通用汽车的领导者在倡议"诚实透明的文化"。这位副总裁在公司遭受许多负面评价时仍坚持与读者沟通,他指出读者是鼓励自己的来源,回头读一读好几百封读者的评论,也可以再次确认自己的看法。卢兹说:"这证明人们对汽车和卡车抱持多么深厚的热情,也提醒我有多少人支持通用汽车,这件事实在是太棒了。"他还说读者的评论是"点子的来源,可以影响我们推出新车"。不过他没有举出具体例证。

面对大量涌入的评论,卢兹任用员工对其加以管理,他们将电子邮件汇齐整理之后,删除某些重复的内容,再将摘要传送给卢兹,但是绝不过滤负面评论。经常在外公干的卢兹通过可靠的黑莓(BlackBerry)手持计算机在机场和飞机上阅读这些摘要,他发现读者的评论"令人惊叹"。

博客圈有时候会批判卢兹在小组贴文中回答评论,而不参与直接对谈,也有人抱怨卢兹从来不链接到其他博客的网站。卢兹坦承,他实在没有时间和博客圈里的软件开发工程师与其他团体浪费时间。有些人说,缺乏互动使得对话的真实性被扭曲了。

我们的看法却不同。卢兹展现了透明交流愿意倾听的欲望,他使用的语言也许比拓展火狐狸的罗斯来得正式,像是出自公司渠道一样。不过对大部分的人来说,他所显现的透明度和真实性正是成功博客的两个要素。此外,在博客讨论一项主题时有两项最基本的原则:热忱与权威,这方面卢兹完全具备。

卢兹违反博客圈公认的"规矩",正好说明了一个无法避免的现实:博客进入公司后,会自动调适公司文化,而不会胡乱破坏公司的重要基础。卢兹的贴文虽然正式了一点,却不至于使用公司语言,他的文章中偶然出现拼错字和文法错误,这反而让读者感觉,这是一个有智慧的高管在匆忙中写下的文字。

升阳计算机扭转乾坤

反观升阳计算机的董事长施瓦茨则是埋首深耕博客圈，他有很好的理由，因为博客圈里有大批软件开发工程师和金融分析师流连其中：他们正是升阳最主要的两类受众。2004 年，他在就任升阳计算机董事长两个月后，着手建立"乔纳森·施瓦茨网络博客"(Jonathan Schwartz Weblog)[①]。

我们问施瓦茨他怎么会这样娴熟此道，他说："我打字打得快，话又讲得多，好的博客一定很爱闲聊，也很能融入关系。"博客圈让施瓦茨悠游自在，让他能够遇见对升阳有益的人们。"当我开始了解谁是我的读者时，不禁大吃一惊，原来他们都是我们的顾客和分析师。不论我去哪里，有愈来愈多的人告诉我，他们都在阅读我的博客。"

他有些夸张地说："我还有其他接触软件开发工程师的更好途径吗？难道要在《Linux 世界》(*Linux World*) 杂志上登一个广告？我的读者群比他们还多呢！"

施瓦茨将博客视为升阳的战略方案，还鼓励其他员工一起加入。不到一年，升阳的 3.2 万名员工中，就已经有 1 000 多人从事博客。以员工比例来作比较，这是所有公司中"最博客化"的一家。施瓦茨坚称，拥有这么多一头栽进博客网络的员工，是升阳公司体验到"软件开发工程师之间的关系出现如此重大转折"的主要原因。我们问他觉不觉得博客真的带来了根本性的改变，他回答说："简直是扭转乾坤了！"

施瓦茨贴文的内容多半是对升阳沉思的结果，不过只要他想一吐为快，任何东西都可能写进去。有一次他的文章起头是谈论儿子剪头发的事，然后漫谈到某篇禅宗文献，接着又解释升阳犯了个错：没有事先观察员工走路的路线，就自作主张铺设人行道，后来才发现他们的员工通常不走人行道。施瓦茨最后总结说道："升阳的文化鼓励员工开辟自己

---

① http://blogs.sun.com/roller/page/jonathan

的道路。"他觉得这是沟通的重点,"我们正在打争夺人才的全球战争,必须证明我们比别家公司有活力、有趣和开放,这些博客反映出我们员工的素质,那也正是我们公司的文化。"

施瓦茨不但每周固定贴文数次,有时一天就贴好几次,因为他觉得要成为博客圈的一分子就得花时间。他说:"这是个社群中的社群,我最近和魏纳吃早餐,我们有什么共通之处?答案是,我们两个人都从事博客。"施瓦茨比卢兹更重视博客,他认为博客圈是升阳应该积极经营的地盘。这家公司如果想东山再起,夺回过去的地盘,就得争取开放来源软件开发工程师支持升阳的 Solaris 10 操作系统,这套产品是升阳和 Google 策略联盟的法宝。

施瓦茨预测,在不久的将来,所有软件都将免费,幸存的公司将需转变传统的每套软件收费的价值模式。这个立场在博客圈中备受欢迎,如果他的预言成真,最后就有可能把升阳的竞争对手微软挤下目前的主控宝座。

在施瓦茨眼中,博客和开放来源都是新兴"参与时代"(Participation Age)的一部分。我们问他,博客在这个新时代中会扮演什么角色,他说:"就像加在火上的煤油。从电子邮件发明以来,网络就已经进入参与时代,从那个起点发展到博客,就好像从信鸽进化到电话一样。博客的兴起,意味着我们已经超越了早期的原始工具,结果是每一件事物关联的方式都已经产生变化。"

施瓦茨和我们访问的其他高管不同,他声称尊重新闻记者与编辑,尽管如此,他最为称颂的沟通方式还是博客。施瓦茨在 2004 年 4 月就任董事长,当时,升阳公司和持批评立场的软件开发工程师与分析师的关系正处在谷底。

虽然许多企业高管在博客中都提到,他们经营博客是为了迂回避开新闻记者,从而直接接触受众,但是施瓦茨却称赞传统新闻业的价值。他认为新闻记者的存在价值是他们身为独立思考者,能够提供新鲜的想法。记者和其他人一样，偶尔也会把一两件事实弄错，不过那并不打紧，他们可以脱离企业所运行的轨道，与企业进行一针见血的对话。而大众对他们的报道远比对公司发言人的话感兴趣，即便他们弄错几件事实，也不能无视其带来的社会价值。

从施瓦茨的观点看来，博客的优势在于他的"透明度与真实性"，升阳公司的 1 000 多名博客将公司内部多元化的观点提供给外界，同时也表达了组织上下对公司文化的真诚观点。施瓦茨主张，证券交易委员会 (SEC) 要求企业每季公布的财报内容，远不及这一大群博客每天公开讨论公司内部事宜来得详尽，他说："（这些观点）绝对比联邦政府法规更有价值，企业高管忽略了一点，虽然呈现了透明度，却没有完美的真实。"

升阳公司对于博客的态度和微软很不一样，我们见不到那种又爱又恨的矛盾。据施瓦茨的说法，升阳的法务部门从来没有介入评估风险或担心博客危害到公司，而公司的公关部门从一开始就热烈支持博客。"大部分公关团队会畏缩，可是我们没有，我们一向拥有透明的文化，而竞争者如惠普 (HP) 却不是这样的。我们的公关团队想到的是如何将科技与文化变成公司的武器，而这两项博客刚好都符合。"施瓦茨手下的公关部长诺埃尔·哈特泽 (Noel Hartzell) 补充说："升阳的重点是打造社群，而且公关团队的一项重要职能，就是在参与这些社群时扮演信息收集、分析和咨询的角色。某些公司的公关人员固定在每周的某一天举办记者招待会，这种做法实在不高明。如果要将正确信息输入正确渠道，对公关组织来说，还有什么比博客更好的工具？"

施瓦茨认为，博客能促成双向沟通发生转折性的改变：

"我不只读博客，我什么都读，但博客更容易搜索。Technorati 和 PubSub 对我而言比 Google 更有用，它们可以使我更容易链接到以博客为基础的网络世界。来自摩洛哥和澳洲的读者，对我们公司的成长方式提出建议。我浏览升阳的众多博客，阅读其中的评论，如果某位软件开发

工程师有宝贵的见解,我很快就能知道。我们获得了各式各样有益的评论,像我就刚刚读到一篇葡萄牙的软件工程师所写的评论,他认为我们的质量最优秀。能看到这样的评论感觉实在太妙了。"

竞争对手也会阅读升阳的贴文。我们认识一位不愿署名的对手就告诉我们:"我们一度判升阳出局了,当初以为他们早就该关门大吉了,没想到他们竟然反扑过来了,这都是因为他们 ××(删除不雅用字)的博客。我们最近和一个客户开会,他们居然拿当天早上蒂姆·布雷(Tim Bray,升阳的软件开发工程师)贴文的内容来质问我们。"

施瓦茨经常戏弄竞争者,有时带有玩笑性质,有时却激得对方哇哇乱叫。最近惠普宣布一连串坏消息之后,他竟然直接向惠普的顾客沟通部门申诉。有一次他在博客上张贴了一封写给 IBM 总裁兼执行官萨姆·帕米萨诺(Sam Palmisano)的公开信,责备他不支持升阳 Solaris 操作系统的升级,还指控 IBM 是在阻止顾客接触"世界最安全的操作系统"。他很清楚这封信会破坏他和蓝色巨人的关系,不过这一招很聪明,跳过了公司层次,直接诉求 IBM 的客户,结果 IBM 的客户真的一致支持升阳的立场。施瓦茨面无表情地说:"现在 IBM 比较肯通融了。"

和其他博客一样,施瓦茨有时候也会甘冒风险涉足私人领域,也发现自己偶尔会陷入窘境。有一次他坦承去澳洲旅行时爱上了吃袋鼠肉,他恳求读者别告诉他的孩子;前一阵子,升阳有位高管给了他一家日本公司的网络链接,该公司保证博客能"改善你的体格",施瓦茨认为这"很好笑,不过很有文化趣味",于是很快贴了一篇文章谈论这件事。不久之后警觉的同事纷纷赶来通知他:如果再看仔细一点,就会发现那个网站上有一些露骨的图案来呈现改善后的体格。

根据施瓦茨的说法,"如今外界认为升阳是忠诚、真实的科技公司,这种印象非常强烈,博客认升阳这个品牌,其效果远比花 10 亿美元打广告更好。软件开发社群怎么谈论我们,比任何媒体如何报道我们更令我关心。在软件开发工程师的心目中，升阳已经产生巨变，这都是博客造就的。升阳公司的每一位博客都可以印证，我们拥有不屈不挠和真实可靠的文化。"

小牛队单挑 NBA

库班 12 岁就开始经营自己的事业：在匹兹堡 (Pittsburgh) 挨家挨户地向街坊邻居兜售垃圾袋。20 世纪 80 年代，他像众多企业家一样在计算机产业发迹。他成立了"微对策"(MicroSolutions) 顾问公司，1990 年将公司卖给了另一家网络公司，这让他跻身百万富翁之列，但是这只是库班的起步。住在达拉斯的他想要收听母校印第安纳大学 (Indiana University) 棒球代表队的比赛实况，却无法如愿。为了解决这个问题，他与别人合力创办了"广播达康"(broadcast.com) 公司，这家公司无疑是网络广播与电视服务业的先驱，并最终成功上市。这家公司不赚钱，可是那并不重要，1999 年雅虎 (Yahoo) 并购广播达康，这使库班的身价暴增至 10 亿美元。为了庆功，他买了一栋大房子，还花了 2.85 亿美元买下了达拉斯小牛队，而当时这支球队是 NBA 中表现最平庸而且丝毫不见起色的队伍之一。库班不惜重金招募人才，发誓要使小牛队脱胎换骨，并终于让该队变成有问鼎冠军实力的强队。库班自己也成为小牛队最忠实的球迷。有一次他为了球队竟然说 NBA 的裁判"连奶品皇后冰激凌店 (Dairy Queen) 都管不好"，事后他为了向该冰激凌店道歉，还花了一整天的时间到这家连锁冰激凌店帮忙。

库班还时常因为球队对新闻界表示不满，前文说到他和美国广播公司体育频道 (ABC) 的格雷交手，其实只是类似例子中的一个罢了。

库班的博客就像他的兴趣一样无拘无束，他在与人合资创办高分辨率电视频道 HDNET 时，制作了《安然风暴》(*Enron, the Smartest Guys in the Room*, 安然是一家能源公司，曾传出董事会舞弊的大丑闻。——译者注)

和《晚安，祝你好运》(Good Night and Good Luck)等影片，都赢得众多喝彩和票房。库班痛斥好莱坞那些钻营版权的人，也推测光盘 (CDs) 将被淘汰，而赤裸裸炒作空单的华尔街股票操盘手也将风光不再。其实任何只要能激起他的热情或令他懊恼的事，都会成为他批斗的对象。库班并未评论这种做法对博客而言是否明智，他说他这么做完全是因为他有这样做的自由。

库班告诉我们，他的博客会讨论任何他可以想到的事情，只要是他认为重要的话题他都不会放过。库班认为博客和网络赋予他工具，让他能够抗衡媒体对自己与球队的报道，他说高管都应该经营博客，前提是"他们拥有想要去传播的见解，或是他们在媒体的曝光率很高"。

他还告诉我们："我觉得任何记者或专栏作家都会变得谨慎一点，具体来说，当他们访问我的时候一定会更小心，因为现在我接受的访问 99%是通过电子邮件进行，所以我手上握有白纸黑字的证据，随时都可在我的博客上揭露。"他最近就利用这样的纪录回应了《纽约时报》刊载的一篇文章，库班认为文章里的内容很不公平，因此举证抗辩，结果让《纽约时报》下不了台。

库班不相信他的"小牛博客"(BlogMaverick)①能成功跨越地理界线来拓展球迷基础，他也不曾为了那个目的而利用博客。尽管如此，我们知道新英格兰、新奥尔良、旧金山，英国和新加坡都有人说，他们现在因为阅读库班的博客而支持小牛队。同样，小牛队的内部成员也阅读库班的博客，看看老板心里在想什么。有一个成员说："也许你会认为这并不是什么管理工具。但在我们看来，任何能透露老板心思的东西，绝对算得上管理工具；不管是刻意或无意派上用场的都算。"

库班相信小牛博客真正发挥的作用，是裁判的言行起了变化，他说："这点毋庸置疑，联盟处理裁判过程的态度，远比我以前专业。如今他们基本能站在中立的立场去处理问题，过去完全不是这样的。"

---

① http://www.blogmaverick.com

和其他高管博客相比，库班在员工博客的政策议题上则像个异类，本书访谈的其他高管不约而同地鼓励员工经营博客，库班刚好相反，他建议考虑主持博客的高管："要确保你才是老板，我不会鼓励为我工作的人从事博客，一个组织只能有单一的公开愿景……老板和部属不能唱对台戏，如果通过博客传递一个以上的信息，可能会造成极糟的后果。"

当我们在博客上张贴这篇访问时，库班的这个观点立即引燃熊熊大火，有一个评论家愤怒地指出："他弄错了整个重点。"微软的博客兰迪·哈罗威 (Randy Holloway) 评论说："库班以为他的博客是可以用来对付媒体的大棒子，真是目光短浅。"在网站上自称是第九大出版公司的托马斯·尼尔森 (Thomas Nelson) 公司的执行官迈克尔·海耶特 (Michael Hyatt) 说："依我的浅见，这类分化人群的行为会招致反效果，而且有明显的人为操纵的痕迹。"作品见于《新闻周刊》和路透社新闻的自由投稿记者兼编辑柯特·霍普金斯 (Curt Hopkins) 则写道："老天，我可不想替这家伙工作。我希望你们引述库班的话时，将他的行为列入肆意运用博客误导人们的反例。"

我们不会照霍普金斯的建议去指责库班，虽然我们希望库班采取鼓励员工博客的政策，但他毕竟是个很有趣的人物，因为他有自己的规则。我们发现他的博客永远都令人兴趣盎然。

"无冕之王"该封给博客了！

魏纳是创新软件公司"用户园地"(User Land) 的老板，他那种无所畏惧的处事风格极富传奇色彩，但却不是人人都能接受的。我们曾经听人将他描述成"破除传统者"、"吝啬鬼"和"讨人厌的乖戾分子"，然而即使指责他的人也不得不承认魏纳聪明绝顶，同时对他发明博客和 RSS 数据交换技术表示敬重。

我们在这里提到魏纳，原因是他厌恶新闻界这一点也是外界津津乐

道的话题。新闻界描写说正是魏纳想要迂回绕过媒体的欲望才驱使他发明了博客。魏纳说，那些说法正好可以作为另一个支持他对媒体更加不屑的例证。他说："我并不是为了要躲避媒体才开始着手博客的，媒体不容许事实真相破坏他们构筑一则好故事。新闻界报道的是神话，而不是事实。"

根据魏纳的说法，他发现博客的威力的过程，并不如媒体描写的那么戏剧化，其实更像是意外的发现。当时他担任网络杂志 Wired 的编辑，正在进行一项称做"民主 24 小时"(24 Hours in Democracy) 的合作计划，由于这项庞大的全民性计划涉及大量移动组件，魏纳深陷其中，苦不堪言。他回忆道："有点像科技界的登月任务，我需要一种方法，让我能够组织网站，开始用逆时间顺序把事情组合起来，同时还要链接其他的来源。我心想，这方法真酷，等这项计划结束之后，再回头研究看看。"

魏纳从 20 世纪 90 年代初期就开始利用"戴维网"(DaveNet) 发行电子新闻，在科技界中有相当多人订阅。在他看来，戴维网本质上其实就已经算博客了，因为在那里他可以畅所欲言地谈论任何他觉得有趣的事。不过后来垃圾邮件泛滥，粉碎了电子邮件作为分送机制的希望，于是魏纳转向新的媒体——个人网站。他创立的个人网站叫做"脚本新闻"(Scripting News)[①]，他琢磨出来的逆时序架构如今已经成为博客的标准格式。这种方式效果良好，然而数据的分送仍然是问题。电子邮件虽然染上污点，但是叫人去拜访网站却嫌别扭；阅读魏纳文章的人不知道他何时会更新网站，因此只好时时上网瞧瞧，很浪费时间。

魏纳开始修补一个叫做 XML 的授权程序，让他能以"综合信息内容"形式处理网站上的贴文，将其中几项新规格编码写成后来的 RSS。魏纳让这种格式更适合博客，并加到他的"脚本新闻"网站上，使其他人能够"订阅"这个网站，还可把他张贴的文章传送到订户的电子邮件软件中的某个特定数据夹。如此一来，阅读个人网络博客的效率便高于上网

---

① http://archive.scripting.com

浏览网页。一般计算机用户可以同时订阅 100 多个 RSS 网站，如果换作传统网站，只能同时读取 10~12 个网站。（有些"超级读者"，像本书作者之一斯考伯，实际阅读的 RSS 网站超过 1 000 个。）这样的效率已经接近革命了。另外，还有一点也很重要：用 RSS 传送电子邮件是"干净"的，不用担心有垃圾邮件的问题。上述这些特质使得"脚本新闻"成为第一个真正意义上的网络博客，不论在形式上或实质上都是如此。

也许是巧合，网景当时也正在推敲 XML 软件，甚至拥有自己的 RSS，不过网景声称他们的 RSS 是 RDF 网站摘要 (RDF Site Summary) 的缩写。接下来的发展就要看你问的是谁了。魏纳和网景员工双方显然意见不合，很多人都指出接下来发生的事情对魏纳不利，然而照魏纳的说法，网景与他联络，双方约定说好坐下来谈，结果网景不肯改变自己的版本。魏纳说："我感到很愤怒，我问他们'我们为何联手？'那绝对会比各行其道来得好。后来我离开去散步，把整个事情想了一遍，然后回来表示'好吧，我不妨放弃先前的成果。'于是我采用他们的格式，改变自己的程序去配合它。"接下来网景又做了些修改，纳入魏纳版本中若干独特的规格。双方这次别扭的合作成就了 RSS 2.0 版，使用者普遍接受这项单一标准。

这次合作给了魏纳他想要的直接发言权，他奠定的基调也同时塑造了博客圈。魏纳认为博客应该代表"个人未经删改的声音，不是由组织来说话。博客是非正式的，来者以真面目示人，不在乎拼写或文法错误，即使有错也可提醒读者，发言的人只是个普通人"。魏纳主张，这种非正式风格的吸引力，远超过公司公关部门发表的经过反复修饰的辞藻。他说："我不喜欢一丝不苟、文法正确的写作，我喜欢写具有启发性的东西。"

魏纳也喜爱写一些批评新闻界的东西，他曾经长篇大论，恼怒地指责媒体浓缩和错误引述他的话。他告诉我们，他在语音博客 (Podcasting) 看过的每一篇文章几乎都有错误，几乎所有谈到他早期角色的文章都"以

最荒诞的方式编织而成"；还有，媒体不喜欢别人以牙还牙来报复他们。

他告诉我们："媒体不喜欢镁光灯打在他们身上，这真是讽刺，因为新闻记者正是对别人打镁光灯的专家……而这也正是我们从事博客的原因，我们经营博客是因为我们不信任这些家伙。"

魏纳也相信，他的博客是神奇的搜索器，让他可以直接接触到那些撰写人，如果他有什么疑问，特别是关于科技的问题，他就可以在博客上提出问题，往往5分钟内就会得到答案。他说："这些家伙蜂拥成群，他们喜爱出风头。这真是太酷了，有时候炫耀是件很慷慨的事。"话虽如此，他也补充说：

"难的是当我犯错时，我必须在自己的博客上说'我错了'。有人说我错了时，我并不总是心悦诚服，有时候甚至会跟批评我的人展开火暴的唇舌大战。不过你必须认真对待每一个人，那儿有制衡的力量。不管媒体接受或欣赏与否，他们现在都已经卷入这股洪流当中，他们的言语和表情都已加入这股洪流。媒体通常不喜欢这样。博客是非常庞大的团体，有数百万人，会紧盯他们（新闻记者）的行为。"

魏纳又说："你们当然需要博客来回避新闻界，少了博客，我们没办法将人们聚集起来，而且让每个人都有机会发言。你能通过博客完成新闻界做不到的事，那些媒体似乎相信，你必须进入一家大公司工作，才可能得到答案。"

我们问他对高管经营博客的看法，他说："要很久很久以后，才有可能每位高管都主持博客，如果速度能快一点，我会觉得很高兴，因为那意味着我们一手颠覆了现状和组织运作的方式。当然啦，一家公司内如果有高管经营博客，就会被外界视为比较容易亲近，顾客也会向他们购买更多产品。因为和博客社群之间的互动，公司博客会更清楚外面发生的事，也能作出让公司更赚钱的决策。"

魏纳对经营博客的人比对经营博客的公司更感兴趣，他的结论是："创意行动——只有个人能办到，公司做不到。"

藏在防火墙后面的私人博客

有一种极为有趣的博客，它的博客根本不希望我们知道他在做什么。英特尔 (Intel) 公司的执行官保罗·奥泰里尼 (Paul Otellini) 写文张贴在他的"保罗的博客"(Paul's Blog) 上，借此与分散在世界各地的 8.6 万名员工对话，同时倾听他们的心声，但是这一切都锁定在防火墙后面私下进行。这是不同形态的直接沟通，对一家跨国公司的执行官来说，员工无疑是他的主要诉求对象。不过奥泰里尼也发现，与 8.6 万个同事分享你最隐秘的想法，其实是有风险的。

2004 年 12 月，奥泰里尼在第一次贴文中写道："我为什么这么做？呃，因为这能够创立一种持续进行的勾通，与我们的员工分享我对英特尔和我们产业的看法，同时让人拥有表达自己思想和获得别人回应的交流平台。这看起来似乎是个好主意。"员工确实热烈回应，我们查阅了当中两个月的贴文内容，看见无数员工回应奥泰里尼的论点，它们全都写得彬彬有礼，但也有少数贴文带有挑衅意味甚至有些敌意。

奥泰里尼原本同意和我们讨论"保罗的博客"，可是后来又反悔了，英特尔公司的发言人告诉我们："经过通盘考虑之后，这毕竟是个私人博客，他宁愿保护自己的隐私，不对外公开。"究竟私人博客是怎么做的？也许根本不可能完全保密，譬如我们曾经阅读的一篇贴文就是来自《圣荷西水星新闻》(*San Jose Mercury News*) 里一篇未经授权的文章。

但截至目前，那是唯一流落在外的英特尔博客文章，虽然它与奥泰里尼之前的执行官克雷格·巴瑞特 (Craig Barrett) 过去写给员工的新闻信一样，被列为"机密文件"，但是却遭到外泄。以至于观察家开始相信，英特尔高层是故意写这篇贴文然后外放消息的。我们发现，奥泰里尼开

始主持博客之后的将近一年，只有这一桩违反保密宗旨的事件发生，这足以令人感到鼓舞。如果奥泰里尼从事博客的目标是建立直接分享与挑战各种观念的可靠网络，那么我们得说他成功了。

"私人博客"是企业博客中很重要的一部分。博客创作公司 Six Apart 的业务开发副董事长阿尼尔·达什估计，至 2005 年 7 月，该公司的客户中有 32% 拥有私人博客，而私人博客在 18 个月内成长了 500%。不过 Six Apart 公司并不清楚这些客户中有多少是企业用户，又有多少是利用私人博客来张贴家庭照相簿或筹划团员聚会的一般个人用户。戴什也没办法计算博客的确切人数，他告诉我们："坦白说，我们公司成立的时间太短，还没办法取得这类数据，我们只知道私人博客的潜力庞大，而且成长迅速。"

IBM 是另一家采用私人博客的公司，据说该公司内部有 3 000 多个博客，都是用来促进员工合作的。荷兰的"公司博客"(Corporate Blogging)[①]报告说，"在荷兰的'金刚鹦鹉 (Macaw) 公司'，所有员工都拥有自己的内部博客，每个员工在获准使用网络、公司内部网络、电子邮件账户时，也同时取得了个人的博客，他们不仅拥有，而且实际去使用。在 110 位员工中，高达九成是内部博客。"在 Six Apart 公司里，每个新来的员工都配送一个博客，然后它们被汇聚到一个总博客下面，让有兴趣的员工都能追踪其中的对谈。据说迪士尼公司 (Disney Studios) 也大量使用合作性质的私人博客，外传甚至美国国土安全部 (U.S. Department of Homeland Security) 也在美国西部采用私人博客，以此作为信息分享的最快速的方式。

显然，企业一般不会碰到 NBA 篮球队老板和通用汽车董事的问题；也没有一大堆新闻记者围着它们团团转，或对或错地报道它们，但是，企业需要直接接触他们的受众。当公司在博客上张贴了有影响力的文章，或是在博客圈里经常被人提起时，跟着也会迅即登上新闻媒体的。

---

① http://www.corporateblogging.info/2005/04/company-where-all-110-employees-have.asp

事实上，直接接触可能会令你冷不防发现自己无意间被人采访了，博客营销顾问奥克曼 (BL Ochman)[1]在提出这种"秘密访问"的新现象时指出：似乎有记者持续追踪某些博客，并从贴文中摘取对话文句，然后就写成了一篇报道，仿佛真的采访过当事人，但实际上他们根本没有和对方接触过。

除非你是替私家侦探或国家情报单位（如国土安全部）工作，或者是从事非常强调保密性的工作，又或者是你公司的行为根本就有违伦常，否则，对你最有利的可能是直接对话，而不是由律师和营销顾问们写出来的声明稿。

不论规模是大是小，绝大多数公司最明智的做法是遵循魏纳的忠告：以真面目示人。照你平常说话的方式说话，让那些对你意义重大的人能够通过博客认识你，同时你必须认认真真倾听他们的心声。

---

[1] http://www.whatsnextblog.com/archives/2005/04/misquoted_in_th_1.asp

第5章

公司虽小，触角却长

钥匙虽小，却能开启巨门。

——土耳其谚语

前面几章谈及的名人和我们截然不同，除非这本书的销量远远超过我们的预期，否则，不会有成群新闻记者围着我们打转，并事无巨细地引述我们所讲的一切。而大多数人跟我们一样，名下拥有的产业规模远不及全球化的超大型企业，这时候，博客就成为把我们的心里话说给全世界听的最佳选择，而且它也给了我们聆听的良机。如果少了博客，我们一辈子也碰不上这些人。

库班和卢兹有本钱选择借由博客回避新闻界，但是大部分工商界人士最大的问题却是没有报纸肯让他们曝光。通常他们的预算也只够在电话簿上刊登广告，而博客却能让这类小企业接触到全世界，而且成本极为低廉。

尽管这一章谈的是"小公司"，但本章所讨论的某些经营博客的公司，规模绝对不算小，他们根基稳固、品牌出众，预算多达几百万美元。我们之所以将其囊括进来，原因是他们并非全球性大公司，而且他们也遭

逢如何获得更多更忠诚用户的巨大挑战。"石原农场"(Stonyfield Farm)是世界上最大的有机酸奶制造商,而"团契教会"(Fellowship Church)则是全美前五大独立教会之一,虽然他们在自己领域中的地位很高,但我们一般人却对它们不熟悉。

这一章是我们最喜欢的,在这一章里,我们内心有个特别的角落会特别留给那些大言不惭和满脑子主意的企业家:不仅是刚开始创业的人,还包含大大小小公司中那些展现热情和极富创意的人。我们认为本章所讨论的公司,正好可以证明博客作为沟通渠道的强大威力。

落魄裁缝变时尚大师

托马斯·马宏(Thomas Mahon)和休·麦里欧(Hugh MacLeod)在伦敦一家酒馆里一起借酒浇愁。马宏是个裁缝,不过不是一般裁缝,他是订制西服专区萨维尔街(Savile Row)著名的高级裁缝。有些比我们讲究穿着的人,可以对这条街道上哪些出色的工匠可以做出世界顶级的西装津津乐道,然而不论在欧洲还是美国,订制一套价值高达 4 000 美元西装的需求量,在 2004 年末(正是马宏借酒浇愁的那段时间)都跌到谷底。更糟的是,这条著名街道的办公室租金本来就不便宜,现在更在稳步上涨。

麦里欧不是裁缝,他以前是广告公司高管,后来逐渐对公司的业务失去兴趣,近来他通过素描漫画快意地抒发创意,题材多半是取笑广告文化。他的部分收入来源是卖充满辛辣讽刺字眼的漫画,这些漫画有些被印在书里,有些被印在 T 恤上,还有些被印在名片的背面。麦里欧的博客"洞开的虚无"(Gapingvoid)[①]非常热门,仰慕者紧紧追随他的脚步,欣赏他张贴的墨水素描漫画和评论。

马宏和麦里欧在两个方面处境雷同:他们都爱上酒馆小酌,也都需

---

① http://www.gapingvoid.com

要增加收入。麦里欧说："马宏对博客没兴趣，而我对西装既没兴趣也没需求。"他还告诉我们，"在博客上展示缝制世界上顶级西装的热情与权威的这个点子，其实有点儿无心插柳柳成荫的感觉，我们原本并没有这样的构想或类似的见解。"可是随着一杯杯酒下肚，再加上麦里欧不断地跟马宏讲《市场就是谈话》和博客的事，马宏慢慢有兴趣了。于是他们两人开始合伙，由马宏做西装，麦里欧负责销售。马宏在博客上谈他所知道的事，麦里欧负责指导，并利用自己博客的声势，将人吸引到马宏新设立的博客上。

马宏很明智，他没有试图在新博客上卖西装，只是在网站上展示他的知识和对这门手艺的热爱。他展现了高超的裁缝技术，以此告诉消费者这么高的价格何以算是公道。麦里欧对他保证，在乎这项话题的人一定找得到他的博客。2005 年 1 月，马宏在他的新博客"英国剪裁"(English Cut)[1]上第一次贴文，到了 4 月，已经有好几百个博客写文章谈论这个网站，并且自行提供链接。

我们猜测，全世界大概有一万人既有钱也有欲望订购萨维尔街的西装，他们分散在世界各地，通常距离萨维尔街有数千公里之遥，但是马宏的广告预算勉强只够在电话簿上刊登一则小幅广告，业务来源多半得靠顾客的口碑相传。长久以来，他每年会去纽约市走访几次，一来因为他喜欢曼哈顿，二来可以借此给少数几个美国客户提供服务。如果他每次去纽约都能卖出两套西装，旅费就有了着落；如果能卖出 3 套，吃住的开销也赚到了；万一能卖到 5 套，马宏这趟旅行就真是鸿运当头了。2004 年 12 月他去纽约时，只卖了两套西装；不久之后他的博客开张了，10 个星期后重返纽约，他卖出 20 套西装、8 件猎装，比他先前一整年销售的数目还多。

不过马宏这趟纽约之行的收获不止于此。通过博客，他和戴维·帕

---

[1] http://www.englishcut.com

梅特 (David Parmet)①通过电子邮件结成了莫逆之交。帕梅特的职业是公共关系顾问，不久前因为极力推进公司纳入与博客相关的服务，结果适得其反被公司炒了鱿鱼。麦里欧为此还在"洞开的虚无"上贴文声援他，文章标题是《拜托，谁来雇用这个家伙？》(*Would Somebody please hire this guy?*)。麦里欧回忆说："接着我突发奇想地问帕梅特肯不肯出力帮英国剪裁做公关。"帕梅特大可以拒绝，但是他有一个不为人知的弱点，他说："自从看见布莱恩·费瑞(Bryan Ferry，20世纪70年代的红歌星。——译者注)在音乐频道 (MTV) 上穿萨维尔街的西装以来，我就对萨维尔街情有独钟。"帕梅特得知马宏曾经为费瑞做过西装之后，便同意加入。他通过电子邮件卖力替这位素昧平生的英国裁缝打通关节，还给马宏引荐了几位影响力举世周知的媒体公司资深编辑。马宏回报他的不是美元或英镑，而是一套剪裁经典、合身的西装，也许帕梅特可以穿它去面谈下一份工作。

　　为什么帕梅特这么一个经验老到的专业人士肯冒这样的风险？他虽然失业，但还不至于走投无路，他深知自己真正的顾客不是委托他做公关的企业，而是媒体编辑，为一个素昧平生的人操刀，无疑是拿他自己的信誉做赌注。帕梅特回忆说："也许通过博客，我们建立了对彼此的信任。后来我和马宏终于碰面了，才一会儿工夫我们就觉得彼此是老朋友了。事实证明冒这个风险是值得的。"

　　媒体对这则故事的反应异常热烈，有线新闻网 (CNN) 在 2005 年 5 月出版的杂志和 2005 年 9 月《纽约时报·周日版》副刊杂志里，先后报道了"英国剪裁"博客的事迹。这样的媒体曝光将马宏一举推上世界最知名的萨维尔街裁缝师的地位，不过早在这个博客推出短短几个月内，就已经达到同样的效果了。对马宏而言，他的博客在原先只有高墙的地方开启了大门，前后两趟纽约之行，"英国剪裁"的业务量在短短 10 周之内暴增 3 倍，光是在曼哈顿一地就增加了将近 15 倍。

---

① http://www.parmet.net

马宏的故事是商人通过博客拓展业务的范例，他预料自己现在能够前往世界任何一个大都市做生意，因为他的名气已经响亮到令很多精英富商慕名而来的地步。他需要做的只是在博客贴文，公告自己在某个时间会在某个城市里恭候，顾客自然会找上门来。裁缝这一行靠的仍然是口耳相传，不过博客足以把它的规模放大到全球层次。

马宏的故事对无数商人具有诸多启示。马宏成功的要件之一是先入为主，第二个经营博客的裁缝很可能无法造成同样的轰动；另一个要件是展现热情，而不要摆出推销员的姿态。现在，马宏的博客和某些广告活动一样，曝光的时间有限，不过我们已经从蛛丝马迹中发现，马宏博客早先迸发的活力和新鲜感开始逐渐消失。

这并没有什么大碍，拜博客和灵感丰富的酒友所赐，如今，马宏已经成为世界上名气最大的萨维尔街裁缝，再托不断涌入贴文的读者之福，这个网站在搜索引擎上的排名依然节节攀升。

干掉执行官的"人脉王"

每个产业都有"人脉王"，你可能也认识自己所在产业中的好几个类似的角色。他们是专业的人脉大师，认识每一个人，也对业界正在发生的事情了如指掌；他们协助人们谋差事、做生意、找拍档；新产品和服务公开亮相以前，他们早就得到消息。

在博客的领域中，"活力字"（ActiveWords）公司的执行官巴兹·布鲁吉曼（Buzz Bruggeman）正是"人脉王"。

见过布鲁吉曼的人都了解他的名字为什么叫"巴兹"（Buzz，原文是蚊蝇鼓翅的嗡嗡声，引喻嘈杂流传的谣言。——译者注），也许"传言营销"（Buzz Marketing）这个词就是以他的名字命名的。布鲁吉曼和许多人保持密切的电子邮件对话，每一个对象都是在某方面很有影响力，或希望布鲁吉曼拔刀相助的人。他老是背着一个"袋子"，里面装满最

新玩意儿的雏形，碰到人就大方相送。布鲁吉曼和本书作者保持联系，他是鼓励丹·吉摩尔 (Dan Gillmor) 撰写《草根媒体》(We the Media) 的关键人物。各位最近阅读的某篇文章如果引述自"一位消息灵通人士"，说的可能就是布鲁吉曼。

简言之，如果你真想打听个人计算机这一行现在的状况，问布鲁吉曼准没错。

尽管布鲁吉曼天性慷慨，但他也绝非特雷莎修女 (Mother Teresa) 悲天悯人的那一类人，要找他帮忙还得有双赢的策略。"活力字"是一家备受推崇的软件工具公司，他们的产品给使用者提供简洁的快捷方式导引以提高生产力。该公司指出，网站成立 6 年以来，营销预算不到 1.5 万美元，但是软件已经被下载了 10 万次。布鲁吉曼认为，其中大约有半数是博客的功劳。"活力字"和"英国剪裁"一样，都利用博客作为最基础的传播工具，吸引了大量全国性媒体的注意，譬如《纽约时报》、《企业 2.0》杂志 (Business2.0)、《PC 杂志》(PC Magazine)、《PC 世界》(PC World) 等。布鲁吉曼也指出，他之所以能两度促成公司股权交易 (company-changing deals)，博客也是居功至伟。

不过布鲁吉曼自己也认为，他可不是什么超级博客，每个星期他只在自己的两个网站上贴文几次，而不像博客圈里贴文数量名列前茅的多克·席尔斯那样，每个小时贴文好几次。席尔斯曾经说布鲁吉曼是"超级博客，超级博客读者"，布鲁吉曼也觉得这个说法十分贴切。

我们在此处讨论布鲁吉曼的目的是向读者证明，你不必花大把时间在博客上贴文和回应别人的评论，照样能够帮助你的公司。

布鲁吉曼找上博客圈是因为他非这么做不可。几年前，他意识到"活力字"公司对营销软件不甚了解，于是他决定"我们最好赶快搞懂"。他认为这家公司需要在媒体曝光，尤其是产品评介这部分。然而公司没钱雇用公关公司或营销团队，因此以前当过律师的布鲁吉曼决定化身为公司的公关人员。然而不管他怎么努力，都难让传统新闻记者倾听他的心声。他主动打电话给工商编辑，得到的反应异常冷淡，不然就是对方根本不接电话。他发电子邮件给媒体的产品编辑，企图说服他们下载试用软件，结果对方直接把他的邮件拖进回收站。

"活力字"代表一家有潜力的公司，产品也很有用处，但是不论怎么尝试，就是无法进入那些自我封闭但影响深远的科技媒体的视线。布鲁吉曼坚持在这个圈子外面打转，希望能找到可以乘虚而入的破绽，却一直碰壁。他开始出席科技会议，在那些能够左右"活力字"前途的人物身边流连不去。

接着博客诞生了，布鲁吉曼顿时感受到它与传统媒体的差别。他说："在传统媒体里，我无法轻易接触到写文章的作者，但是现在我能直接接触最有影响力的博客。当我写信给席尔斯和吉摩尔①时，他们当真回复了。"于是布鲁吉曼把公司的营销重心转入博客圈，他说："人们有极强的创造力和被人聆听、陈述己见的欲望，博客让他们拥有了这一切。"他揣摩每个人的热情所在，借此建立关系；他构思能使诸多博客感兴趣的主题，然后输入相关资料。布鲁吉曼听从了席尔斯的建议，开始经营"巴兹莫多"(Buzzmodo)②这个企业博客，他通常能找到理由链接到较知名的博客网站。

2002年4月，布鲁吉曼终于凿通了前进的道路。如同吉摩尔在他的著作《草根媒体》③里回忆的，某天在尊贵的PC论坛(PC Forum，科技业高管的会议)上，Qwest通讯公司执行官乔·纳丘(Joe Nacchio)高坐在讲台上，抱怨募集资金困难重重，当时席尔斯和吉摩尔就坐在听众席中，实时在博客上传送讲话内容，两人都不觉得有什么异状。然而就在他们贴文之后的短短几分钟内，这两位顶级博客不约而同地收到了布鲁吉曼从佛罗里达发来的电子邮件。布鲁吉曼登陆到雅虎金融网(Yahoo Finance)的某个网页，撰文提到纳丘经营的公司股价虽然大跌，但他仍

---

① http://bayosphere.com/blog/dangillmor

② http://buzzmodo.typepad.com

③ http://wethemedia.oreilly.com

从出售股票中获利两亿多美元。吉摩尔写道:"我立刻把这段精彩的贴文放进我的博客,同时称赞了布鲁吉曼一番,席尔斯也采取同样做法。"

后来那场 PC 论坛的主持人埃丝特·戴森 (Esther Dyson) 撰文描写现况:"大概就在此时,现场听众对纳丘心怀敌意。"显然当天出席会议的听众都正在接收两位博客的文章。布鲁吉曼身处 3 200 公里外,却改变了一场精英云集的私人会议议程,重创一位素昧平生的公司执行官的前途。虽然纳丘的工作早已出现问题,但是在 PC 论坛会后,他发现媒体变得更尖锐、对他更怀敌意,不久之后纳丘就丢掉了执行官的宝座。吉摩尔在书中说,他认为这件事像一座分水岭,让他见识到了博客的威力。

同年稍晚,布鲁吉曼和作家兼博客勒西卡 (J.D. Lasica) 合作报道了另一场叫做"流行科技"(PopTech) 的科技会议。他们两人私下都有不想让人知道的动机,勒西卡正在写书,标题叫做《黑暗网:好莱坞对抗数码世代的战争》(*Darknet: Hollywood's War Against the Digital Generation*)[①],他想采访这场会议的主讲人作为写书的材料;至于布鲁吉曼,他想要的是获得免费通行证好参加会议。他们两个都得偿所愿,不过博客本身却令他们大跌眼镜,"每次我们一贴文,就引来大约两百人阅读,其中 2/3 正在现场出席会议。我们了解自己正在延伸这场会议的触角和参与率。"

如今科技界举办的大型活动一般都有博客作现场报道;两年前博客还得付钱进入会场,现在会议主办单位却主动邀请他们参加。博客的成员比传统新闻记者更积极,他们的参与往往能改变一场盛会,将触角伸向全球并带来四面八方的回馈信息。我们在不久的将来不难想象,其他产业所主办的活动也会开始在博客中实况转播。

布鲁吉曼将吉姆·麦吉 (Jim McGee)[②]誉为展现博客惊人威力的最

① http://www.darknet.com
① http://www.mcgeesmusings.net

佳诠释者之一。根据麦吉的说法，博客就是有智慧的人工智能特务，他们拥有常识，还会自己增补知识，他们在网络和真实世界里四处流窜，发现各种各样的稀奇古怪东西，然后以互动方式在博客里与他人分享。

新一代智能特务愿意和其他博客合作，就像魏纳提过的，当他有问题时就在博客上提问，立刻就有读者提供答案。布鲁吉曼贴文表示，他认为微软公司可能从来没有打算把它的电子邮件应用程序 Outlook 当做第三者的开发平台。他随后收到二十几封评论，并惊叹说，这些评论来自"业界某些最聪明的人，他们提供了大量支持我的意见或反对我的问题。如果没有博客，我永远不可能接触到这类智慧资本，这就像每一个博客都能主持一场交互式研讨会一样"。

布鲁吉曼同时学习到必须区分贴文性质，以往他会把企业评论文章混杂在慷慨激昂的左倾政治意见中发表，例如有一天某人写了封信来说："我热爱贵公司的产品，但我痛恨你的政治立场，我会替你祷告。"于是布鲁吉曼在"巴兹莫多"之外又开辟一个新的博客，叫做"巴兹新创"(Buzznovation)①。这让他可以在此自由抒发个人见解，而将那些有建设性的意见留在原先的博客里。

布鲁吉曼和其他成功的博客一样，避免在自己博客中销售产品，他说："那样做肯定不管用，平白砸了你的信誉，聪明人会避免这样的诱惑。"他在"巴兹新创"的贴文中，每 4 篇只有 1 篇会提到"活力字"公司。

从事分析业信息超过 25 年的分析师兼作家埃米·沃尔 (Amy Wohl)②称布鲁吉曼是"高科技业的金顶兔子 (Energizer Bunny，意为精力过人者)，自从认识他以来，他介绍给我的点子和人物已经多得数不清了，而我还自认为见多识广呢！真奇怪怎么没有更多企业家学学他的做法"。

---

② http://buzzmodo.typepad.com/buzznovation
③ http://amywohl.weblogger.com

传教不说教

从达拉斯起家的"团契教会"(Fellowship Chruch)成立于1990年，每周末举办的10场礼拜都有将近两万人参加，团契教会显然很了解传播的力量。布赖恩·贝里(Brian Bailey)是该教会的网络主任，他的工作是运用网络技术扩大教会影响，通过运用博客改善内部与外部的沟通。

贝里的博客叫做"抛诸脑后"(Leave it Behind)[①]，里面探讨的许多"技克"内容和斯考伯的博客相当类似，这是贝里特别感兴趣和擅长的领域。他通过博客和斯考伯结成朋友，其实他也和斯考伯一样，最初都是受到魏纳的影响才转而钟情博客。

贝里在2004年4月创立"抛诸脑后"，这个名字源自热门乐团U2的一首歌，歌词大意是抛却当下的烦恼，追求永恒。这是私人博客，可以讨论各种各样的主题，虽然他自己对基督教非常虔诚，但很少在博客里讨论宗教，他告诉我们："传教不是我的使命。"

尽管如此，几年来贝里一直靠着博客的力量传递信息，一开始是针对那些对宗教没有定见的人。早在2001年他就想在教会内部成立一个分享知识的博客，但是计划被搁置，他自嘲原因是"传教报酬率不明朗"。他自己的博客开张时相当低调，并没有向顶头上司特里·史托奇(Terry Storch，团契教会主管操作系统与技术的首席牧师)报告和备案。贝里认为，他的博客毕竟不是教会指导的，他告诉我们："如果我的读者全部都是基督教徒，我会觉得很失望。我的目标是集合一群这样的人，他们乐于接触不同的思想。"贝里说他简直"着了迷"似的热衷于发掘人们的共通性。

贝里的博客在团契教会的收获颇丰，史托奇得知贝里的博客之后，一眼看出了个中价值，于是也开始经营他自己的博客[②]。一年之后，据贝里的说法，博客已经遍布教会的每一层面，原本贝里只掌管教会四个

[①] http://www.leaveitbehind.com

[②] http://www.terrystorch.com

网站中的两个，现在又多了一个博客，另外有许多网页也加入了 RSS
功能。在教会之下，有两个隶属部门层级的博客，还有一个博客专门联
系各部门。团契教会正在规划给义工的博客，以及义工互相交流的博客，
其他可能成立的博客名单仍在快速增加，目前将近 20 位教会员工针对
不同主题从事博客。

传播基督教福音自然是他们的主要目标之一，贝里告诉我们："我
们的目标是尽可能运用每一项工具去接触分散在世界各地的每一个人，
而科技正是其中一项工具。团契教会是一个严谨、具有挑战性、富有创
意的组织，从来不会对问题视而不见。"

自从成立博客之后，贝里几乎每一天都会到博客贴文，而且至今仍
然全心维护博客的运作。他说："想要证明博客的价值，并让人们见识
到它真正的影响力，唯一方法就是彻底投入。"

贝里认为博客对团契教会的影响表现在三方面：

◆ **内部**。这是改变最剧烈的部分，博客改善了多个层级间的沟通，
如今教会的视野大为开阔，形成创意的过程也更加透明。

◆ **个人**。贝里觉得他的博客让他接触到许多新观念，自己也因此变
得比较聪明，知名度也提高了；而且因为每天都得写文章，表达能力更
上一层楼了。他和其他博客一样，也学会更仔细地倾听持反对意见者的
声音。

◆ **社群**。由于博客增加了开放的气氛，不论是否身为教会的一员，
人们都感觉与教会的连接更紧密了，纯粹好奇的人或其他教会领袖都乐
意和我们交换理念与建议。

贝里相信博客在众多组织层级中都很有用处，他说："我认为博客
们的行为完全出于自然，把每一个组织里天天产生的思想、对话、观点、
错误和成功之处写成文字，这些都是极自然的事，它不自然的地方在于

与全世界分享这些文字。"

由于最好的博客都能承担风险，贝里建议："走出让你感觉安全舒适的领域。一个组织必须愿意容忍某些错误和批评，因为开放的沟通会带来巨大的利益。博客应该鼓励组织内的真诚对话，促进组织的变革与成长。"

贝里忠告企业，要明了博客做得到和做不到的事，他说："我不认为公司可以像推出一项新的健康计划一样着手推动新的企业博客方案，你需要先找出组织中喜欢写文章的员工，而且他们还要对公司的产品或服务有热忱，必须想要成为公司的传道家才行。该怎么开始？我的建议是寻找天生就很有好奇心的员工，然后放手让他们去做。"在我们访谈贝里之后，我们的出版商 John Wiley & Sons 便联络上他，现在贝里和史托奇两人和这家出版公司签下了出书合约，书名叫做《博客教会》(*Blogging Church*)，谈的是新科技在基督教福音传播圈里的运用。

找到客户名单的最快办法

安德鲁·卡顿 (Andrew Carton) 主持博客的结果，很可能会让他放弃企业顾问的本行。卡顿原本成立了一家顾问公司，专门为客户集中处理数字娱乐内容，此外，他还建立过一个相当成功的企业博客[①]，以作为支持自己在该领域所持理念的平台。卡顿做得还算有声有色，不过他想得到更广阔的市场，他说："当我笨拙地拨弄我的特利欧智慧手机(Treo Smartphone) 时，突然一道灵光乍现，我一直对于哪些地方缺少什么样的信息有很特别的想法，此时我知道自己想开发什么东西了。"他想让信息变得有趣，"不只是关于技术规格，也不要在手机上絮絮叨叨自己的生活，我的目标是让人们可以一边娱乐一边学习。"于是他开始经营"特

---

① http://blog.alteraxion.com

利欧人"(Treonauts) 博客①。拜这个博客之赐，卡顿的独立事业蒸蒸日上。

"特利欧人"成长迅速，每天的读者从最初的几百人增长到平均每个月超过 16 万人——这个数字将近全世界特利欧智能手机用户的 10%。如今这个博客的名字已经变成用户品牌，世界各地同型手机的使用者也开始自称为"特利欧人"。很多人认为卡顿的博客是特利欧相关信息与分析的第三者来源中最突出的，只要有人谈到智慧手机，总是不忘引述卡顿的话。不过生产特利欧手机的硬件厂商 PalmOne 和软件厂商 PalmSource 都只把"特利欧人"单纯视为拥护者网站。

同样丰厚的报酬来自卡顿创造的实质利润，"特利欧人"博客和一流厂商合伙，由后者开发联名品牌的网络商店，它们有的卖软件②，有的卖手机和相关配件③，第一个月的营业收入只有 50 美元，最近已经飙升至 2 万美元。

虽然卡顿还是继续经营他的顾问事业，但是他告诉我们："我现在几乎把所有时间都投入到'特利欧人'和博客事业，我计划持续尽力做好这两项工作，至少未来一段时间都会如此。"他说博客不仅改变了他的事业，也改变了他的生活。

Six Apart 公司总经理兼管欧洲、非洲、中东市场的执行副董事长勒穆尔 (Loic Le Meur) 这样说道：

"卡顿的所作所为本来是 Palm 公司自己该做的，可惜这家公司不够聪明。卡顿的网页每个月被点击 30 万次，他对 Palm 的态度中立，其贴文的内容非常精确，他要求读者投票表决最想要的手机特质，以决定下一代特利欧手机该是什么模样。报道特利欧的媒体经常找他提供专业知识，他已经成为真正的'特利欧'。这一切威胁到原厂品牌，因为追随这家伙的拥护者比该品牌网站的支持者更多，他在 Google 上的排名也高于

---

① http://blog.treonauts.com

② http://software.treonauts.com

③ http://store.treonauts.com

原生产厂商，而且他靠的并非大众营销。当你公司产品的全部顾客都成为别人博客的拥护者，这个人的价值有多高就可想而知了！生产特利欧的公司就是没办法理解卡顿的惊人价值。

"我是极度重视隐私的人，打从一开始，我发觉博客最困难的事情之一，就是把我自己完全暴露在全世界的眼光下。刚开始从事博客时，感觉像是脱光了衣服站在讲台上。"

在我们看来，卡顿的赤裸，是有代价的。

就这么简单，我怎么没想到

它是那种会让你猛拍一下额头的点子：这么简单，自己怎么没想到？"泰思图拉设计"公司 (Textura Design, Inc.)[1]的创办人拜伦 (DL Byron) 倒是想到了，还为它取了个名字叫做"夹封"(Clip-n-Seal，上网就能找到本产品图片)[2]。如果你家附近的零售店还没有卖这个产品，可能也快到货了。拜伦用两块塑料做成一根杆子与包覆杆子的夹钳状机械零件，零件上的这两块塑料可以绕在任何东西上面，如果把夹钳扣紧，就会立刻形成密不透气的封口。

2003 年，拜伦开始在自己的博客里营销"夹封"，把它当做厨房用品和自行车以及郊游用的小工具来卖，终端用户果真如他希望的那样前来选购。但是令他意想不到的事情发生了，其他潜在用户发现了他，如有毒废弃物处理业者、核子实验室、潜水业、航天工业、酪农牧场、尸袋与捐赠器官运送业、商用咖啡豆包装等行业的从业者都找上门来。当亚马逊公司开始销售这项产品时，网络配售业绩也开始蹿升，许多杂货专卖店也开始进货陈售。我们采访拜伦时，他正在与美国第二大零售连

---

① http://texturadesign.com
② http://clip-n-seal.com

锁业者塔吉特洽谈。"夹封"在工业用途方面的发展远超过发明者的想象，在短短两年间，该公司已经在全世界卖出 4 万多组，这项产品的零售价格是每组 4.95 美元。

根据拜伦的说法，虽然公司能有今天的成就，博客功不可没，但是随着公司的不断成长，触角可能需要延伸到博客圈之外。他说：拜博客所赐，新市场送上门来，那些工业方面的应用改变了这门生意，现在他们的公司需要利用创新营销吸引更多的工商用户。泰思图拉设计公司目前正在举办一场"夹封"的工业设计应用比赛，同时改变他们在 Google 上刊登的某些广告用字，以便诉求工业界的受众。不过拜伦也说："我怀疑我们的客户是否在乎我们有没有博客，他们可能甚至不晓得博客是什么，重要的是他们能找到我们，他们通过网站知道我们的存在，也明了我们的产品符合他们需求，重点不是博客，是产品。"

拜伦预见有朝一日"夹封"可能必须回到传统广告，以接触博客圈以外的客户群，他说道："博客毕竟仍是小规模市场，我们需要记住这一点。"

尽管如此，博客的重要性已经足以改变公司的重心，拜伦的事业从 1994 年以来就以网络为核心，他说泰思图拉设计公司的核心业务已经从设计转为博客顾问。

我们感到好奇，如果一开始不是运用博客，"夹封"会遭遇什么样的处境？拜伦回答："（它就会）像其他成千上万个始终成不了气候的发明一样。"

7 头母牛却有 5 个博客

1983 年加里·赫什伯格（Gary Hirshberg，农场执行官）创办石原农场时，它还是一座纯朴友善的小型农场，场址位于有着迷人田园风光的新罕布什尔州（New Hampshire）的维尔顿镇（Wilton）。石原农场最初是

一所有机农业学校，主要资产只有7头母牛。

如今石原农场迁到附近的伦敦德里 (Londonderry)，早已不是"活力字"或"英国剪裁"那样的小企业，它是世界上规模最大的有机酸奶公司，2005年营业收入估计可达到2亿美元。（石原农场每个月卖出大约1 800万杯酸奶以及大量的天然冰激凌。）公司虽然一直独立经营，但股权大部分由法国食品公司达能集团 (Groupe Danone) 持有，该集团投资规模扩展到世界上40多个国家，股票也被列入纽约道琼斯工业指数成分股。尽管如此，当你来到石原农场的网站①，点阅5个博客中的任何一个（有3个是由该公司博客主管克里斯汀·哈尔芙森执笔），你会感受到与这个组织二十几年前刚起步时一样的朴实民风。这家公司倾注全力保持了可靠、亲切的形象，这一形象已成为石原农场品牌的内涵。

哈尔芙森表示，为了确保这一形象，公司比其他食品公司更少采用传统宣传册与电视广告，她告诉我们："一直到最近，我们才花钱做广告。"石原农场把重心放在颇具创意的"游击战营销"战术上，譬如参加和赞助小区活动,借机分送试吃食品。该公司赞助"壮妇高峰会"(Strong Women Summits) 活动，因为妇女是他们的主要顾客群。而石原农场也想借此展现自己有心参与妇女关心的话题，例如石原农场推出在公立学校贩卖机陈售健康零食的计划，酸奶杯上的盖子印有"任何我们认为重要的信息——通常是关于拯救地球的信息"的宣传语。哈尔芙森说："上面这些要点博客都符合，因为我们向来就是一家见解独特的公司。"

有了这样的基础，石原农场在文化和策略上都导向博客。赫什伯格是在迪安竞选总统期间发现了博客，当时他正在担心公司的问题，害怕失去与顾客之间的亲密关系。他对《商业周刊》杂志表示，该竞选活动利用博客连接选民的做法，正是石原一直试图与顾客建立关系的做法，这可以追溯到农场仍亲自为乳牛挤奶的创业早期，那时候他们的酸奶容器背后还有手写的"敬请赐教"等字样。

① http://www.stonyfield.com

赫什伯格把哈尔芙森从"怪兽广告公司"(Monster.com) 挖了过来，现在哈尔芙森除了负责替三个博客撰文，还为公司旗下一家有机酪农场承包商编辑"牛角"(Bovine Bugle)[①]博客，并在博客上贴文，主要内容则由那位承包商自己撰写。此外，石原农场由 6 个育有婴幼儿的父母联手成立了"宝贝牙语"博客 (Baby Babble)[②]，哈尔芙森请他们加入的原因是她自己没有儿女，无法传达个人经验。

我们很好奇为何一家标榜单纯、志在拯救世界的品牌公司会需要 5 个博客？哈尔芙森解释说公司期许自己服务 5 个利基市场（利基 Niche 音译，利基市场指市场中通常为大企业忽略的某些细分市场。——编者注）：妇女、担心学校提供垃圾食物的人、关心有机食品制造的人（包括有机农民）、幼儿父母，最后一类是其他顾客。

哈尔芙森觉得持续对话增加了顾客对公司的认知与忠诚度，还扩大了石原的消费群。她告诉我们："我们知道读者很喜欢。牛角博客讨论一座有机农场里的日常生活，不但发思古之幽情，也提供某些见解；宝贝牙语博客鼓舞了为人父母的读者，至少让他们有地方诉苦，找到其他想法与之类似的父母。我们希望让读者感觉愉快，也希望人们通过其他博客找上门来，甚至是无意间闯进来。"

"效果很难量化，不过我们觉得已经在读者心中留下了某些正面印象，这是最重要的，至于投资报酬率反倒是其次……许多营销界专业人士盛赞我们的行为。"尽管如此，她注意到公关界态度谨慎，因为博客信息未经监控就已经流传开了，迥异于公关人员的传统做法。哈尔芙森建议想要推动博客的公司不要设计过多政策和程序，以免束手束脚。她也和众多其他博客一样，建议有志于此的人要常常贴文、保持真诚，而且一定要写得有趣。还有一点也值得一提——脸皮要厚，她警告说："博客不一定都有好心肠。"

---

① http://www.stonyfield.com/weblog/BovineBugle
② http://www.stonyfield.com/weblog/BabyBabble

留住老顾客的马羽餐厅

人口只有 2 000 人的新罕布什尔州北康韦镇 (North Conway)，看似与伦敦德里同样充满乡村气息，不过它的地点邻近美国东岸，是最受欢迎 (也最险峻) 的滑雪胜地之一，很接近新英格兰最高峰华盛顿山 (Mount Washington)。北康韦镇四周环绕着步行小道与越野路径，秋天红叶缤纷、令人屏息凝神，滔滔奔流的河水卷起白浪，可以说是美不胜收。滑雪是本地的经济支柱，一年四季都有爱好运动的人来这个小镇度假。这个区域被人称做"华盛顿山谷地"(Mount Washington Valley)，在旅游旺季时人口可以暴增至 50 万人。

观光客带来了经济的繁荣与房地产的增值，在海拔较低的山坡上，众多周末和特定季节度假屋星罗棋布，知名品牌的直营折扣商店也已经入驻，吸引了众多游客前来购物。

如果你是观光客，你要知道"马羽"(Horsefeathers) 就是本地居民指点你前去饱餐一顿的小餐馆。在这些餐馆工作的人员认识大部分常客。1976 年布赖恩·格林 (Brian Glynn) 和本·威廉姆斯 (Ben Williams) 开了一家马羽餐厅，由于经营得当，它逐渐变为本地人的最爱。客人可以在吧台随手抓一个汉堡，随意在两个进餐区中选一个用餐，享受现场娱乐节目，或在楼上订一个房间开私人派对。马羽餐厅的许多"常客"其实每年只在镇上住一两个星期，不过他们年年都会来。客人往往闲聊些运动赛事、滑雪坡道、天气，也谈论小镇的变化。

不过快餐连锁店和加盟店已经在镇上泛滥，尽管这些店并非马羽餐厅的直接竞争者，但是每多一家人开车去麦当劳吃汉堡，或去必胜客 (Pizza Hut) 买外带比萨，就少了一家人光顾马羽餐厅。马羽餐厅仰仗老顾客的忠诚支持，他们带来的生意占这家餐厅每年 300 万美元营业额的六成。负责照顾外场生意的威廉姆斯需要保持顾客的忠诚度，以免他们"到街上逛逛，尝点新口味"。

几年前，马羽餐厅的两位合伙人开始经营一份电子新闻报纸，借此联络老顾客，如此一来，使他们回到北康威度假时仍能感受对这个小区的归属感。这一招刚开始很管用，寄送名单累积到2 000人，可惜后来垃圾邮件泛滥，大宗邮件和新闻报纸的效果明显下降。

当然，马羽餐厅也和其他餐厅一样建了网站，可是据威廉姆斯的说法，他们的网站只有几张照片和一份菜单，平淡乏味，而且从来没更新过：这也和其他餐厅的网站如出一辙。"顾客看过网站之后觉得了无新意，就再也不会回来了。"于是威廉姆斯决定试建一个马羽餐厅博客①，他采用的策略是布鲁吉曼推荐的：保持单一目标，留住顾客。威廉姆斯说："我们无意通过网络付款机制(PayPal)卖三明治。"这个博客的目标也不是拉拢陌生人前来用餐，因为满意的老顾客口碑相传，就足以帮他们作宣传了。

博客努力想延伸的在线对话风格，正是你光顾马羽餐厅就着餐桌吃饭或坐在13张酒吧高脚凳上时会和威廉姆斯进行的那种对谈。威廉姆斯在博客上大谈本地发生的大小事情，例如滑雪场和河流的状况。最近他的贴文描述一家本地射箭场，另外也提供一些关于塔克曼峡谷(Tuckerman's Ravine)的历史珍闻，那儿正是极限滑雪(Extreme Skiing)的起点。威廉姆斯从来不推销马羽餐厅本身，他说："没有人想听我们吹嘘自己有多棒。"他经常贴文，有助提升餐厅在搜索引擎上的排名，间接拓展新的客源，Google还把马羽餐厅列入观光客"必访"名单。

马羽餐厅的博客推出1年左右,访客超过5万人次,威廉姆斯说："对我们来说，这已经是天文数字，平均每天都有150~200人通过网络造访我们的基地，每天光顾马羽网站的客人和我们餐厅可容纳的座位数目相当。星期四总是最忙的一天，吃过午饭后，网络流量立刻暴增，这些点击网站的人可能正是我们的顾客，他们前来查看周末有什么活动。"随着生意蒸蒸日上，博客容许威廉姆斯减少广告预算，不过虽然省了广告

---

① http://hihowaya.blogs.com/weblog

钱，却得花上更多时间，威廉姆斯认为这是博客的唯一缺点，但他还是说："我得到了许多乐趣，而且效果也好得多。"

如何打造一个日进斗金的财富博客

尽管本章叙述的行业五花八门，但其实它们之间也有很多类似之处，我们可以从每一个个案的情况总结出企业博客成功的 5 项秘诀：

1. **只聊天，不推销**。博客诞生在反单向宣传的氛围中，拜访博客的人想见到的是别人关心什么、知道什么。如果你和他们聊天，他们慢慢就会了解你，但如果你向他们推销，他们立刻掉头离去——这还是幸运的，如果你运气差一点，他们还会鼓噪围攻你，指控你滥用这个新的沟通渠道。自我推销对你的信誉所造成的反效果，持续时间恐怕会比你想象的更久。

2. **经常贴文，保持趣味**。"特利欧人"卡顿告诉我们，他强迫自己每天至少上博客一次，有时候他发现，自己是在构思有趣或有价值的话题。这并不是说你必须当一个写作机器，很多博客不一定需要每天贴文，他们只是链接到其他博客，不过对方博客的性质必须符合他们的要求。这些博客只在链接处简短地写一行评语，替它增点色彩，这一来对方往往也会链接到你的博客，并追溯到你的附加评语的原始出处。当然，如同前文所指出的，经常贴文可以提升你在搜索引擎上的排名，而保持趣味则能鼓励其他人链接到你的网站。

3. **写熟知且人们较关心的话题**。这一点再怎么强调也不为过，好的博客一定是充满热忱而且极力展现博客的权威；在博客上推销固然不智，但是写你不熟知或不关心的话题更是糟糕，因为那就根本失去你经营博客的意义了。如果你在这方面做得正确，就可能像卡顿和后文中所提到的其他案例一样，通过博客水到渠成地达到刺激销售的目标，人们只有觉得你写的东西有用又有趣，才会逐渐信任你，并向你买东西。

4. **博客省钱但花时间。**好的博客可以减少或完全抵消花钱广告和雇用公关的需求，通过罗斯的拓展火狐狸博客下载火狐狸软件的人，远超过该公司在《纽约时报》刊登两页广告所吸引来的人。获得博客报道的公司增加的效益之高，是即使花大笔钱雇用公关公司也难以望其项背的。好消息是你省了大钱，除非你觉得自己的时间更加宝贵。

想做个好博客是需要时间的，你必须阅读别人的博客、与他们链接、在上面留下评论，才能够加入对谈。你也需要研究自己所写的内容，一再检查你引述的事实。这么做相当耗时间，我们访谈对象中有些人后来放弃主持博客，他们全都归咎于缺乏时间。

5. **倾听使你更聪明。**吉摩尔在《草根媒体》中强调："我的读者群远比我聪明。"贵公司的顾客也一样。本书第六章将介绍的律师厄尼 (Ernie) 就谈到，当他开始主持博客时，读者的负面评论曾经让他恼怒厌烦，而且他总是迫切想说服对方，不过久而久之他学会倾听，甚至倾听最恶毒尖酸的评语，也愿意逐渐了解人们的背景。身为企业，你通过博客可以发现公司的哪些作为会触怒顾客。微软的托雷拜访任何谈论他的 MSN Spaces 的网站，由于他常常现场倾听，人们会比较和善有礼。当我们思及为何最近周遭普遍有一股强烈的反公司情绪时，多半会想到大公司总是一副冥顽不灵、拒绝倾听一般人意见的样子，这正是最主要的原因，也是博客可以助你一臂之力的地方。

你是第一个博客水电工？

在我们的研究过程中，曾经希望找到一个经营博客的本地水电工或承包商，结果没找着，但是预期不久就可以如愿，因为我们看到了其中巨大的利益。假设你是一个本地的水电工：独立运作，公司名称中不夹带赞助厂商的名号，那么你有几项选择可以提高自己或事业的身价？或许你可以在电话簿上刊登广告，不过人们在电话簿上找水电工时，总是

十万火急，如果查到的只是名字加电话号码，总共才一行字，那么这些潜在顾客对你一无所知，也无从了解你的口碑和知识：除了你的名字和电话，别的都不清楚。

现在让我们假设你是个主持自己博客的水电工，不久的将来，你很有可能成为贵小区第一个经营博客的水电工，你能通过这个渠道展现你的权威，提供教人如何保持水管畅通、热水源源不绝，如何更换滤水器的滤芯，如何预防植物的根阻塞排水沟的诀窍。它也许是全世界最棒的水电工博客，可是别人要怎么找到你？在博客里四处搜索本地水电工的人恐怕不多，除非他刚好面临缺水断电、漏水爆管的危机。

事实上，愈来愈多的人通过网络寻找本地资源，像是 Google 本地版 (Google Local)。他们在这样的搜索引擎中输入某个餐厅、干洗店甚至水电工的名称。当他们这么做时，拥有博客的水电工就会第一个跳出来，充分展现他的专业技能与知识，此外也让读者尽可能了解这位水电工 (程度也许超乎他们的期望)。更重要的是，博客是个建立信任的机制，比比看，你对博客水电工的认识比较多，还是对在电话簿上登广告的水电工认识较多？紧急状况发生时，你最有可能打电话给哪一个？

举例来说，斯考伯曾经在博客上盛赞华盛顿州雷德蒙德 (Redmond，微软总部所在之处) 的维克多赛尔特咖啡公司 (Victor's Celtic Coffee Company)，他平常最爱喝这家店的爪哇咖啡。当时该公司面临附近新兴对手的竞争，譬如星巴克 (Starbucks) 和最受本地人青睐的图里咖啡 (Tully's)。斯考伯在博客上谈论维克多之后，为这家咖啡店带来了一些新顾客，还有别人链接到斯考伯的博客，结果又带来另一批顾客。如果你上 Google 去搜索雷德蒙德地区的咖啡店，猜猜看哪一家排第一名？答案是维克多，而且比星巴克领先 4 名。我们认为这对全球每一角落的地方事业和顾问从业者都是一个很好的启示。

虽然先前没有找到本地的水电工，但是我们认为不久后必然有这么一位率先尝试者出现。

第6章

我就这样当上意见领袖

咨询 (consult)，动词，对于既定方针寻求他人的否定。

——美国记者与讽刺作家安布罗斯·比尔斯

(Ambrose Bierce, 1842 年～ 1914 年)

企管顾问是工商专业人士中很特别的族群，他们的成就往往与其他公司的产品、服务、品牌创建交融为一体；企管顾问最可能受雇的时机，是某公司预期即将有巨变或已经遭逢巨变之际。他们一般在某个明确领域中拥有特殊专业知识，企业雇用他们之后，往往能有具体成效。

绝大多数企管顾问没有钱大做宣传活动，他们也许会建立网站，也许会在电话簿上刊登广告，有些还可能赞助本地球队或某个利基市场的活动，不过他们最仰赖的还是顾客的好口碑，借以提高声望。即使某些企管顾问获利颇丰，但是假如想让事业更上一层楼，就必须在市场上建立起个人知名度，那样一来，就算他们有朝一日离开公司，依然能把自己的口碑带走。

企业顾问大都天生喜欢尝试新鲜事物，新科技当然也不例外。他们也喜欢展示自己的专业知识，喜欢成为把有利于别人事业的新见解告

对方的第一人，不论对方是独立经营的干洗店或蓝筹股大型集团。企管顾问通常也是科技爱好者，喜欢把新的解决方案传播到既存组织中。

博客对于企管顾问来说可谓举足轻重，原因有二：

◆ 主持博客的顾问借此打造口碑，使他们成为业界领袖。拥有博客的企管顾问愈来愈有分量，因为他们的意见能够影响市场。

◆ 顾问们已经开始将博客的信息实时传播到其他行业里，现在这些顾问正在散播博客的种子，将其运用到公司策略之中，手法如同过去企业推广个人计算机与网站。我们相信他们在博客的接纳初期（目前已经展开）必会扮演关键角色。

我们在欧洲和北美发现许多博客的身份是企管顾问，他们利用博客传达信息的做法相当明智，这些企管顾问收获最大的是建立了声誉，而非推销他们的服务。我们访谈的许多企管顾问博客强调，他们着手架设博客的原因是出于表达自我的需求，而不是商业计划。有些人在博客中刻意避免自我推销，很多则是引荐同行的其他顾问，不愿抢风头。我们访谈过的所有企管顾问似乎更急于称颂博客的优点，反而不太谈论他们个人的优势特质。

对某些企管顾问来说，博客已然改变了他们的社会地位，因为他们的博客得到了别人对他们的认同；但也有些企管顾问发现，如今自己的知名度远远超过以前所能想象的，通过他们的博客，很多人正慢慢了解这些企管顾问的本色与思想——有时读者还可能变成客户。不过就这一点来说，博客圈是个适合推广口碑的地方，而不适合销售产品。到头来你会发现，口碑比销售数字更宝贵。

尽管有些企管顾问可能精心策划这种新的曝光方式，不过绝大多数都像火狐狸的罗斯和修威特一样，纯粹因为拥有热情和才华，便放手去尝试新的东西，他们想要与几个朋友分享。也有些企管顾问走的是像史

文森 (Ernest Svenson) 一样的路，史文森是在新奥尔良 (New Orleans) 执业的企业律师，他感到有一股无法抗拒的力量催促他经营博客，至于后来名气之类的收获，则是尾随而来的。

律师厄尼的 OFF 学

在博客圈里，史文森律师的名气不如别人称呼他的"律师厄尼"(Ernie the Attorney)[①]。他的几个博客以讽刺出名，这方面他的眼光独到。一开始史文森律师不想接受我们采访，他说："我经营博客不是为了营销自己，我最痛恨被视为'营销先生'(Mr. Marketing Guy)。我认为那种玩意儿在博客上不管用。"他告诉我们，他写文章的目的恰好相反，是为了发现"对自己有益的那些见闻。人们只想听故事：窍门在哪里？只要告诉我背后的玄机。如果你想在博客上营销，最好的做法就是别这么做。只管清谈"。

其他律师也许会纡尊降贵地选择一些严肃话题来谈，但是史文森谈的却是简单的事情，语气辛辣而且尽量淡化自己。举例说，就在他的婚姻破裂之后不久，圣诞节来临了。当天他和两个十几岁的女儿正在前去拜访巴拿马亲戚的路上，一场反常的新奥尔良暴风雪延误了他们的行程，害得他们赶不上飞机还孤立无援。后来他们在休斯敦机场的希尔顿饭店过了一夜，"圣诞大餐"就在凯特餐厅 (Kettle Restaurant) 打发了，他们吃了一顿"7.98 美元就能吃饱"的自助餐。读者也许以为他会写一篇晦涩、脾气恶劣的报告，没想到史文森依然兴高采烈，开心地说在旅馆里能用免费无线宽带 (WiFi) 上网，还把他小孩当天在新奥尔良堆雪人的照片贴在博客上，又把照片用电子邮件传给还在旅行的家人。史文森支持苹果麦金塔是出了名的，那天他还贴了几张照片，显示机场终端机画面清一色出现大家耳熟能详的微软"致命错误"的警告标志。

---

① http://www.ernietheattorney.net

　　史文森自始至终地展现透明与权威。律师厄尼不想向你宣传自己的法律才能，他让你亲眼看见与认识一个有着真实生活体验的人，久而久之，你会发现你了解这个家伙既聪明又有趣，而且值得信任。惨遭暴风雪袭击的新奥尔良重建成功之后，我们正巧来到这个城市，发现自己正好需要一个律师，当时我们就很清楚该去找谁。我们只和史文森见过两面，但是通过他的博客，我们觉得自己早就认识他也信任他了。

　　史文森的博客涵盖多种主题，但是他的文章总是不离科技与社会的范畴。和斯考伯不同，他并非科技高手，他说："有时候科技简直像是垃圾，企图入侵人们的生活，让接纳速度慢的人觉得自己被淘汰了。很多时候我观察科技如何影响人，通常这些新技术只是给人添了很多压力，即使它们标榜能使生活更轻松也不例外。如果人们不知道怎样运用科技，那再怎么标榜也行不通。"

　　我们用手机与他对话，就在他说到"事实上，我热爱科技"时，电话突然断线，仿佛在证明他的论点。

　　2002 年初史文森刚开始经营博客时，所写的文章涵盖体育、生活，还有对疲弱不振的新奥尔良球队的苦恼痛心：他几乎什么都谈，就是不谈法律。然而博客的访客都希望"律师厄尼"提出一些法律见解，于是为了迁就读者，虽然还是刻意避免讨论自己的律师业务，史文森开始探讨法律如何改变社会。他也替自己心仪的联邦法官理查德·波斯纳 (Richard Posner) 敲边鼓，因为波斯纳总是提出客观清晰的观点。史文森最受瞩目的文章是在卡特林娜飓风 (Katrina) 过后贴上博客的，他和家人因为这场风灾沦入无家可归的处境。他通过手机简讯传送文章，当时他住在临时搭建的帐篷村里。

　　尽管博客辗转为史文森带来几个客户，但绝对称不上大生意。少数几个人因为他的博客慕名找上他，不过史文森公司的主要客户还是大公司。未来这类企业客户也可能转向博客，以便在签约或委托之前先行了解这些律师，不过现阶段还未发展至此。

史文森纵然未曾事先规划，但是博客确实已经提升了他在法律界的地位，每天有1 000多名读者拜访他的博客，其中包括两位新奥尔良的现任法官，他们邀请史文森参加一个委员会，以决定法院该采用何种无线宽带系统；他每年受邀出席数次会议，最近备受欢迎的博客出版集团柯蓝特 (Corante) 旗下新成立一个叫做"律师之间"的博客 (Between Lawyers)①，也邀请史文森加入共同主持。

史文森觉得博客帮助他发展，现在他的朋友圈遍及全世界，博客让他学会更仔细倾听不同意见、更容忍反对观点，这样的力量令他更加强大；过去史文森会和张贴反对意见的人争辩，如今他已经学会竭尽所能去理解。虽然博客对他的法律业务多少有一些帮助，但是他说"博客帮助我度过生活关卡的作用更大"。

来点新意，否则没人理

我们在前文中怀疑，继裁缝马宏之后，是否存在第二个英国裁缝博客的发展空间，我们当时的看法是，下一位裁缝需要找出新颖的角度才能成功。经营博客的律师有很多，其中做得好的，都是不断在寻找新题材或新角度。

斯坦福大学法律系教授劳伦斯·莱西格 (Lawrence Lessig)②被视为数字时代知识产权方面的宗师。这难道意味着知识产权这块地盘已经完全饱和，容不下其他律师发表相关意见了吗？事实并非如此，博客邀请其他人加入关于知识产权的对话，很多案例甚至鼓励大家彼此合作。

在博客上相互合作的律师如此之多令我们感到有些诧异，也许是因为我们先入为主的观念认为律师这一行竞争极为激烈，毕竟他们总得拼出胜负，这可能也说明为何有这么多律师踏入政治圈。

---

① http://www.corante.com/betweenlawyers
② http://www.lessig.org/blog

可是我们发现了这么一个例子，博客竟然让三位竞争宿敌开始携手合作。斯蒂芬·尼波尔 (Stephen M. Nipper)[1]、道格拉斯·索若可 (Douglas Sorocco)[2]、马修·布坎南 (J. Matthew Buchanan)[3]这三个律师的专业领域都是专利法，而且都特别关注博客对知识产权的影响。他们三个先后成立了自己的博客，时间相距不到三个星期，然后他们又都通过博客发现彼此。不久之后，他们就觉得彼此值得信任，于是开始交换电子邮件，通过电话聊天，还联手编写维基（这是一种社交软件，通常用于内部沟通，容许群体在网站上编辑别人的话，从而达到合作的目标），最后三个人终于推出联合语音博客。尽管他们认识对方的时间很短，却觉得彼此已经是可靠的朋友，他们有共同兴趣，都关心知识产权律师和客户间的关系。他们三人合作的成果是创造出"重新思考（知产）"博客 (Rethink〔ip〕)[4]，这个联合博客的宗旨是讨论律师和客户该如何就知识产权的问题携手共事。他们三个人没有在真实生活中碰过面就已经展开上述合作，之后大家才在一场会议中碰面，现在他们把写成的维基合并成一个并重新调整焦点，如此一来，他们合作的广度和深度就能超过单一博客的容量。

让顾客主动传颂你

几百年来，世间不乏集作家、顾问、演说家于一身的人物，时至今日这类人才仍然多不胜数，而且其中有许多人经营博客。举例而言，《小就是大》作者高汀[5]就有自己的博客，他经常在演说对象包括工商团体的会议上发表演说。

麦康奈尔和哈伯两人从公元 2000 年起，就对传统广告那种单向传

---

① http://www.inventblog.com

② http://www.okpatents.com/phosita

③ http://www.promotetheprogress.com

④ http://www.rethinkip.com

⑤ http://sethgodin.typepad.com

播的特质感到意兴阑珊，于是离开公司自立门户，把思考的焦点聚集在口耳相传的传播行为上。他们不是通过推销或骚扰式营销，而是采用更具策略意义的营销理念，鼓励顾客成为产品的拥护者。

他们开创的事业，就是以顾客传播行为作为核心。

这两个人思前想后，然后把思考所得写成一本书，书名就叫做《创造顾客传道家：铁杆客户如何变成业务义工》。这本书在 2003 年初出版，不久之后博客就开始加速发展了。《创造顾客传道家》建议有志于此的公司采取六大行动：

◆ 持续不断搜集顾客的回馈意见。
◆ 认真进行免费的知识分享。
◆ 以专家手法打造口耳相传网络。
◆ 鼓励客户群定期会面与分享信息。
◆ 精细设定小奖励吸引顾客上钩。
◆ 把焦点放在促使世界或你置身其中的产业的发展。

在博客写这些建言的风气大盛之前，他们指出，博客让上述每一项行动都变得更容易。麦康奈尔和哈伯的博客令人过目难忘，叫做"顾客教会：如何在顾客天堂里生活，或在顾客地狱里腐烂"(Church of the Customer: How to live in Customer Heaven or Rot in Customer Hell)[1]。他们正在写《创造顾客传道家》的续集，内容将纳入博客对顾客传播工作的重大改善，并检讨开放来源营销的可能性。

麦康奈尔和哈伯告诉我们，公司要想将顾客转变为传播口碑的人，就得利用博客这个迄今为止威力最强大的工具，通过它由顾客去说服别人也相信你的产品，这是非常有效的。对麦康奈尔和哈伯来说，口耳相传奠立双向营销,取代传统实践指挥控制的营销者。传统营销者宣称"我

---

[1] http://customerevangelists.typepad.com/blog

们代表公司，这是我们的信息，现在开始消费吧"。麦康奈尔对我们说，这一套很像寄宿学校的措施：大家闭上嘴巴开始吃饭。

哈伯补充说，双向营销是传播行为的必备要件，否则，很可能造成反效果。她会谨慎预防那些"刻意想散播什么或创造声势的组织，通常他们费了一番工夫以后，呈现出来的却是毫无价值的东西"。这种宣传可能创造不错的短暂声势，但是"顾客教会"追求的是更大的效果，她说："我们对于那些想要创造长期好口碑的公司更感兴趣，有时候像火狐狸或 ICQ 这种创新能够创造大声势，因为他们提供显而易见的利益。然而传播行为应该注重能够持久的事情，在乎的是改变世界。"

博客所创造的情感联系，是新闻发布会等形式无法成就的。麦康奈尔说："（博客）提供一个能让真人对谈、让其他人也加入讨论的论坛，这是获取回馈的绝佳方式，它是一个庞大的知识分享回响渠道。"

麦康奈尔和哈伯觉得企业博客才刚起步，虽然有愈来愈多人知道博客这一回事，但是企业决策者依然对博客抱持不确定和怀疑的态度。麦康奈尔把他们定位成"还在试水温的阶段"。麦康奈尔和哈伯经常在演说时对听众作关于博客的意见调查，根据他们 2005 年 6 月的估计，只有三成演讲听众听说过博客，真正读过博客文章的更少，至于听过 RSS 的人则只占 5%。

他们两人最常被问到的问题是："碰到负面评论该怎么办？"他们的回答是："大家都非常怕任何人在任何地方说出负面意见，这当然很不理性，这种心态排除你的公司也存在支持者，他们的可信度更高，而且会自动抨击不公平和捏造的评论。"

哈伯拿卢兹的"通用快车道"博客来举例，当卢兹为了《洛杉矶时报》的负面报道，在博客上贴文表明通用汽车决定搁置对该报的广告预算时，一开始博客的访客还表示强烈反对，卢兹袖手旁观并不介入。到了第二天，至少有 30 个通用的顾客挺身表示支持，让那些反对者哑口无言，哈伯主张："这证明顾客传播行为的力量。"

麦康奈尔和哈伯认为，今天博客的处境和20世纪90年代中期企业接纳网站的情况堪称一致：一开始企业高度质疑网站有何用处，但后来几乎每一家公司都觉得有必要建立自己的网站。麦康奈尔和哈伯预料，未来企业博客也会和网站一样普及。哈伯说："我看不出任何公司有什么理由不要博客，除非他们不求表现。每家公司都需要回馈系统，最简单的方法就是拥有博客。它简直就像能令人吐露实情的特效药。"

他们两人也相信，博客会逐渐从目前的单页日志形式演化成其他样式，公司博客将会增加与现有网站的整合，而企业网站未来可能通过RSS变得更具互动性，更像博客。

麦康奈尔拿教会信徒整体比传教者聪明作为譬喻，公司传教者也许在特定领域研究得很透，对某个主题知识了解得很广，但是信徒的集体智慧却可能超出他单独作研究所能触及的范畴，因此能否撷取集体知识，然后引导信徒得到更新、更高远的荣耀，就取决于传教者的选择了。

麦康奈尔对公司传教者与其同僚提出最后一项建议："别管那些无神论者，专心发掘不可知论者，因为后者才有希望皈依。"

个性博客所向无敌

我们认识3个从事设计工作的人，他们彼此并不相识，却都衷心拥护格雷斯·邦妮(Grace Bonney)优雅的博客"设计海绵"(Design*Sponge)[①]。邦妮是家具设计业的顾问，也是自由撰稿人，有时她也做公关工作。邦妮的博客与自我推销无关，只是与形形色色的设计有关；她用的字不多，图片倒是很丰富，你只要随便浏览一下，就仿佛踏上了最富创意的视觉之旅。博客上的内容包罗万象，从塑料袋、手提包到墙面艺术，从桌面对话装饰到家具、杂志架、灯具，任何时尚或优雅的居家用品，都可以在此一览无遗。

---

① http://designsponge.blogspot.com

不久前，邦妮只是众多住在曼哈顿的失业顾问之一，如今她却被视做设计行业的"无形推手"，任何事物只要被她的博客提到，就很可能迅速登上最有影响力的传统媒体专栏，比如《纽约时报》。

邦妮展现了博客在利基市场的无比威力，我们也预料博客会在这个角落扮演愈来愈举足轻重的角色，像邦妮这种对所有题材都抱持热情的人开始出头，全要拜高效率的 Technorati 和 PubSub 等搜索引擎所赐，想法雷同的人们能够轻易找到利基专家。

你不需要庞大的支持群众就能影响某个议题，你只需要拥有正确的读者。举个例子，假设你主持一个政治博客，读者只有 3 个，但他们刚好是美国、中国、俄罗斯的政府领袖，他们天天都阅读你的博客，信任你的文章，并根据你所写的内容调整他们的施政方针，想想看，你还需要多少读者来发挥影响力？好了，现在我们把场景缩小到企业，你就能看出想要影响利基市场的人前途多么光明。邦妮的博客或许没有天天引来成千上万的读者，但是她影响了那些在她的利基市场里极具影响力的人。

邦妮告诉我们："我的博客将我关注的产业、市场、受众的前沿信息送到我手中，我觉得自己和他们极为贴近，这方法太棒了，可以分享你的观点，吸引你的社群，遇见世界各地奇妙的新读者，他们喜爱的东西和你完全一样。我全心全意推荐（博客），它为我的生活带来如此多的乐趣。"

还有另一个有关利基市场的例子，是加拿大教育与教养顾问艾莉森·雪佛 (Alyson Schafer) 提倡改革惩罚儿童的方法。她是在丈夫肯恩 (Ken) 的敦促下开始主持博客[①]的。虽然一开始雪佛深感焦虑，担心会把自己最有价值的想法泄露给潜在竞争者，不过后来她还是决定冒险一试。雪佛说博客一上线，立刻有拜访者涌入与她谈话或咨询问题。她的博客也引来出版商的兴趣，他们主动找上门来，一边喝咖啡，一边递上

---

① http://www.alyson.ca

请她写书的合约。

也有企管顾问干脆把博客当成事业来经营。马科·德克森 (Marco W. J. Derksen) 是个营销顾问,他从 2002 年开始经营"营销事实"博客 (Marketing Facts)[1]。这个荷兰博客的主题是关于交互式营销和新媒体,久而久之,"营销事实"扩展成为一个群体博客,每天的读者超过 2 000 人,每个月有 12 万多篇贴文被人点阅。德克森深受鼓舞,便在 2005 年 4 月辞去工作,自行设立"上游"顾问公司 (Upstream)[2],教导客户如何从事企业博客。德克森是荷兰博客顾问的先驱之一,这项新事业在当地营销杂志和报纸上大出风头,但是德克森觉得未来这种业务很快就不再新奇。他告诉我们,不管在荷兰或欧洲其他国家,博客都正在如火如荼地发展。

不过有位消息灵通人士提醒我们,博客的热潮尚未达到引爆点。Six Apart 公司的董事长勒穆尔是欧洲最受欢迎的博客,他认为欧洲企业对于博客的接受度依然在热身阶段,"几乎所有的欧洲企管顾问都还不知道如何开创博客,以便唤醒市场"。

德克森说:"在欧洲,公司的产品经理、执行官和企管顾问之间鸿沟极深,变革速度也很缓慢,都不知道如何应付博客,也不觉得需要那么麻烦。"他预测当某个出人意料的事件导致成千上万个顾客对某项产品产生热情——就像在美国曾经发生过的数次类似情况一样,届时企业才会领悟博客的优点。德克森说:"他们终将了解,传统营销永远也比不上口耳相传。"

尽管如此,对某些人来说,博客已经变成谋生工具了。

心态封闭者,别经营博客

有一群新崛起的营销顾问现在的业务重点,是向企业提供关于博

---

[1] http://www.marketingfacts.nl

[2] http://www.upstream.nl

客的策略，其中最成功的营销顾问本身就是博客，他们以组合式服务提供企业博客咨询，其中有几位表明自己最喜爱的是博客，希望事业也能随着这一爱好起飞。这里我们介绍其中两位，分别是纽约市的欧珂嫚 (BL Ochman) 和佐治亚州亚特兰大市 (Atlanta) 的托比·布隆伯格 (Toby Bloomberg)，后者碰巧是纽约市长的表亲。

欧珂嫚曾经拥有并经营一家公关公司，公司的排名在全美前一百多之内。因特网的发达使她相信采用新工具的时机到了，1995 年她休假一年去研究网络，等她回去上班时，第一个客户是生产"男性专用发色" (Just for Men Hair Color) 染发剂的公司。先前有个记者观察到总统候选人比尔·克林顿 (Bill Clinton) 和罗伯特·杜勒 (Robert Dole) 出现在不同竞选场合时都顶着不同发色，于是欧珂嫚便建立了一个网站，让造访的读者先比比看头顶黑色、棕色、红色、金色、灰色发丝的克林顿和杜勒，然后请他们投票选出最适合两人的发色，结果 3/4 投票者觉得两位候选人都应该改变发色，这对欧珂嫚而言真是一大胜利，她说："我们获得无数媒体的报道，我自己则对网络营销和网络公关的潜力上了瘾。"

欧珂嫚的经验开启了成功的营销大门，她说："我开始为'网络之日' (Internet Day) 和其他在线出版网站撰稿，我的文章引来福特汽车、IBM、钟情饭店连锁系统 (Preferred Hotels) 和其他大公司，它们变成了我的客户。"目前欧珂嫚协助企业进行在线销售，方式是替客户撰写和更新网站内容，以便搜索引擎更容易找到客户公司的相关信息；欧珂嫚也教客户如何经营博客，并充分运用各种与在线营销、沟通有关的功能。她希望未来博客能成为她的全职工作，但她也说"也许额外再做一点顾问工作会更好"。欧珂嫚想要卖更多自己写的报告，主持研讨会，并且增加自己博客的访客流量，这样才能获得充足的广告收入，以支持博客本身和她所发行的新闻报纸（现在拥有 4 000 订户）。

2004 年初，欧珂嫚开始主持博客"下一波"(What's Next)[①]。虽然

---

① http://www.whatsnextblog.com

花费的时间极长，她仍然乐此不疲。欧珂嫚表示，有好几个新客户是通过这个博客找上门来的，她说："最近我服务的客户都了解他们真的需要别人协助，以便在网络上有效地做生意。他们从阅读我的博客得知我对网络现况很熟悉；另一方面，由于阅读我的博客，他们熟悉我这个人，也信任我。"博客也替欧珂嫚带来许多演讲邀约，这也是许多知名博客的共同经验。

博客还有另一个优点，欧珂嫚告诉我们："它很好玩，带领我认识很多聪明有趣的人。博客强迫我继续学习并延伸我的视野。"

除此之外，欧珂嫚也将访客从博客导引到她的网站，她通过这个网站贩卖自行出版的书《贵公司怎样玩博客？》（*What Could Your Company Do with a Blog?*）。书里纳入 85 家企业利用博客作营销的实例，这本书售价 97 美元，她在 4 个月内经由网站直接卖出 300 本。欧珂嫚还用同样的方法卖了 500 份她写的文章《地狱来的新闻发布及弥补途径》（*Press Releases from Hell and How to Fix Them*）。现在她打算更新这篇文章，内容纳入《地狱来的博客》（*Blog Posts from Hell*）贴文。

欧珂嫚并不认为所有企业都应该有博客，也不预期每家公司都将出现博客。她说："博客实际花费的时间与精力超过表面所呈现的，许多高管宁可去做痛死人的牙齿根管治疗，也不肯每天动笔写文章。"（在此穿凿附会一下，以色列在与欧珂嫚会谈之后，隔天当真去做了牙齿根管治疗，不过之后他说他宁愿花时间主持博客。）欧珂嫚还说："我和某些沟通技巧非常蹩脚的执行官共事过，如果他们在博客上依然心态封闭、不透露有趣的、有价值的东西，谁肯去读他们的博客？从事博客的，应该是那些愿意打开心扉、真诚与外界沟通的企业，因此很多自认能够控制所有信息、忽略回馈意见的公司，根本就不必蹚浑水了。"

从事博客的企管顾问需要克服"留一手"的心态，欧珂嫚口气平淡地说："如果你害怕分享点子，就不应该主持博客。有一次某人问沃尔特·迪士尼（Walt Disney，迪士尼动画娱乐公司的创办人。——译者注）

担不担心把他的点子告诉众人，迪士尼回答，'那些都是去年的点子。'"

欧珂嫚的结论是："假如你唯恐自己的点子被人偷走，那就别主持博客。"

亮亮营销精英的新法宝

布隆伯格是亚特兰大市"布隆伯格营销"公司(Bloomberg Marketing)的创办人兼董事长，她从 1997 年开始就把重心放在网络整合营销策略上，她形容说"当时因特网对许多企业而言仍然像一团谜"。如今布隆伯格专门为企业营销部门提供咨询，她认为，博客是公司既有营销组合外的一个高附加价值补强工具。

布隆伯格告诉我们："博客为营销人员增添了一个新法宝，它和任何营销计划一样，如果想达成效果，就必须与主要营销方案整合。从企业的观点来看，博客是营销救星吗？少了博客，企业会凋零吗？我并不这么认为。"

她自己的博客"迪娃营销博客"(Diva Marketing Blog)[①]拥有一切成功博客的特点，内容透明且真实，展现了她对熟知主题的热情。布隆伯格经常贴文，也很擅长运用 Google，靠这样的方式她获得了众多媒体的采访和演讲邀约，她的博客给了她一个强势品牌。

这儿有一段插曲：布隆伯格对博客的热情其实形同营销战术，这和我们访问过的多数博客观点迥异。在其他方面，布隆伯格的想法和今天的博客圈十分吻合，她告诉我们："还有什么比直接与公司执行官或操控品牌的人对话能让一个顾客更接近这个品牌？由博客带来的情绪价值能够激发受众的信任感，并给公司带来好口碑，博客可以用作威力强大的体验式营销工具。"

她建议："不采纳博客作为整合营销方案一环的公司，将会坐失绝

---

① http://www.divamarketingblog.com

佳良机，眼睁睁看着采纳博客的竞争者发挥这一优势。由于博客能使组织更接近顾客，让顾客更接近品牌，很少有公司会漠视这么强大的工具。你的底线是：如果贵公司的受众想要浏览博客，你最好提供给他们。"对于如何克服博客的费时费工，布隆伯格也有看法：建立一个配置多位博客的公司博客。

布隆伯格预见，博客终将在人们的生活中随处可见："这项技术将使得全球互动易如反掌，互动深度也将增加，世界绝对会因此而改观。"

她也和我们其他受访者一样，认为任何公司若善用博客敞开沟通大门，将能从中获益，至少任何不隐藏有害信息或拥有高压统治文化的公司都能获利。她告诉我们："假如一家公司的文化属于操控性的高压文化，不尊重员工，把顾客视为商品，那么这家公司就不应该经营博客，它们应该紧紧封闭大门。"

布隆伯格认为营销部门应重视公司博客的应用，她说："我认识的每一个营销主管都在找寻创新方法以打造更稳固的顾客关系，博客正是符合条件的最佳工具之一，因此我推荐所有的公司都去研究一下经营博客的可能性，尤其是服务业和顾问公司，因为博客是建立与提升思想领导力 (Thought Leadership) 的绝佳方式。"

她认为博客已经在开始不断地发展，"营销或企业博客面对外界刺激已不再是慌乱应对，而是能采取有结构、有策略的方法，而且还将快速地进步"。

尽管未来独立经营的博客仍将和今天一样提供新闻和观点，但是布隆伯格相信，博客将被整合到层次更高的营销策略之中，类似"当前电子邮件策略的复杂专精，营销人员也将开发临时博客，只在营销活动进行期间开张"。

除此之外，布隆伯格也预测利基博客社群将迅速发展，这样的博客给人的感觉像是门户网站外加允许真实对谈的社交网络软件，比门户网站进了一步。她还预言博客广告将分食网站广告大饼，由于人们喜欢阅

读博客，也喜欢凑热闹，因此在网站上放广告的博客必须想办法，让读者愿意访问他们的博客。也许他们得增加与别人的链接，或是独家提供技术文件下载。目前对是否采用博客犹豫不前的产业，例如保健业者，未来将会设法克服法规障碍，想出他们可以自在传播的信息形态。布隆伯格说，博客融入各行各业是迟早的事。

不经营博客的公司终将凋零

我们对布隆伯格的几个论点并不苟同。最根本的一点是，当我们想象企业博客被整合进当今公司营销部门，并成为其中一部分时，感觉不是很妥当。博客和其他所谓的"营销解决方案"，无论如何关系不大。在科技界，有两家大公司的博客发展迅速，已经融入到了企业文化，他们是微软和升阳计算机。两家的博客都持续回避营销部门。某些最具影响力的博客（例如卢兹、邱本和斯考伯）都倾向忽视公司营销部门所操纵的程序与控制，另外律师厄尼为了怕被贴上"营销先生"的标签，几乎拒绝我们的采访。

不过在我们驳斥布隆伯格的主张之前，需要后退一步。截至目前，博客先锋大多仍来自科技圈，然而未来情况不见得如此。事实上，布隆伯格便证明博客革命的中心实际上是在移动的，很像早期网络社群的关系：这些关系建立在 Unix 开发工程师社群的基础之上，当时"网络礼仪"唯一允许的活动是传送免费软件，而 Usenet 新闻群组所提供的互动性，当时谁也不需要。那个时候，网络狂热分子都有共识，任何人甚至只要提到"广告"两字，都会被视为有违网络社交礼仪。后来随着技术愈来愈便于使用，人们接纳网络的速度也跟着增加；工商界一开始接纳网络的速度减缓了，到了 1996 年达到顶峰时，已经与 1994 年网络的萌芽阶段有天壤之别了。也许很多科技界人士主张后来的变化每况愈下，但是这样的改变促成无数人接纳了网络，网络时代终于来了，因此改变实属必须。

如今博客来了，它的行为规范堪称松散，但是我们稍后会讨论到，规范与原则确实很需要，目的只是让博客、公司主管、人事、法务、营销和其他相关部门有一套实际且普遍的规则可以遵循。我们并不怀疑博客圈里已经有欺诈行为发生，而营销也会找到钻营的法子乘虚而入，但我们希望大多数博客仍能保持原有的真实特质不受污染，并相信博客终将战胜所有困难稳步前进。

本书的基本论点不是消灭营销，而是主张将营销改造得更具对话性。布隆伯格称之为"街角杂货店关系"，这种想法相当接近我们在第三章描述的往昔街角肉贩、糕点师傅、蜡烛工匠与顾客之间的关系。

我们和布隆伯格的分歧在于对当今营销决策者集体心态的观感，在以色列担任营销顾问的 25 个年头里，我们并没有发现如布隆伯格宣称的每位营销主管都有兴趣"打造更稳固的顾客关系"。事实上，以色列之所以离开公关事业，原因之一正是他察觉到，大多数营销部门对顾客的兴趣只剩下收视率和财务数据。也许布隆伯格碰到的都是水平较高的营销人员，所以他才会那么说吧。

有很长一段时间，我们考虑将这本书取名为《不选博客则死》(Blog or Die)，不过博客圈里的人们说服我们，这个标题并不贴切。我们和布隆伯格的看法相左，我们确实认为不经营博客的公司终将凋零，而他们覆亡的原因将包括营销部门无法掌握进行中的剧烈变革，死守过去的做法。

在我们看来，博客改变营销的程度远超营销改变博客。营销从它过去 50 年来演变而成的面目（亦即高汀所谓的"打岔营销"）开始转变为某种新的、更有效率、效果更突出的样貌，也就是"顾客教会"博客的两位友人所称的"双向营销"。

第 7 章

既是公关天敌，也是利器

我们这儿有的是……沟通失败。

——电影《铁窗喋血》*(Cool Hand Luke)* 之典狱长

20 世纪 90 年代末期，公关界盛传一则笑话：

问：为何律师那么喜欢公关顾问？

答：这样律师在社会地位上才能比别人高一级。

时至今日，一般人对公关专才的看法并没有改善多少。根据 2005年"爱德曼全球信任度调查"(Edelman Trust Barometer)，公关人员在发言人可信度排行榜中的排名几乎垫底：排在体育界和娱乐界发言人之前，律师之后。

这项发现很难让人一笑置之，因为公共关系这一行是形象塑造事业的核心，但外界却认为他们的缺点比十恶不赦的坏人更多。公关人员通常自认为是促进沟通的高手，但是许多人却视他们为企业的守门人或谎言的罗织者。当本书即将亮相时，以色列（他在公关界任职超过 25 年）

收到一个素昧平生的人寄来的一封电子邮件："你们的书肯定是一本烂书，你是搞公关的，每次开口都是在说谎。"

这一行究竟是怎么把形象搞得如此糟糕的？也许一长串丑闻有助于解释这个现象。只要读读报纸，你就会得到这样的印象：公关公司和大型组织一直都是串通起来共同欺骗大众的。此外，人们也觉得有语言障碍存在，他们指控公关人员的用语充满矛盾，让绝大多数人无法信任。此外，公关人员往往被视做炮灰，出了事他们得站在第一线应付记者，承受来自各方面的攻击，让客户安然脱身。这使得很多人认为公关人员经常蓄意阻止真相被挖掘出来，而且操纵信息，隐瞒事实真相，牺牲公众的知情权以争取公司的利益。

博客喜欢实话实说，即使这样的实话会让他们的公司颜面扫地。在一般人眼中，公关人员对客户忠心耿耿，相较之下，博客效忠的对象是普通群众。

我们在此谈的当然是一般印象，而不是真实情况。真实情况是某些博客并不那么崇高，有些精于包装的人确实躲过博客圈观察家存疑的眼光。同样，我们也不能一竿子打翻一船人，从而认为全部公关人员都应该受到严厉谴责。

其实现今公关实务界分两派，一派是现行的"指挥与控制"派，主张企业应该采用他们一直以来所执行的沟通方式和规则，并通过各种手段掩饰公关这一行的丑态。这一派中有些脑筋最灵光的人开始变得比较倾向于对话，他们是创造"倾听与参与"派，他们援用的规则和"指挥与控制"派截然不同。我们认为公共关系实务界分裂成两派的意义重大，因为我们和许多受访对象都已经看出来，这一行正遭逢动荡不安的局势，面对不改变就灭亡的挑战。长久以来许多公关人员一直否定这样的挑战，只有少数愿意正面迎战。事实上，我们坚信很多"指挥与控制"派的公关从业人员，很快就将沦落到去餐厅当服务生了。

反观许多"倾听与参与派"的公关人员开设了博客，而且经营得有声有色：他们了解博客已经摧毁了公关这一专业的现状，于是自我调整适应改变，为自己和客户谋求利益。大部分新派公关人员仍然采用大量传统技巧，这些技巧在很多情况下还是管用。不过我们看得出来，他们的心态都已经改变了，而且愿意利用博客改变游戏规则，从单向沟通转变为双向对话。

笑到最后的，还是博客

新闻发布大概是博客圈和传统公关战术交锋最激烈的地方，这种新闻稿多半由一位中层公关人员撰写而成，然后再由营销人员和高管组成的委员会编审内容；如果发布新闻的是上市公司，还需要由法律部门通过审核才能放行。有时候一则新闻稿通过电子邮件或新闻传播渠道发出去之前，已经被好几个人修改和整理过；有时费时数星期才大功告成，其间每一位审核者都需要在文稿上加入自己的评语、修饰或警告。

博客的完稿过程完全不同，一个人有某个想法，直接动手贴文就可以了，过程中绝少涉及委员会。如果博客够聪明也想建立公信力，他会在贴文中透露自己的主旨，以及证明他所公布的信息属实。读者阅读他的文章之后，自己会判断其中有多少可信，也可通过评论或者电子邮件提出质疑，当他们有与贴文相关的新信息时，就会动手把信息加进该博客。

博客和新闻传统的传播方式也有根本差异，传统方式必须仰赖传送消息的人和预算支持，而博客则是由收到信息的人负责传播。他们根据信息的趣味性或价值决定是否传播。一则消息是由收信者（而非传信人）去传播，靠的是口耳相传的力量。这则消息能够迅速从一个博客传到另一个博客，速度偶尔会比企业或新闻通讯社更快。

新闻发布是公关公司的衣食父母，他们撰写新闻稿、传发新闻稿，然后挤出笑脸去联络媒体记者和分析师，试图让对方刊登这则新闻，然

而如今有愈来愈多人质疑他们的价值。《网络版福布斯》杂志 (*Forbes Online*) 的一位编辑告诉我们："我就是不用公关公司的新闻发布稿，我认识的编辑也和我一样。"甚至制作这类新闻稿的企业也感到矛盾，某家名列《财富》杂志 100 强的大企业的内部公关主管对我们说，他根本不看自家公司发布的新闻稿，他说："那些只是一堆垃圾。不过我们倒是有一些真的很酷的博客。"新闻发布和新兴的博客，是新一代"倾听与参与"派公关的法宝，这是近来公关人员关心的重大话题，我们稍后会再回来讨论。

先来谈谈博客对公关人员的挑战。其实博客触及的领域远远超越新闻发布，有些经验老到的公关人员已经认识到传统公关实务必须调整，也看出博客对新型公关的重要意义，例如华格纳·艾德斯川 (Waggener Edstrom) 公关公司里负责微软这个大客户的弗兰克·肖沃 (Frank X. Shaw) 便是其中之一。根据肖沃的说法，博客造就了"更小、更快的世界"。他告诉我们，过去有什么重大新闻发生时，从他知道消息的那一刻到主要媒体报道该消息，之间的时间差有好几天甚至一个星期。这段时间就是他的公司能够想出反应对策的空档，足够让他们计划、开会、决定采取什么行动。今天的情况不同了，肖沃的幕僚通常从头到尾只有 4 个小时可以反应。为了加速把信息传入新闻渠道，华格纳·艾德斯川公司利用电子邮件把消息传给微软的博客们，这些博客再自行决定是否替公司传播消息。

正如我们所说，许多公关人员本身就是绝佳的博客，不论在这一行的哪个细分领域都一样。以下是一些例子，他们胸有成竹地给读者提供实用的建议。

公关人员不用怕

理查德·爱德曼 (Richard Edelman) 是全球最大的独立公关公司"爱

德曼公关"(Edelman PR) 的董事长兼执行官，他期望传播博客，使博客成为公关业的得力助手，因为这一行至今仍不把博客当回事，目前绝大多数博客在这儿也不受欢迎。爱德曼所督导的世界级组织雇用了近两千名员工，旗下 40 多处办公室遍及四大洲。该公司每年进行"爱德曼全球信任度调查"，对全球 1 500 位"意见领袖"进行访查，目前已经发行到第 6 期。

　　直至最近，科技界都还不认识爱德曼这号人物，因为他的名气是建立在国际公关服务领域。2004 年 9 月，爱德曼开始主持"高声表达"(Speak Up)①博客，不久就听到博客圈在抱怨他的口吻听起来像公司高管，其实这倒是名副其实，爱德曼本来就是这个身份。他坦承自己贴的文章太冗长，贴文频率也太低，不过他说："我觉得自己仿佛是这场革命的一分子，而不只是在一旁袖手旁观。"有一次爱德曼的对手凯区姆公关 (Ketchum PR) 被人逮到和保守派专栏作家阿姆斯特朗·威廉姆斯 (Armstrong Williams) 串通，于是爱德曼贴文加以谴责，结果赢得若干"民间好评"。他的主要论点是，公关公司应该谨守比凯区姆更为严格的道德尺度。

　　其实，一段时日下来，爱德曼的文章还是有所进步的。我们发现他笔下描写的那些对话令人着迷。当许多博客贴文分享庶民生活时，爱德曼与读者分享的是他周游全球与多位领袖交换心得的体验。举例来说，2005 年 5 月他连续贴了 3 篇报道，内容是他与 3 位重量级人士聚餐时的会谈。这三位分别是《市场就是谈话》作者温伯格②、美国疾病管制中心主任朱莉·格伯汀 (Julie Gerberding)、韩国交互式网络报纸 OhmyNews③(这份报纸的影响力极大，据说造成了韩国上次总统大选出人意料的结果) 执行官吴连镐。

　　爱德曼建议公关公司应该让客户自己发言，而不要从外面请来所谓

---

① http://www.edelman.com/speak_up/blog

② http://www.hyperorg.com

③ http://english.ohmynews.com

的名流或公关发言人代言,同时公关公司必须清楚说明活动的出资人是谁。至于博客圈方面,爱德曼评论说,公关公司最好先弄清楚博客如何运作,其功能又是什么。

今天的公关人员会面临和上个世纪的铁匠相同的命运吗?按照爱德曼的看法这不无可能,他说:"当然今天很多公关人员已经快被淘汰,原因可能是他们不够诚信,也可能是因为博客将取代他们。"这类公关人员的拙劣行径包括贿赂"可靠"的记者,或是讨价还价,以独家采访权换取事先审阅采访记者准备提出的问题,或者故意隐瞒若干重要事实。

爱德曼列举的拙劣行径提醒我们,某些公关公司真的需要来个内部大扫除。他说:"我认为,干公关这一行的,必须通过阅读博客贴文积极参与对话,同时准备对这样的对话有所贡献。方法很简单,就是明智地贴文和与主要博客建立关系,时时通知他们最新消息,这很像我们和新闻记者所建立的关系。"

爱德曼很同意我们对公共关系面临巨大变革的看法,他告诉我们:

"博客不是昙花一现,任何品牌、企业或组织若无法抓住这次机遇,就会危在旦夕。任何公司若想追求与其顾客发展自然而持续的业务关系,就不能欠缺博客的助力。博客提供一扇窗,可以让外界窥见一家公司的独特性格:这样的方式更具公信力,因为它不涉及控制的层面;也更能持久,因为它扎根于事实真相;而且更有力量,因为它能链接其他使用过公司产品或服务的顾客。聪明的公司会重视他们从网络批评中所得来的意见,尽心尽力持续改善一切,改进不够完美的产品或服务。"

爱德曼公司鼓励客户抢搭"博客列车",指定中级员工担任博客写手。如此一来,公司的研发、营销或服务部门就能获得产业媒体或企业刊物之外的曝光机会。事实上,博客圈里良好的口碑可以诱发产业媒体前来报道。

在爱德曼眼中，这些可能都已经成为事实，因为"传统营销已经进入衰退时期"。他说传统营销的基本假设，是盛行于 20 世纪 50 年代到 80 年代的老旧说服模式：

营销人员只要在电视的黄金时段打 3 个广告，就可以接触到 97%的目标受众。他们仰赖的是权威金字塔。公司打算推出什么计划，会事先通知投资人、法规制定人、零售商、精英媒体等；只要全力推出大型广告营销案，配合适当的预算，就能确保零售业者热诚拥护……受到广告诱惑的消费者也会主动掏腰包购买，特别是能够请来某位大牌明星在广告中露脸，效果会更明显。这个大秘密（一切保持高度机密，直到广告首播前的最后一刻）要独家留给《华尔街日报》，然后就大功告成了。

现在聪明的公司采取不同方法，姑且把它称做"透明度的谬论 (Paradox of Transparency)"。你与主要顾客共同创造品牌；在推出方案之前事先和某个非政府组织的批评家商谈并达成谅解；利用员工作为你的第一线防御；采用平实人物担任发言人（或者采用像"美国偶像"(American Idol) 之类的电视节目的优胜者担任也行）；在促销和诉求各类顾客之间创造综合效应，但是你必须提供真实的对话，而不是夸大的空话。

爱德曼与《市场就是谈话》作者之一温伯格闲谈时，温博格指出，博客一般都不信任公关人员，因为他们阻止客户公开发言。现在身为爱德曼顾问的温伯格想让公关人员退出中间角色，以确保博客的真实性。不过爱德曼主张公关人员可以扮演为大众开一扇窗的角色，使公众能窥看企业内部，而且鞭策企业改进自己，他补充说："公关人员应被视做真正互动的刺激来源，而不是障碍。"

如果你在 Google 上搜索史蒂夫·鲁贝尔 (Steve Rubel) 这个名字，你会发现他和爱德曼的名字简直形影不离。尽管由鲁贝尔担任副董事长的"库柏卡兹"(CooperKatz) 公关公司规模不及爱德曼公司的 1%，他

在公关这一行的资历也只有爱德曼的一半，就连全世界最大的独立公关公司都挂着爱德曼的名字，但不同的是，鲁贝尔在博客圈里沉迷已久，贴文的频率高得多。

不久之前，鲁贝尔还只是一个寻常的公关人员，主要靠扮笑脸讨好记者以服务客户谋生。如今他的博客"微说服"(Micro Persuasion)[①]大受欢迎，甚至被 Google 新闻网 (Google News) 列为供稿来源。鲁贝尔经常是抢先发布新闻或指出其他博客发布某新闻的人，他是全球最常接受采访的博客之一，每年在五十几场会议中发表演说。在被《媒体》(*Media*)杂志罗列的对媒体最具影响力的 100 个人当中，他正是其中之一，其他入选的人包括比尔·盖茨和脱口秀节目主持人欧普拉·温弗里 (Oprah Winfrey)。

以前他努力前去联系的记者，如今反过来与他联络。许多记者阅读"微说服"的文章，并将其作为新题材的主要来源。当鲁贝尔风闻博客联播 (Blog Aggregator) 业者 NewsGator 将并购一家竞争者时，他立刻在博客中揭露消息，结果不到 1 个小时，就有数十位博客在他们的网站中重复鲁贝尔探听到的小道消息。这件事情马上一传十、十传百，而且大多数博客也提供链接回鲁贝尔的原始贴文。翌日早晨，NewsGator 创办人兼技术长格雷格·莱内克 (Greg Reinacker) 发现世界各地的新闻媒体争相采访他，此时该公司还没有准备好新闻发布稿呢。

讽刺的是，其他公关公司的公关人员现在都在讨好鲁贝尔，理由是他在博客里提到了他们的客户。当我们访问鲁贝尔时，他显然很得意能得到这么多的关注。不过我们讨论到他客户的博客时，以及谈到其他公关公司能做什么、该做什么时，他不断偏离主题，不愿多谈。

第一个遵从鲁贝尔的指导进入博客圈的客户是"全国广告主协会"(Association of National Advertisers，简称 ANA)，这个协会的成员包括名列《财富》500 强公司的宝洁 (Proctor & Gamble)、西尔斯百货 (Sears)

[①] http://www.micropersuasion.com

和迪士尼。在鲁贝尔的调教之下，ANA 执行官兼董事长鲍勃·里欧戴斯 (Bob Liodice) 开始主持博客[①]，而当时主流媒体仍然认为博客圈不过是一群寂寞青少年在博客上发表的日志罢了。库柏卡兹博客发出一则简短通知，宣布 ANA 的新博客成立，结果《纽约时报》挑出这则故事，写了一篇肯定的报道，而且占据的版面位置还相当显眼。如今新闻界已经定期阅读里欧戴斯的博客，报道他的意见和说法，这个博客也成为 ANA 发布官方声音的中枢。

通过鼓励客户开设博客，鲁贝尔也开始改变传统的公关角色，更注重倾听与参与。他不再把自己定位成对话双方中间的守门人，而是把双方连接到一块，让他们直接接触和对话，然后自行站到一旁。这种方式和传统公关公司的做法恰好相反，当他们把自己拉出对话圈时，同时也失去了向客户计时收费的权利。库柏卡兹公关公司扬弃传统的指挥控制战术，建立新的公关角色，对客户和新闻界而言更有价值，对他们自己而言也更有钱赚。

最近鲁贝尔负责一个新项目，主要业务是博客和社交媒体活动，新项目就以他自己的博客命名，也叫"微说服"。这项新业务推出以来，首批顾客之一的摩托车公司 Vespa 遵循鲁贝尔的建议，开设了两个博客，让 Vespa 车主能够在上面贴文分享他们的经验。这个博客由从网络应征者中挑选出来的人主持，这也是鲁贝尔的建议。他在"微说服"旗下的好几个博客里贴文征求有意主持 Vespa 博客的人，也公开说明这个点子来自《创造顾客传道家》这本书的作者"顾客教会"博客的版主麦康奈尔与哈伯。

鲁贝尔的另一个客户"气象虫"（WeatherBug，这是专为气象迷设计的软件工具程序）宣称，博客在好几个方面对他们颇有帮助。"气象虫"的母公司"AWS 辐辏技术"（AWS Convergence Technology）曾经与另一家公司合作，结果一种病毒导致"气象虫"被当做间谍程序的载体。

---

① http://ana.blogs.com

根据鲁贝尔的说法，之后"气象虫"就已经将病毒清除干净，但是名誉却留下污点，有待洗刷。鲁贝尔说："'气象虫'利用博客[①]作为主要沟通工具，与责难他们的批评家对话。"他宣称许多最知名和最受信赖的博客现在都已经竖起拇指称赞"气象虫"的优点。

"气象虫"也接受鲁贝尔的指导，率先尝试推出和事件有关联的博客，第一个例子是配合"土拨鼠节"（Groundhog Day，在北美地区，2月2日被定为传统的"土拨鼠日"。根据民间说法，土拨鼠在2月2日出洞时，如果天气晴朗，看得到自己的影子，它会吓得回洞继续冬眠，这就表示春天还要6个星期以后才会到来。——译者注）。这个博客现在成为年度大戏，该公司会在博客上一本正经地报道土拨鼠有没有看见自己的影子，以及有无影子的涵义。2004年飓风4次袭击佛罗里达州，"气象虫"开设了信息分享博客，很多媒体把它的内容作为主要新闻来源。2005年卡特林娜飓风横扫佛州时，情况也是如此。

"微说服"是库柏卡兹公关公司旗下发展最迅速的博客，现在库柏卡兹公司已经着手开发与博客相关的特色产品，其中之一是"博客观察团"（Blogwatch）。这是由公司资深的公关人员组成团队代客户监测博客圈，每天追踪博客圈是否谈论到自己所关注的客户以及他们的产品、市场，从博客的贴文中推断客户的风险属于正常、高或超高。这种方式既不昂贵，对客户也很有价值，同时也为公关公司增加了收入，因此有愈来愈多的公关公司普遍推出不同形态的博客业务。

鲁贝尔相信，所有公关公司都可以借由给客户提供博客这种强有力的服务而生意兴隆。举例来说，鲁贝尔注意到微软公司内部的1 500名博客现在每天提供大量的内容，他建议微软的公关公司可以每天从中挑选最有趣的100则贴文，放到一个主博客上，使得微软观察家更容易挖掘员工贡献的内容。他说他也很乐意协助其他公关从业者："最棒的公关人员永远是善于链接关系的，他们的身段必须极为柔软，在客户和新

[①] http://blog.weatherbug.com

闻媒体之间尽力伸展。博客是至今人类发明出来的最佳链接工具。"

可以把客户写入博客里吗？

勒妮·布罗姬 (Renee Blodgett) 在自己家里经营个人公关工作室，她说她喜爱与客户建立家人似的关系："我喜爱让客户觉得受到重视。"布罗姬最近把工作室从波士顿搬到旧金山，虽然在这一过程中不乏麻烦与苦恼，但她的客户一个也没有跑掉，事实证明地理位置和商业服务的关系极其渺小。

新闻联播业者 NewsGator[①]是布罗姬的客户，该公司正是借她的力量进入博客社群。2004 年 11 月，布罗姬开始经营"顺街走"(Down the Avenue)[②]博客，内容涵盖科技、营销、公共关系、政治、媒体和生活，里面的文章写得虽好，却不是我们认为她与众不同的地方。就我们所知，她是第一个利用自己的博客直接褒奖客户、说客户好话的公关顾问。其实这种事迟早会发生，不过布罗姬的做法却很高明，没有触犯到博客圈里排斥商业行为的敏感神经。

她告诉我们，她描写客户的方式和我描写周遭某个影响我的人一样："如果我得知某个客户即将在某个重要场合演讲、获得某个产业奖项或是登上《今日美国报》(USA Today)(这样的消息令我振奋，它们证明我的客户是值得肯定的)，我就会在博客上大书特书。"不过布罗姬会把表扬客户优点的文字穿插在其他贴文中，有时是放在讨论竞争者好处的评论里，这种做法颇为类似布鲁吉曼谨慎处理"活力字"这个名字出现在自己博客的次数：他慎重地控制每四则贴文中，"活力字"出现的频率不超过一次。

截至目前，我们还未见到有人挑战布罗姬的做法，其他地方也没有

---

① http://www.newsgator.com

② http://www.downtheavenue.com

批评她的博客贴文。布罗姬告诉我们："关键在于我在贴文中毫不隐瞒他们是我的客户。"她鼓励其他企管顾问也这么做："像博客这么强大的工具，天生就符合公关顾问的需求，老实说，在我看来，它根本就是'不可或缺'的。"

唯博客马首是瞻

内维尔·霍布森 (Neville Hobson) 和谢尔·霍尔茨 (Shel Holtz) 是朋友，两人合作经营一个报道公关产业的语音博客，在此之前他们都已辛勤工作了 25 年以上，但这个博客却让两人一夜成名。

他们的共通点是从业以来大部分时间都受雇于大型组织，然后两人都开始自己创业，接着又投入博客。他们之间最大的差别是地理位置：霍布森是住在荷兰阿姆斯特丹的英国人，霍尔茨则是地道的加州人。他们两个人都认同博客是重要的演化工具，也都不赞成"每件事都改变了"的想法，这令我们想起与《大趋势》作者奈斯比特的一席对话。

后来某件事改变了，霍布森必须跟着调整自己的职业方向：一桩企业合并让他失了业，然而他一向相信科技是公关产业最伟大的推动力，于是从 2004 年开始每天主持博客。他告诉我们："我公开自己的思考，希望这样能促使我与拥有类似想法的人链接。我决心自行创业而不再找另一份传统的工作，在这个决策过程中，我的博客正在扮演有力的角色。"

霍尔茨最早是个记者，后来在公关公司和企业公关部门担任高管，有一天他向老板建言开设他所设计的公司内部网络，指出这个网络可以为客户省下可观支出。霍尔茨的老板反对，于是霍尔茨离开公司另起炉灶，于 1996 年创办了霍尔茨传播＋科技公司 (Holtz Communications + Technology)。他认为这是他的职业生涯中最重要的选择之一，他也主张公关的质量本身已提升，理由比博客现象更多。霍尔茨见到近来企业传播的内容少了一些错误，质量也得到了保证，他说如今大部分公司都对员工与其他受众传播真实的内容，企业的高级公关主管在组织里的地位也比以往都高：通常首席公关主管的位置相当于企业的执行官，也能出席资深主管会议。

霍尔茨警告我们别高估了博客，他认为博客只不过是网络传播持续发展过程中的一个里程碑，重要性也许和实时通讯的出现别无二致。尽管如此，他仍然和爱德曼一样，认同一场巨变正在进行的看法，他说："控制信息、瞄准特定受众、评估效果，全部都改变了。最令人震惊的是，绝大多数传播者却还浑然不知。"

霍布森比霍尔茨晚了 10 年才自行创业，他觉得博客十分有意思，当他推出个人博客"奈弗上线"(NevOn)①时，完全通过博客这个渠道发表信息，没有印发小册子或宣传单，甚至没有开设普通网站。他说："我的博客是我的替身，是我新事业关系的起点，通过它，别人在真正与我碰面以前就先认识我。博客创造了新的职业关系，这样的关系也带来了新的客户。"其实博客也改变了他的生活，譬如说他一边阅读网络新闻，一边寻找其他博客对某个话题的意见，他说："我加入其他博客的对话，或是在我自己的博客上撰写评论与意见，同时接纳别人的评论，通过这些方式与他人的意见链接，效果十分惊人，使我相信新的工作方式诞生了，它以博客为中心，而且依此建立信任的基础。"

霍尔茨的公关工作让他把博客带进企业，以往这些企业根本不知博客为何物。当我们访问他时，他正在协助一家不愿署名的全球电讯公司开发博客平台，以此作为内部营销传播与公关团队和该公司在欧洲雇用的外部公关之间的主要沟通渠道。

霍尔茨把自己的工作视为转变中的公关实务，他丰富的资历让他能够长时间观察这项实务多年来的改变。直到 10 年前，他的生活依然被印制公司简介时的编务、印务等杂事所充满，不过如今那些东西都已完全消失，他告诉我们："网络的改变令人震惊，多对多 (many-to-many)

---
① http://www.nevon.net

传播的出现剧烈改变了传播环境，从策略角度来看，网络传播已经颠覆了我们过去从上而下运作的所有模式和假设。"

现在，假如某位潜在顾客来咨询，霍尔茨仍然愿意提供传统的公关服务，不过他说："我鼓吹传统方式的劲儿远不如鼓吹以网络为主的服务。"霍尔茨认为博客愈来愈符合网络活动的发展，过去几年来，他发行了一份以订户为基础的新闻报纸，如今他把博客当做这份新闻报纸的延伸。

霍尔茨企图在博客领域一展雄才，他承认博客的确大幅改变了他的事业，使他再也不能走回头路，然而"改变的幅度谈不上惊天动地，并不像某些狂热的博客传播者拼命想说服我们向我们描绘的那幅远景一般。我就不相信公关曾经做到（控制信息）"。相反的，他认为天平的另一端出现了更明显的改变："受众增加了很多倍。博客影响组织传播的地方在于透明度、语气、渠道和影响力。公共关系的任何一环都将受到博客的影响。"

霍尔茨还告诉我们，当我们煞有介事地主张博客可能取代传统新闻媒体时，他忍不住发笑。他坚持新媒体不会扼杀旧媒体，他举的例子倒是很有说服力，譬如摇滚音乐并没有扼杀歌剧；电视也没有淘汰广播，但是广播确实必须调整经营方式以应对电视所带来的冲击。尽管如此，霍尔茨还是承认博客"毋庸置疑，能够转变现状"。传统新闻发布是组织发出的正式、权威、确实的纪录，而且应遵循证券法规的传播方式，他主张："传统新闻发布或许地位不高，但仍有存在的必要。"

他说的可能都对，但是传统新闻发布对获得媒体曝光的影响力的大小也许和"气象虫"的搞笑土拨鼠节的程度不相上下。我们再假想一下，如果通用汽车发现博客有助于公司改变外界对它的负面印象，它会怎样做？假设一个工程团队开始开设博客探讨他们正在设计的一辆新车（车子使用新的环保洁净燃油系统，而且能在6秒之内从静止加速到96公里），且没有泄露计算机所在的IP地址和专利机密，只是完全透明地讨论他们设计过程中的尝试与错误；他们描述失败的测试，以及接下来通过考验的测试，也不讳言开发过程中与营销、业务部门的冲突；假设这个博客已经经营两年，新车终于准备好正式上市了，此时传统公关人员着手策划"精彩"的新闻发布资料，里面充斥精彩照片和活泼文字，接下来迅速在《洛杉矶时报》上登广告。然而，当你阅读过博客，把内容拿来和媒体发布的数据作个比较，届时你会相信哪一个？是你过去两年来逐渐熟识的研发团队所写的博客，还是光鲜亮丽的媒体发布数据，抑或另一家公司的观点？

依我们个人的看法，这简直是个白痴问题。

倾听是对话的最好方式

孚思传播公司 (Voce Communications) 的数字推广 (Digital Advocacy，简称 DA) 部门便是以网络传播为主。部门主管麦纽尔 (Mike Manuel) 告诉我们，他的工作是协助企业倾听并了解别人的谈话内容，找到舆论形成的根源，并认准核心意见领袖是谁，并帮助客户（特别是雅虎）决定参与对话的最佳方式。

麦纽尔的建议是："闭嘴倾听。对公司而言，倾听很困难，具有讽刺意味的是，对负责沟通的公关人员而言也同样困难，尤其是对那些习惯以指挥控制风格……呃，发言的人，更是如此。花时间去判断博客圈究竟如何影响（或不影响）舆论和品牌印象，真的是符合我们专业利益和客户利益的做法，而你需要做的只是倾听。"

身为数字推广部门的领导人，麦纽尔与雅虎搜索部门一起合作，设法了解网络上的讨论如何影响人们对雅虎的观感，从而研究出一套策略，让这个部门能在喧嚣的市场上脱颖而出。他们的努力结果之一就是成立雅虎搜索小组博客①，这个博客可以让访客认识产品小组成员，也能够

①http://www.ysearchblog.com

和他们对谈，这种方式具有明显的人性化优点，和我们先前讨论过的微软博客如出一辙。麦纽尔身居幕后策划并开发这个博客，他显然对成果十分骄傲，鼓吹其他企业博客也参考雅虎搜索博客的模式。

雅虎搜索的内部也运用博客和维基来分享员工的看法和信息，促成网络上的讨论，麦纽尔解释："我们利用像博客和维基之类的工具，协助客户以有意义的方式将所有数据建构起来，如此一来，这些信息就经过了消化、可以据此采取行动，供内部组织链上许多不同据点使用。这一切都是我们所谓聆听引擎 (listening engine) 的一部分。"麦纽尔也参与规划"雅虎360"，这是一种博客工具的服务，现在已经推出试用版，但是他不愿多谈客户尚未发表的产品，这一点我们并不意外。

总体看来，麦纽尔指出博客正在促成 3 项主要趋势：

1. **博客推动媒体民主化。**不论是前参议院多数党领袖罗特的丑闻，还是新闻主播拉瑟的欲盖弥彰，博客圈都积极监督主流媒体对这些事件的报道。以往受众无法主动参与新闻，因为他们不容易让别人听见这些发自民间的声音，如今他们可以通过博客几乎分秒不差地让全世界接收到他们的信息。麦纽尔觉得这一点直接冲击到新闻记者和传播者。

2. **博客提升了公司透明度。**麦纽尔说他正目睹人们对主流媒体和公司品牌的信任感逐渐流失，他说："在博客圈内，信任是你唯一的资产，公司为了建立信任度，必须在实际做法上变得透明。"这一趋势给了受众"高声抗议的力量"。

3. **博客挑战传统公关实务。**博客圈的经营规则和传统公关手法不一样，然而有些基本原则却是一致的，麦纽尔举例说："把同样的产品上市声明拿来轰炸博客和新闻记者，结果必然是一场灾难。"

当我们在博客上发表这一章的初稿时，两方阵营不约而同地发出反馈的声浪，其中一方阵营认为我们在这些案例中对公关人员太客气了，另一方却指责我们的批评过于严苛。

认为我们过于严苛的读者之一是澳洲悉尼的杰威莫公关公司 (Jackson Wells Morris) 的董事特雷弗·库克 (Trevor Cook)，我们请求他提供一些论述让我们纳入本书，尽管已经预料到他会把我们骂得体无完肤，但我们还是准备一字不漏地刊登他的评论。不过后来我们反而赞同他的中心假设："博客和语音博客会提供刺激的传播机会，然而它们不会完全取代现有的媒体，也不会改变公关人员的传统角色。从公关的立场来看，博客和语音博客之所以重要，是因为它们容许公关人员直接与受众沟通，对传统媒介有所改进。"

尽管如此，如果库克对"公关的传统角色"的定义和我们的定义（也就是被目标群众所讨厌甚至痛恨的指挥控制系统）相同，那么他就大错特错了。我们进一步探讨库克的下一个论点："人们不喜欢公关的许多层面，像是刻意扭曲、乏味的信息和公司用语等等，这纯粹是为了与媒体特权守门人较劲，同时不被'新闻巨象'踩扁所作的努力。给媒体带来利润的受众需要的东西才是驱策媒体的力量，但是令人遗憾的是，满足这些需求的最佳方式是提供强调冲突、丑闻、惊吓和其他许多负面内容的新闻，广大受众的欲望也导致媒体报道缺乏深度或一成不变。"简单地说，库克的论点是因为新闻界坏，公关人员才会跟着使坏，这样才能服务新闻界。我们的看法则是，如果新闻界这么蹩脚，库克的客户应该开设博客，借以回避真相的破坏者，也就是库克所认为的居间碍事的媒体。

现在还不算太迟

当我们审视公关行业目前的地位时，不禁想到自己十分喜爱的一个寓言，这是作家史蒂芬·柯维 (Steven Covey) 在《高效能人士的七个习惯》(*The Seven Habits of Highly Effective People*) 里所写的：一支管理团队正在披荆斩棘，想要穿越枝叶浓密、视野迷茫的丛林。这时来了一个

高层经理人，他仔细看了看团队，然后爬上一棵树，以获取更宽广的视野，接着他的警告声从上面传了下来："走错了！"一位资深主管抬头瞪着他说："别管我们，我们已经有进展了。"

这个故事告诉我们，一般人不喜欢改变，会认为既有制度到目前为止都运作良好，没有理由更改现状。

指挥控制传播学派过去五十几年来一直春风得意，公关人员总是能获得新闻界的采访报道，他们在自己的丛林里快乐地披荆斩棘，对顾客根本不相信他们讲的话这一点视而不见，而如今编辑也不愿再采用他们的新闻发布稿，公司发言人的尊严跌入谷底。

博客确实只是一个工具，正如霍尔茨所形容，只是漫长路程中的小小句点，然而它绝对称得上一个革命性的工具。那些停留在丛林挥斧开路的人若不觉醒，就永远看不见更远大的前景了。

第 **8** 章

是文化现象还是科技流行

我们全都不一样。

————艾尔弗雷德·金西博士 (Dr. Alfred Kinsey)

当我们开始搜索全球的非英语博客时，不禁对眼前的事实大感迷惑。本来以为德文应该很热门（毕竟德国是欧洲人口最多的国家，而且又在工程和信息领域位居领导地位），没想到德文博客远少于它的邻国法国；亚洲的情况也一样，我们发现企业博客在日本远比在中国盛行，这又令我们感到诧异。

我们找到了一个理由来解释这种情况，这个理由就是文化。协助我们研究本章的 Six Apart 公司高管勒穆尔一针见血地告诉我们："有些国家的人有成功博客所需的开放胸襟，有些国家的人则比较欠缺。法国人习惯公开表达个人的思想，美国人也一样，而德国人就比较保守。"勒穆尔负责 Six Apart 公司的欧洲、非洲和中东业务，他堪称欧洲最知名的博客写手，同时撰写法文[①]和英文[②]博客，经常和各种不同企业高管

---

① http://www.loiclemeur.com

② http://www.loicLeMeur.com/english

讨论博客的事。

文化话题是我们研究博客时所遭遇的许多惊诧之一，直到有机会和勒穆尔谈话，我们才开始了解文化正深深地影响博客的发展。

宁主博客，无意选总统

与勒穆尔在虚拟的网络里游览欧洲企业博客圈时，我们发现最有趣的博客同时存在于规模很大和很小的公司里，这一点和英语语系国家雷同。在大企业中，米歇尔·莱克雷可 (Michel-Edouard Leclerc，法国最有名也最受欢迎的企业领袖之一) 的博客非常引人注目。

莱克雷可是"莱克雷可中央经销商联合会"(Association des Centres Distributeurs E. Leclerc) 主席。这个合作社组织有 600 个小型和大型零售商成员，绝大多数都在法国境内。莱克雷可联合会的策略是以大量采购做筹码与供货商进行强硬的谈判，从而让消费者享受低廉的价格。这个联合会是莱克雷可的父亲于 1949 年创办的，当时他的父亲在布列塔尼 (Brittany) 开了一间小零售店，后来开始组织全法志同道合的零售商成立了一个联合会。联合会对会员的营运订立规范，包括自愿限制涨价在内，这些举措获得零售商的支持，甚至顾客也极为拥戴他。联合会会员们从事的行业五花八门，包括食品市场、餐馆、加油站、药店、旅行社、珠宝店、服装店、洗衣店、玩具店、修鞋店等，联合会也带头主张实行对消费者有利的法律改革。在这些会员商店购物的法国公民当中，很少有人没听说过莱克雷可的赫赫名声。上届法国总统大选时，传闻他将成为候选人的消息甚嚣尘上，害他不得不上电视宣布自己无意竞选总统。

硅谷"软件技术投资顾问"公司 (SoftTech Venture Consulting) 的创办人科拉维耶 (Jeff Clavier) 是法国公民，也是博客[①]写手。他指出："大量采购这个概念不是让莱克雷可变成超级亿万富翁的理由，就像联合会

① http://blog.softtechve.com

的许多竞争对手一样，它是让人们以最低价格买到最好的产品。"出身大城市、受过一流教育的莱克雷可有效发动消费者权利运动，扮演了好几项消费法案的推动者。莱克雷可毕业于梭尔邦大学 (Sorbonne，即巴黎大学文理学院)，拥有经济学学位。从他的博客①来看，他的兴趣显然是全球性的社会话题，你在上面见不到他直接鼓吹自己的联合会。事实上，这个博客和联合会是分开运作的。他利用博客表达自己想法以及对各种话题的观点，他关心的话题包括政治，法国、欧洲和全球经济，残障人士的权利，协助东南亚海啸受害者 (莱克雷可的组织为此捐献超过 200 万欧元) 等。此外，他也关心法国人质、法国红酒生产过剩以及意大利不切实际的经济政策等。

莱克雷可于 2005 年初开始主持博客，当时法国博客圈立刻冲出来批评他，其中包括勒穆尔，勒穆尔以公开信的形式贴了一篇长文给莱克雷可，提出了具有建设性的批评意见："莱克雷可先生，我不认识你，请别误会我是冲着你个人而来，不过我写的是真实博客会呈现给你的东西，而不是你一手编织然后称之为博客的网站。"接下来他一一数落莱克雷可的博客网页，包括缺少 RSS 文件和静态链接网址 (Permalink) 链接能力，并且为他公开上了一堂基础博客学课程。勒穆尔回忆说："当时我希望有人读了我的博客以后能和莱克雷可联络。"不过他并不抱任何希望。

两天之后，勒穆尔正在巴黎开车，他的手机突然响起，他回想当时的情况："我听到，嘿，路克 (勒穆尔的名字)，这里是 M.E. 莱克雷可的办公室，你何时有空见见他?"原来这就是传播学者马歇尔·迈克尔鲁汉 (Marshall McLuhan) 所描述的那种关键时刻：有人在硅谷的科拉维耶读到好友勒穆尔的贴文，就把文章拿给他的妻子看 (他的妻子曾经为莱克雷可工作了 8 年)，于是她将文章转寄给前任雇主，顺便附上勒穆尔的电话号码。莱克雷可读了这篇贴文，交代助理打电话给勒穆尔，让

---

① http://www.michel-edouard-Leclerc.com/blog/m.e.l

意外接到电话的勒穆尔差点把车子开出路边。勒穆尔在严厉批判对法国的影响力可谓数一数二的名人之后，竟然发现自己在 48 个小时之内就端坐在对方的总裁办公室里。

莱克雷可单刀直入："好吧，请你解释博客和网站之间究竟有什么了不起的差别。"勒穆尔闻言打开 Google，输入莱克雷可的名字，搜索结果率先列出了勒穆尔最近批评莱克雷可的贴文，莱克雷可一脸茫然地盯着 Google 画面，下巴微微下垂："你怎么办到的？你搜索的是我的名字，结果你的名字排序却比我的靠前？"勒穆尔说，因为他并未拥有真正的博客，没有得到 Google 的优先认证，不过，假如他把已经开始开设的网站转变成真正的博客，那他的名字就会排在我的前面。

大开眼界的莱克雷可把这番话听进去了，现在他让访客在他的博客自由贴文，发表完全没有经过过滤的观点。勒穆尔说："莱克雷可真令我刮目相看。他拿出一本日记给我看，说 20 年来他从未间断写日记，依此看他早就是博客了，只不过他自己并不知道，当时也没有合适的工具罢了。莱克雷可说他一直想更亲近受众，他的博客似乎是完成这项心愿的完美工具。"如今莱克雷可的博客已经建制所有功能，他自己也每天坚持上网贴文，在 Google 上累积了可观的实力，博客圈也对他的真实作风颇有好评，现在再次搜索 Google，勒穆尔的排名已经往后掉很多了。

科拉维耶说道："尽管莱克雷可已经是法国名气最大的企业高管之一，但他仍然保持亲和力和真实本色，正因为如此，他迅速掌握博客这玩意儿也就并不令人惊讶了，他的博客是可以容纳大量真实对话的平台之一。"

我们采访莱克雷可本人时，也见到他的日记，并领略了他的亲和力。他告诉我们，至今他仍随身携带日记本，博客只是这本日记的延伸。

莱克雷可说："我决定创立个人网站，比我年轻又比较懂网络的同事说服了我，如果要更有互动性、更能与时事接轨，就需要选择博客。"他说成立这个博客有两个宗旨，第一个是私人层次，博客可以让他建构一个点子空间,帮助他理清思绪;第二个是专业层次,博客提供有效机制,让他能够和那些对他的组织有兴趣的人进行沟通。

莱克雷可是个大忙人,几乎永远都在开会,否则就是在旅途当中。他说:"对我的组织和我看待公司、经济、社会关系的方式,一直不断有人提出置疑。博客正是回答这些常见问题的地方,任何想知道答案的人都能够上我的博客去读个仔细。"

根据主持博客的经验,莱克雷可告诉我们:"主持博客需要站在别人的角度思考,当你对别人的评语、建议、批评保持开放态度时,就能获得对方的接纳。你需要充分准备才能修正、评论一个论点,或是重新建构一个观点。当你领导一个大公司时,这会给你带来意想不到的效果。我的博客坦然接受公开辩论,由我自己决定是否要尽量做到可靠、一致,还有我在博客的言论不违反公司的实际运作。"

莱克雷可说他刚开始主持博客时,觉得好像在玩智力游戏,可是游戏结束时,一股责任感油然而生,他说:"所有这些评论最终组成一种社会认同,随着受众数量的直线上升,你变得有些上瘾,这让你感到很满足,但也让你背负责任。如果不谨慎,博客不仅会成为影响工具(虽然这也很好),也可能变成操纵工具。我个人觉得这是因为我的知名度高,所以外界要求我发表贴文时更要有责任,当然这并不妨碍文章的幽默感和辩论本质。"

虽然莱克雷可发现读者写给他的评论质量高低不一,但他告诉我们:"这些评语迫使我改进自己的论点,而且正好测试我即将在会议中正式提出的论点。举例来说,我很想替某个环保产品(像是有机产品和遵守公平贸易的产品)争取降低增值税(欧盟增值税),我认为这样做能够扩大他们的销售量,间接打击那些污染环境的产品。如果读者证明我这个主意几乎不可能实施,那么我就修改立场。"还有一次,莱克雷可利用博客抨击一位法国国会议员,因为对方提案禁止商家使用无法生物分解的塑料袋替顾客装商品,莱克雷可主张使用可以循环使用的袋子才是

比较务实的选择。上面这两个例子都在他的博客里掀起正反双方的辩论大战，后来那位受到抨击的国会议员修改了他的提案，莱克雷可告诉我们："这表明博客也能影响有权有势的人。"

他还说自己不想成为"博客的奴隶"，每天早上他阅读博客上的所有评论，然后每天留出半个小时的时间写稿贴文。莱克雷可外出访问时讨厌带着电脑，他情愿在飞机或火车上在日记本上撰写博客的文章，之后再以老式录音机口述文章内容，再请他的秘书转换成文字张贴到博客上。当然，如果是周末他会自己把文章输入电脑，不过他说："我比较喜欢专心构思文章内容，而不是坐在屏幕前和其他网络用户一块上网。"

尽管莱克雷可的博客一开始时是个人的实验，然而他经营的联合会也跟着在两方面感受到了博客所带来的变化：首先是在公共领域方面，莱克雷可告诉我们，联合会目前正在测试"我们的朋友勒穆尔"所鼓励的方法，期望能改善与顾客的互动，他预料结果会证明博客远比民意调查更能帮助企业了解顾客想要什么。博客圈经常口口声声谈论公司经营透明化，但是莱克雷可却第一个观察到，通过在博客上发表评论，顾客的透明度也远超民意调查结果。

其次是在组织内部方面，联合会现在使用博客来决定每一件商品的最佳营销方式。举个例子，联合会的杂货商成员在博客上讨论如何摆放销售水果蔬菜，借此增进顾客和杂货店的对话。

我们问莱克雷可对欧洲企业博客的看法，他形容目前这些企业博客正处于"狂热"的起步阶段，读者的评语可能相当尖酸刻薄。

"许多博客像雨后春笋一样冒出来，不过这番景象已经开始自我节制，这也许是出于某种市场管制的作用。有些年轻人在博客上聊天、交换点子、分享音乐、创造更紧密的社群链接（例如体育话题）。许多公司也在推动博客。除了公司博客或与节庆相关的博客之外，许多公司经理人、动漫专家、艺术家也开始开设个人博客。主持博客可以让人拥有更人性化的沟通。"

在我们研究莱克雷可的个案期间，法国民意调查再度显示，如果他选择出马竞选法国总统，将是最被看好的候选人。我们暗想自己访问的对象说不定就是下一届国家元首，所以忍不住在访问中插入一个非关博客的问题，莱克雷可的回答如下：

"我喜欢公开辩论，我对政治问题很热衷，此外，我还管理一个涵盖8 000家产业供货商、30家银行和所有行政工作的网络。我的集团分散在欧洲好几个国家，我采购的产品来自全世界各个角落。由于得到这些链接、我们的网络和高管的帮助，我才能获得若干社会观察心得。我想使公开辩论的内容更丰富，我认为政治专业知识不应该只局限在政治人物身上，我选择表达我的思想，这正是我的同胞在民意调查中支持我的原因。他们喜欢尽心尽力为社会付出的人，他们的掌声是某种鼓励，我感到极为光荣。"

不过他宁愿主持博客，也不愿当总统。

"20年来，（我的集团）取得了骄人的成绩：我们赢得法庭的判决，打破了石油垄断；由于我们的行动，化妆品业、制药业、品牌纺织业才得以自由竞争；我们为欧元的实质转换和（降低）商品售价也贡献颇多；我们还努力推动自由贸易、能源保护、减少或鼓励重复使用包装材料。假如我是国会议员，也许别人会稍微注意我说的话，可是身为公司经理人，当我倾商业网络之全力去表达自己观点时，可以把我的观点变得更让人信赖。在我的博客上，我感觉自己能发挥最大的效用，我甚至比市长或代表某选区的议员更能传递积极的信息。"

对我们而言，访谈莱克雷可的经验很精彩，我们希望自己的国家或其他地方有更多像他一样有远见、博爱仁慈的人。

我的文化衫我来设计

据勒穆尔的估计，至 2005 年 6 月，法国至少有 1 万个企业博客，不论是大型或小型的企业组织，都正在加速接纳博客。有一个小企业的故事深受我们喜爱，这家公司如果不是开设博客的话，可能根本就不会存在，事实上，该公司的博客正是其事业的核心。

"草莓"博客 (La Fraise)① 是帕特里克·卡萨德 (Patrice Cassard) 一手创建的，他是一位自学成才的网络游戏和社群开发师，住在法国中部的里昂市 (Lyon)。卡萨德对中国人称做文化衫的 T 恤很着迷，他绝大多数时间上身都只穿一件 T 恤。对他来说，T 恤是"表达自我的绝佳方式，不只是设计的人，连穿的人都能借以表现自我。T 恤可以让你传达一则信息，也能够让你鹤立鸡群"。不过他指出，零售店里陈列销售的 T 恤都是工厂批量生产的、千篇一律的棉衫，根本谈不上自由表达或热情的表征。

卡萨德相信自己能做得更好，但不确定该怎么做，于是他决定在网络上开设自己的 T 恤店，同时推出个人博客。他坦承自己最初经营博客的原因是为了减缓全心投入创业时所承受的寂寞，任何人只要对他的 T 恤稍感兴趣，他都愿意倾心和对方分享经验。卡萨德很快就发现，感兴趣的人非常多，而且彼此都十分乐意分享他们对 T 恤的热情。读者开始把他们的设计传送给卡萨德，其他人则开始投票选出那些一旦投产他们就愿意掏钱购买的设计。

如果某项设计获得足够多的票数，卡萨德便回馈设计人 300 欧元，然后动手生产，他几乎都能在收到订单的当天就完成 T 恤的制作并投递给客户。除了货运和信用卡交易之外，这个博客囊括了卡萨德 T 恤事业的每一个层面，因此效率超高，而顾客所花的钱也少于直接向实体店购买时的花费。他的博客不久便聚集了比大多数 T 恤店多得多的顾

---

① http://www.lafraise.com

客。在这个博客上平均每 1 则贴文都有 30 则回应的评论，最近他有一篇文章甚至引来 345 则评语。至 2005 年 5 月，卡萨德平均每月销售量在 1 500 ～ 1 800 件之间，利润大约是 3.6 万欧元，而且每个月都在增长。

勒穆尔向欧洲大公司作简报时，经常会用"草莓"博客作为例证，他说："这些大企业往往会讥笑说，'我们是跨国企业，你竟然拿这个卖 T 恤的家伙来举例？'我的回答是，'不是，等等，在你把我赶出会议室之前，我们的 T 恤家伙已经想出如何把顾客放在中心位置的方法了。顾客提出的有关产品设计的点子比他还多，他靠着仔细倾听顾客的建议而获得了不小的收益，他的过人之处是由顾客来决定他该制造什么、销售什么。试想这套策略能为你带来什么？'"

有时候这些公司听完勒穆尔的话，还是会把他赶出会议室，不过愈来愈多的公司竖起耳朵想多听一点儿。对那些愿意倾听的公司，他的建议是：如果一个博客拥有足够多的热情，他的博客就足以成为网络上关于那个话题的焦点。企业虽然了解 Google 的重要性，却仍不清楚如何运用博客之力。假如公司不自己动手把这一点搞清楚，别人就会捷足先登。这正说明了卡顿的"特利欧人"博客（参阅第 5 章）的影响，为何远远超过特利欧公司自己的网站和营销数据，如今该公司再也无法把影响力从卡顿手中夺走了。

文化因素影响德国博客发展

德国人口高达 8 000 万，比法国多了 1/3，然而截至 2005 年 6 月，法国的博客人数超过 350 万，但据勒穆尔估计，德国博客人数只有 20 万左右，而且其中的企业博客不到 100 人，而大多数企业博客的身份都是企管顾问。

值得注意的一位企业博客是马塞尔·赖卡特 (Marcel Reichart)，他

是欧洲规模最大的媒体集团之一休伯特·布尔达 (Hubert Burda)[1]的营销与传播执行董事。此外，在美国拥有 T 手机 (T-Mobile) 公司的德国电信 (Deutsche Telecom) 也成立了一个博客[2]，目的是服务德国的 T-Online 客户。不过他们的贴文零零星星，也不准读者留评语，看起来像个静态网站而不像博客。电子商务公司"鱼市场"(The Fish Market)[3]开设的博客很迷人，读者点击率也很高。这个博客若是在美国，可能不会这么受欢迎，因为它的商业性很强，但在德国却似乎颇为成功。知名的德国食品公司芙洛丝塔 (Frosta)[4]也经营了一个博客。

德国的全球软件巨擘 SAP 宣称拥有德国最大的企业博客，经营目标是扩增 SAP 的全球用户社群，我们无法确定它的规模究竟有多大，因为这个博客隐藏在防火墙之后。不过有好几位 SAP 的高管都上线贴过文，只不过频率很低罢了，其中一位是该公司董事谢·艾格西 (Shai Agassi)[5]。根据他对勒穆尔的说法，SAP 确实鼓励公司员工经营博客，他建议员工："如果你主持博客，就应凭借你的专业知识聚集一个相关的社群。"

我们对于宝马汽车不愿讨论其博客计划感到失望。这家公司的顾客有很多热情无比的自愿参与的传道家，我们认为它是推动博客的理想公司，而且，我们访谈过的宝马车主几乎都强烈建议我们买一辆宝马，我们也觉得该公司应该能从现有顾客身上了解如何改善产品。如果连通用汽车这类公司都能借博客之力而面目一新，我们认为博客必会给宝马带来令人震惊的收益。

一件具有讽刺意味的事情是，网络拍卖公司 eBay 在德国极为成功，不论交易规模和成长率都十分可观，这充分证明德国人其实是信任网络技术的。也许这个国家目前还走在博客的慢车道上，不过一旦他们用力

① http://marcellomedia.blog.com/mrb

② http://www.community.t-online.de/c/34/68/72/3468720.html

③ http://www.fishmarket.de

④ http://www.blog-frosta.de

⑤ http://www.sap.com/community/pub/private/mendocino/blogs.epx

踩油门踏板，就能够体会在高速公路上疾驰的快感，届时德国恐怕会急速掀起一股博客热潮。

博客为什么在法国能迅速发展，在德国却远远落后呢？勒穆尔指出，法国人就像美国人一样，比较愿意表达自己的情绪和愿望，而德国商人则显得谨慎小心，不愿公开内心的想法。德国作家兼自由撰稿记者约亨·魏格纳 (Jochen Wegner)[1]曾在欧洲最大的博客会议 Les Blogs 上发言表示，文化因素是德国博客发展迟缓的原因，他说："要德国人彼此分享见解，谈论他们的想法是很不自然的事情。"

西班牙语系博客正在成形

如果再比较西班牙语系国家，德国在博客圈的进展可以算是有爆炸性的了。西班牙语是西方世界第二大语言，可是根据"博客普查"(Blog Census) 组织统计的结果，欧洲大约只有 5 万个西班牙语博客存在，这个数字可能比北美洲西岸的西班牙语博客还少。

据阿根廷籍的博客传播师兼社群打造顾问马里亚诺·阿玛蒂诺 (Mariano Amartino) 的说法："讲西班牙语的公司不做博客。"他估计全世界大概只有 10 家西班牙语系的公司经营博客：墨西哥、哥斯达黎加、乌拉圭各有一家，西班牙和阿根廷各有两家，而阿玛蒂诺可能就通过他的顾问事业包办其中 20%的博客开设工作。我们怀疑他忘了算上自己的博客了[2]，这可能是个人经营西班牙语企业博客当中名气最响亮的。当我们在本书的博客里贴出这一章的初稿时，好几个读者立即贴上了评语，认为我们的估计一定比实际数字低太多了，可是不管我们怎么努力，就是无法找到更多西班牙语的企业博客。

阿玛蒂诺帮助阿根廷的《号兵报》(Clarín，世界上发行量最大的西

---

[1] http://selbr.de

[2] http://www.uberbin.net

班牙语报纸）创建了两个博客。2003 年他协助创建了 Clarin.com① 博客网站，这可能是全球第一个由媒体经营的博客。在阿玛蒂诺介入期间，这个网站每天涌入 1.8 万个访客，每星期留下 3 500 多则评论。我们于 2005 年浏览这个网站时，发现部分读者评论已被删除，改用"引用栏"（Trackbacks），这在其他地区也很普遍。当我们撰写本书时，阿玛蒂诺正在协助《号兵报》开设另外一个新博客，他说这个博客"纳入由真正博客撰写博客的价值"。2005 年 7 月，这个名为"号兵报网络博客"（Clarin Weblogs）② 悄悄推出，每天访客人数大约有 5 000 人。新博客的主要特色是只报道博客圈议题，阿玛蒂诺表示，《号兵报》日后可以在正在成形的西班牙语系博客社群里获得极高的知名度，鉴于未来博客的突飞猛进将无可避免，现在做好准备，届时一定可以搭上顺风车。

阿玛蒂诺认为目前有两个导致西班牙语系国家迟迟未能接纳博客的障碍：一、小型企业所赚的利润通常很微薄，又误以为采用与网络相关的东西成本都很高；二、大公司仍然不了解博客的强大利益，继续把它们贬称为不相关的青少年网络日志。尽管如此，阿玛蒂诺毫不气馁，因为博客在软件开发工程师社群中日渐活跃，他相信不久之后传统公司必会迎头赶上。

中国博客缓步前行

中国工商业欣欣向荣，网络人口也急速增加，根据《波士顿环球报》（Boston Globe）科技记者希亚瓦萨·布雷（Hiawatha Bray）的估计，目前中国 13 亿人口中已有 9 200 万人使用网络。不过，2003 年政府虽然为市场经济进一步开放带来新希望，然而在对促进大众利用网络增进沟通这个方面贡献甚微。

---

① http://weblogs.clarin.com
② http://weblogs.clarin.com/weblogs

譬如"博客前锋"社群博客站 (Blog Herald)[1]就报告说，2005 年 7 月"中国博客"公司 (Blog China)[2]宣称自己拥有 200 万个博客，这家公司计划 2005 年底在美国纳斯达克 (NASDAQ) 挂牌上市，届时博客人数可达到 1 000 万人。这些数字我们无从求证，不过比较了解内情的人却相当存疑。CES 实验室 (CES Labs) 电子学习部门主要研究人员兼"CN博客"(CNBlog.org)[3]创办人毛向辉 (Isaac Mao) 提供的数据就小得多。他的博客每星期都在监测博客的现况，发现截至 2005 年底，中国的博客人数只有 123 万，每周至少贴文一次的则有 76 万人。毛向辉认为计算活跃博客时，贴文频率十分重要。这项数据远低于其他消息来源的估计，可是我们凭直觉认为它可靠得多。

毛向辉告诉我们："中国的博客圈里一般都是个人居多，我没见到太多中国企业像微软或升阳计算机一样支持员工从事博客。不过有趣的是，有些企业利用博客来建立顾客关系，有的小企业也试图利用博客来营销产品与服务。"举例来说，"桃之妖"博客 (Tao Yao)[4]就专门在网络上销售手工珠宝，交易活动直接链接到雅虎中国拍卖网。(雅虎、Google、微软和众多西方网络公司都同意遵守中国日趋严格的网络检查规范。)毛向辉指出，博客让中国的小型企业更容易接触到目标顾客，他预期博客在这个领域将持续成长。

我们问他，企业迟迟不接纳博客的原因是不是政府不鼓励？他说："尽管政府不直接干涉企业经营博客，但是企业都知道，如果政府想要关闭或检查某些博客，不但做得到，也一定会这么做，这一来博客的发展就很容易受到影响。"毛向辉自己就有亲身经验，2005 年的愚人节，他在博客上张贴一则笑话，说他被流放到西伯利亚去了，结果这则贴文被神秘地删除了，也许这篇文章被流放到北极荒地冰冻起来了。可见相

[1] http://www.blogherald.com
[2] http://blogchina.com
[3] http://www.isaacmao.com
[4] http://taoyao.blogbus.com

关监测部门对博客的贴文还是持相当谨慎的态度。

日本博客蓬勃发展

相对于中国，日本不论个人博客或企业博客都正以惊人速度快速发展，尤其女性博客的"开博"速度更是迅猛。依据"印象集团"(Impress Group) 每年调查日本网络趋势[1]的结果，截至 2004 年年底，日本有 3 200 万人拥有宽带网络，每 10 个日本人中有 7 人听说过博客。而在 2003 年，每 10 人中只有 4 人听过博客。"印象集团"发现，30 岁以下的日本女性当中，有 25% 积极参与博客圈。

为了进一步了解日本博客圈何以能比法国以东的任何国家发展迅猛，我们请教了勒穆尔的 Six Apart 日本分公司同僚关信浩 (Nob Seki)。我们感到很惊讶，日本的工商界以彬彬有礼和正经保守的深色西装著称，而人们怎么会在博客圈这么活跃？关信浩指出，我们对日本文化只是一知半解，虽然日本公司依然维持层级分明的组织结构，但是"工作和居家完全是两回事。我们在家里是很不讲究的，但是进入办公室就不同了"。事实上，证据显示日本大公司经过 10 年经济萧条之后，组织结构正逐渐松散，通过关信浩的说明，我们了解到极富传奇色彩的日本礼仪并不见得总是一成不变。

我们还得知，绝大多数日本企业博客都采用非正式语气，与访客对谈的风格通常是轻松随意的。日本人习惯在正式与非正式风格之间来回转换，关信浩告诉我们："如果你以公司董事长的身份发言，别人会期待你的言行极为正式，不过业务人员对顾客和潜在买主的说话方式，则仿佛把对方视为最亲密的友人。"许多日本博客都是以业务导向，程度远超法语或英语博客圈所能接受的尺度，而它们的非正式风格也没让任何国人感到意外。

---

[1] http://www.impressholdings.com/release/2005/025

日产汽车的博客[①]恰好可以援引说明，这是一个为该公司新款城市房车"骐达"(Tiida，或称颐达)所专门开设的博客，促销产品的意图十分露骨。尽管该博客以业务导向的语调并不让人感到意外，但它却有令人诧异并引起媒体注意的地方：一开始骐达的产品经理就跳出来宣示，我是日产汽车的山本……关信浩告诉我们，这是很罕见的作风，因为这类主管通常不会站在个人立场向公众自我介绍。山本的每一则贴文都专门介绍这款新车的优势特征，而且使读者产生购车的欲望。这辆低成本轿车果真十分受欢迎，而且博客也很成功，我们听说日方正考虑把这款车卖到海外。

2004 年以前，日本企业里尚未有人经营博客，一个也没有，关信浩回忆 2003 年 Six Apart 在日本创立分公司时，"人们觉得我们疯了，那时根本没有博客的市场，大家也不看好这个市场"。没想到之后博客开始迅速发展。起先是网络开发工程师买下博客工具，将可以用来创造真正博客的部分分离出来，再把剩下的部分用来打造静态网站，这样做的成本远远低于传统的网站技术。

接下来，电子商务从业者，如东京的洛伊网络古董店 (Lloyd's Antique Online Shop)[②]发现，博客为他们提高了 Google 的搜索排名地位，进而刺激业绩增长了 3 倍。洛伊随之调整既有的网络产品，每一次贴文都附上一张待售产品的照片以及叙述其风格的文字。洛伊古董店还允许访客通过引用栏留下评语，使得电子商务网站在技术上成为博客。

当这一切陆续进展时，大企业开始凝神观察，并开始在工作小组层级采用内部博客以取代企业内部网络软件，借此粗浅尝试一下博客圈。到了 2004 年中，超大规模营销者 (如宝洁等) 都不约而同将传统广告和营销活动延伸到博客网点，并通过博客赤裸裸地向日本家庭主妇推销洗洁剂。宝洁的博客要求家庭主妇分享她们的洗衣经验，这一招当然也

---

① http://blog.nissan.co.jp/TIIDA

② http://www.businessblog.jp/000178.html

是该公司推出新洗洁剂品牌的营销策略之一，结果大获成功。

大型网络书店 BK1(地位如同日本的亚马逊书店) 于 2004 年 7 月开博①，他们选挑出一些员工在博客上发表关于书籍的贴文，访客只要用鼠标轻点博客的购物车功能就能买书。这个博客上线 3 个月之后，参观人数增加了一两成，书籍销售业绩也增加了 5% ~10% (同一时期，畅销书新版《哈利·波特》刚好在日本上市，这个数据已经调整过，去除了该书的影响效果)。设计 BK1 网站的河野毅至 (Takeshi Kouno) 告诉我们，这个博客产生了深远的公关影响力，因为 BK1 是日本第一家采用博客的书店，而外界对博客的关注也引来新的顾客。不过真正的支持力量还是来自贴文的书店员工，他们以第一人称为新书撰写私人书评，与其他竞争的网络书商相比，这一点极为特别。因为竞争者只提供静态网站的数据库搜索，顾客只能找找书名作者。事实上，关于如何利用博客吸引顾客，BK1 已经是公认的权威，日本媒体还前来访问公司公关团队，要他们谈谈如何运用博客做生意。

全世界中小企业财富博客赚钱之道

我们很想好好说说一个小单位的故事，那是横滨的一伸牙科。为了在小区内促销，这家诊所开设了"牙医博客"②，里面张贴面带笑容、表情友善、身穿白袍的工作人员的照片，博客的访客可以阅读常见问答集和病患的案例。替我们翻译这个博客内容的 Six Apart 全球策略与分析主管金杰·塔利 (Ginger Tulley) 表示，这家诊所告诉 Six Apart，博客是"合理的投资"，一点也不错，在不到一年的时间里，诊所业绩暴增八成。我们认为这个博客的风格在日本文化中比较容易被接受，要是在法国或美国恐怕就难以成功了。尽管如此，它仍能彰显博客为世界各地

---

① http://blog.bk1.co.jp

② http://www.haisha.biz/index.html

小型企业所提供的商机非常庞大，虽然开设网站对本地洗衣店也许没啥用处，但"牙医博客"的成功却有指标意义，未来一定有很多本地水电工、糕点师傅、寿司店店长经营博客，而每一个这样的博客都将展现幕后商人与工匠的权威和心血。

网络供货商 Nifty (Nifty Corp，富士集团的子公司，nifty 原意为灵巧机敏) 于 2003 年创办了日本第一个企业博客，目的是吸引消费者。其实 Nifty 公司走这一步很自然，因为它先前就经营数个电子公布栏 (bulletin boards)，其中包括日本最知名也最受争议的"第二频道"，该项服务容许匿名者留下未经过滤的评论，偶尔会出现令人震惊的结果。关信浩告诉我们："人们可能写出任何东西来，结果变得很糟糕。"之前曾经发生过一桩悲惨案例，那是一个青少年匿名在第二频道上宣布自己将要自杀，第二天他说到做到，真的自尽了。在日本，电子公布栏至今仍然十分流行，题材往往与社会底层的黑暗面有关，而采用匿名留言的方式也影响到日本企业博客，企业界非常希望避免发生这类不愉快的事情。

当 Nifty 公司推出博客服务时，它关闭了读者评论的功能，要求访客通过可以追踪的引用栏继续对话。这项实验成功了，利用引用栏留言远比读者评论的文字来得有礼貌，而且通过邀请消费者加入对谈，推动了消费者博客的发展。在日本很难找到采用评论功能的博客，至于世界其他地方，关闭评论功能的做法仍然很具争议，因为这么做阻止了本身没有博客的人加入对话；然而匿名评论容许"路过插花"的访客参与，他们贴出恶劣的评论后就一走了之，根本没有参与双向对话。关信浩认为读者评论不太可能在日本重现江湖，他告诉我们："引用栏比较有礼貌，而且你知道自己在和谁对话。"

技术 or 文化，同样关键

本章有助于我们破解博客起步时期的其中一个谜团：为什么有些公

司经营博客，另一些却不愿效仿？为什么有些公司的博客善于经营且挥洒自如，但另一些博客却风格呆板，味同嚼蜡？为何博客在美国、法国、日本走红，却在德国、俄罗斯、中国举步维艰？为何微软和升阳公司的博客欣欣向荣，而苹果计算机和 Google 的博客却一片死寂？

原因真的只是文化吗？我们看到一些有力证据，不过就像美国人和英国人口音的差异一样，英美博客发展的差异真的让我们无法下定论。在英格兰，一般大众都能接受博客，但博客在爱尔兰却无人青睐。外界通常认为英格兰人比较保守，而喜欢通过文学和酒馆闲谈来发表观点，一般人都觉得爱尔兰人是说故事的高手。既然如此，为什么爱尔兰人不爱主持博客呢？我们拿这问题去问汤姆·拉夫特瑞 (Tom Raftery)，他所主持的"信息科技观点"(IT Views) 博客[①]是我们观察的唯一一个爱尔兰博客。拉夫特瑞指出，爱尔兰人除了擅长说故事之外，还有另一项特色，就是"谈到隐私或情感话题时，就变得很有戒心。一方面，我们仍然很重视宗教。另一方面，有人会解释正因为我们有善于说故事的传统，所以不需要靠博客来把自己的想法昭告世人：只消几个朋友、熟人、同事、路人甚或陌生人在场，加上一瓶啤酒或一小杯威士忌助兴，我们什么沟通问题都没有"。

拉夫特瑞换上较为严肃的口吻解释说，爱尔兰没有爱上博客的主要原因恐怕不在文化，而是一般家庭的宽带普及率远低于其他国家，大约 3.4% 的人家租用宽带，他大胆假设："现在，假如宽带价格降低到酒吧愿意免费提供无线宽带的程度……"不过，我们认为，要酒馆用无线宽带取代射飞镖当做助兴节目，恐怕还要等上很长一段时间吧。事实上，我们衷心希望越久越好。

当然了，技术永远都是最重要的影响因素，举例来说，我们推测韩国之所以那么流行手机博客（由手机创造的博客，通常以照片取胜），而忽略文字博客，原因是大多数韩国人拥有手机，而拥有个人计算机的

[①] http://www.tomrafteryit.net/views

人就少了很多，特别在家里更是如此。

　　话虽如此，文化显然在博客的发展中扮演着重要角色，所谓的文化，可能是国家、民族、公司或部门文化，只要人们持续获得畅所欲言的鼓励，当权者也信任他们的部属，那么博客就会繁荣兴盛。我们在猜想，升阳计算机的博客远比苹果计算机的博客数目要多，背后说不定也是出于同样原因。

第9章

阳光是最佳杀菌剂

我们唯一需要恐惧的，就是恐惧本身。

——前美国总统富兰克林·德拉诺·罗斯福

(Franklin Delano Roosevelt)

我们一口气谈了八章，都在赞扬博客的优点，通过前文这些个案，我们尝试说明为何任何国籍、任何规模的企业都应该着手经营博客。不过我们也不是过度乐观的人，毕竟只要是玫瑰一定都长刺，博客也有棘手的议题：有些是真实的，也有些是人们想象出来的。总而言之，某些公司和人不应该涉足博客，至于其他企业和人，要判断博客的优点是否多于缺点，则可能是难以完成的任务。

最扎手的刺正是我们前一章讨论过的文化话题。当斯考伯与"塔吉特"（Target）公司的高管会谈时，对方告诉他，在他们这个美国第四大零售公司的内部，不太可能出现博客，因为公开呈现私人面貌，绝非该公司的作风。

这就涉及文化了。此外，塔吉特公司目前经营有方，绩效领先大多数竞争者，在这种情势下文化不会改变，可能要等到同类竞争者中有从

事博客的公司崛起，而且新博客为这些公司带来的成功侵蚀到塔吉特的业绩时，它们也许才会改变自己的文化来应对变局。

不论是国家或企业，文化的改变都是缓慢进行的，而且通常十分痛苦。我们认为有朝一日会让塔吉特吃尽苦头的那根刺，就是其他零售商通过博客带来的变化。塔吉特的人告诉我们，他们会非常谨慎地持续观察博客的走向。我们猜测他们可能也害怕有那么一天到来。

在我们看来，文化是一根最粗的刺——它是最尖锐、最有威胁的变数。博客现象普遍的国家和公司，将被视做较为开放、更值得信任的主体。

博客也同样会愚弄你

另一根刺是我们所谓的"回音室"。博客可能会愚弄你，让你以为自己是在与全世界对谈，事实上，你只不过经常和少数几个人交谈而已。回音室可能欺骗企业，使它误以为自己比实际情况更成功或发展更快，因为少数几个人在那儿大张旗鼓地制造噪音。请务必牢记，在博客留下评论和自愿链接的人，通常是对特定主题抱有无比热情的人，他们也不见得能准确代表你的目标受众。

就拿 2004 年角逐美国总统的迪安来说吧，博客圈简直对他着了迷，一片拥护声浪吸引了媒体的注意和外界的慷慨捐献，可是在那段期间很少有人注意到，卡尔·罗夫 (Karl Rove，白宫政治顾问) 却指出迪安将成为最容易击败的总统候选人。此外，民意调查从头到尾都显示，两党的中间选民都对迪安感到不安。博客的回音室让很多人误判现实，如果你不谨慎观察、仔细聆听，它很可能会愚弄你。

企业不愿从事博客的原因

某些人和企业无疑有不从事博客的好理由，不过我们也相信自己听到的许多理由被过度夸大了，我们认为最大的进入障碍是恐惧可能发生的后果。不过我们很确信，对大多数人而言，开车的风险可能高于经营博客。

关于不愿从事博客的原因，有一些和 20 世纪 90 年代企业不愿创建网站的理由相同，譬如担心不慎泄露机密，或是与公司其他的传播渠道互相抵触；另一些理由则与 20 世纪 70 年代大型计算机当道时许多公司行政主管主张禁止个人计算机的理由一样，两者都生怕丧失中央控制权。面对这种重大转变时刻，企业常常会患上一种简称为 FUD 的病，也就是恐惧、不确定和怀疑 (Fear, Uncertainty and Doubt) 症。决策者对于常态被打破深感不安，开始寻找避免改变的理由，在位者搬出所有能想到的理由去说服心存恐惧者继续保持现状，他们的理由都包含若干事实，但事实成分究竟有多高，就值得好好辩论一番了。我们在后文里就打算这么做，不过首先来看看前述那群袖手旁观的恐惧分子，也就是有正当理由不从事博客的公司和人。

独裁专断者不该从事博客

如果你是一个不折不扣的坏蛋，或隶属于某个恶棍组织，那就不要从事博客。

我们曾询问过博客的访客："谁不该从事博客？"有些答案发人深省。软件开发工程师兰迪·查尔斯·莫林 (Randy Charles Morin)[1]给的答案一针见血：独裁领袖萨达姆·侯赛因 (Saddam Hussein，被英美联军推翻的伊拉克总统)。莫林说得对，萨达姆始终是个专断独裁的怪胎，即使是在面对面沟通的会议上，他也宁愿一人独白，而不愿与人对话。我们认为用萨达姆作为例子最具说服力，想想看，他的政府官员谁敢主持博客？我们也怀疑他会相信自己博客的读者整体而言必然比他聪明，更

[1] http://www.kbcafe.com/rss

怀疑他会善待读者评论和链接博客对他的"爱之深、责之切"。"萨达姆们",如果你正在读这本书,我们建议你不要从事博客,它对你的处境不会有帮助。

到目前为止,那些拥有"做正确的事"的文化的公司和个人都从博客获益良多,我们认为如果一家企业的文化抱持"大众该死"的态度,那这家企业肯定会一败涂地。你不需要身为真正的暴君也能轻易登上这张清单,就像泰科 (Tyco)、世通 (WorldCom) 和安然 (Enron) 这些爆发舞弊丑闻的前任高管所经历的一般。然而这张清单的涵盖范围不仅只有贪污舞弊,粗鄙无方也榜上有名,诚如"顾客教会"博客的哈伯[①]所言:"生产拙劣产品、鄙视自家顾客的恶质公司,不应该从事博客。"

我们还要在清单中加入那些蔑视或亏待员工的公司,譬如钻石矿和金矿开发者、橡胶种植业者以及雇用童工的企业。这类企业可能很难容忍开放的员工博客政策,对话营销恐怕也不是他们公司的经营目标。

组织犯罪博客也许听来多姿多彩,可是我们怀疑它的透明度。话虽如此,并非所有罪恶行当都需要压抑。有两个自称是高档应召女郎的博客就广受欢迎,访客络绎不绝,她们的博客站分别是"日光美人:一位伦敦应召女郎的私密探险"(Belle de Jour: Intimate Adventures of a London Call Girl[②], Belle de Jour 是法国电影导演布纽尔 1967 的作品《青楼怨妇》的原文,为了避免扭曲,此处采用直译)和"喷射机劳拉:一位国际伴游女郎的旅游"博客 (Jet Set Lara:An International Escort's Travel blog)[③]。这两个博客都具有高水平的文学气息,偶尔还非常动人,不过这两位作者至今仍保持匿名。劳拉在网站上展示迷人的照片,但她自己的脸庞部分都遮了起来,唯一能证明劳拉真实存在的证词来自"日光美人"贝拉 (Belle),贝拉说劳拉曾经造访过她的博客。我们无法证实贝拉与劳拉的真假,这一点有损她们的可信度,可是这样的人应该主持

[①] http://customerevangelists.typepad.com

[②] http://belledejour-uk.blogspot.com

[③] http://www.jetsetblog.com/travel

博客吗？呃，以贝拉的例子来看，她的博客似乎有助于拓展生意，她宣称一家英国小报准备与她签约，请她定期撰写专栏。

另外，有意牺牲顾客和支持者的公司（比如冒充慈善团体的欺诈团伙）、老鼠会首领以及其他五花八门的骗子都不应该从事博客。尽管如此，我们怀疑一些骗子已经开始入侵博客领域行骗，其他博客该怎么采取强硬手段把这些人驱逐出境将是艰巨的挑战。当博客圈里有人以任何理由要求网友金钱援助时，博客需要提出置疑。举例来说，2004 年年底发生海啸悲剧之后，大批援助基金募得数百万美元，但是这些款项的流向至今仍然不明，我们难以确认募款者是否妥善分配这么多的善款，同样的情况再度发生在卡特林娜飓风重挫新奥尔良之后。

安全从业人员不应从事博客

有些组织的任务是处理高度敏感与机密的信息，我们很难想象（也不推荐）一位负责搜集情报资料的联邦雇员开设博客公开讨论他的平日工作；同样，经营虽不危险但同等敏感业务的公司也应谨慎或完全避免从事博客，这些公司包括金融顾问、证券经纪、私家侦探、被告辩护律师等。我们听说雷神（Raytheon，制造导弹等军火的大厂）、洛克希德马汀（Lockheed Martin，军用飞机制造商）、国土安全部都主张不从事博客，这一点我们倒是相当赞同。

即使如此，这方面的顾虑主要是针对若干"不宜置入博客"的材料，而不是坚持特定公司的员工不应该主持博客。譬如说有很多律师都主持博客，我们的博客常客史蒂芬·史垂特（Steven Streight）就说过："我认识一个警察局局长、一个都市规划师、一个消防局局长都主持自己的博客，任何人都能拥有博客，黑手党杀手可以，垃圾清运工、擦鞋匠、厕所清洁工，人人都可以。当然，有些事情是不能说的，不过他们心里都有数，联邦调查局和中央情报局的人早就知道啦。"

在此应该指出，我们在这一章里指的仅是公开的博客，根据 Six Apart 的估计，企业博客之中过半数属于私人性质，最具安全意识的公司都选择这种方式。举个例子，听说美国国土安全部在西岸地区通过博客分享内部信息。我们请求该部门说说他们如何运作的，但至今未获回音。

还有，有些公司本身很优秀，公司文化也很好，他们的员工相当满意，但这一切并不表示他们就有从事博客的理由。我们认识一家成功的企业，他们的顾客寥寥可数，集中起来可以全部安置到同一间会议室里谈，所以他们根本就不需要博客；地方上很多小商家也不必借助高科技，他们能和所有客人面对面接触；还有某些行业的绝大多数顾客完全不使用电脑。

乏善可陈者不应从事博客

有的人就算身处条件极佳的环境也不该主持博客，譬如沟通技巧很差的人、痛恨自己工作和顶头上司的人、讨厌自家产品和服务的员工等等，这些人万一真的去经营博客，很可能发现自己不久就得卷铺盖走人了。有的高管过度吹捧自己公司的营运前景，这种人的博客到头来会像长了倒刺一样害苦自己；同样，某些营销人员就是控制不了夸大渲染的本性，他们主持博客的下场也不会好到哪去。觉得自己的工作一成不变或乏善可陈的人，不应该从事博客。事实上，个性沉闷、了无创意的人通常也会经营出无趣的博客，引不起大家的注意。

无法容忍他人批评的人也不能享受博客的乐趣，他们也不应从事博客。这些人的姿态愈高，别人反对的评论也愈激烈。留下评语的人也许不同意你的观点、不欣赏你的作品，也可能讨厌你的公司，或纯粹就是不喜欢你这个人。

也有些人抗拒不了添油加醋的诱惑，他们平常说话时就是这个德性，他们写电子邮件甚至在商业谈判时仍然本性难改，虽然偶尔会招致怀疑，

多数时候却能全身而退。然而如果一个习惯性夸大和渲染说词的人主持
博客，他可能很快就会得到教训，知道无法在这里故技重施。博客圈是
个查验事实的机制，或许你我偶尔都会无心撒个无伤大雅的小谎，但是
性喜吹牛之徒最好还是不要去碰博客为妙。

聪明员工才能经营博客？

到目前为止，我们提供的都是黑白分明而且容易获取的例子，然而
大多数企业环境却是灰色的，灰色地带中暗藏一根非常粗大的刺，可能
伤及雇主和员工。雇主如何才能一方面鼓励员工从事博客，另一方面防
范员工使得公司免陷尴尬处境呢？ Technorati 执行官希弗利就曾面对如
此矛盾的窘境，该公司的员工博客尼尔·肯尼迪 (Niall Kennedy) 窜改一
张二次世界大战时期的海报，把无心说漏嘴导致船舰被炸沉的宣传材料
拿来讥讽目前企业界反博客的政策[1]，影射反对博客的高管是约瑟夫·斯
大林。事后希弗利只要求肯尼迪将博客上的海报取下，后者也听从指示
了；然而万一当时肯尼迪不肯从命呢？希弗利会以违抗上级命令为由炒
他鱿鱼吗？如果他真的这样做，对公司其他从事博客的员工又会形成什
么样的冲击？

微软公司显然对内部支持博客的文化深以为荣，不过除了"聪明经
营博客"这句建议之外，该公司并无实质的博客政策，结果造成多个令
其芒刺在背的话题产生。有些主管对增强透明度的态度比其他主管强硬，
假如有人像斯考伯一样以公开方式从事博客，却被调到一个不喜欢他的
做法与心态的部门，新主管若是认为他有泄露机密之嫌，给了微软竞争
者可乘之机，到时又该如何？难道公司只鼓励他在某个部门从事博客？
如此一来岂不限制他在另一个部门的发展？

当众多主管对于该允许什么、不该允许什么的态度模棱两可、立

---

[1] http://www.niallkennedy.com/blog/archives/2005/03/bloggers_seen_a.html

场分歧或前后不一致时，情况会更加棘手。卡梅伦·赖利 (Cameron Reilly) 是个知名度与日俱增的博客[①]写手，同时主持另一个语音博客[②]。他告诉我们，他在微软担任事业开发经理 6 年之后递出辞呈，原因是他在博客里引述一位同仁的话："5 年前，微软的产品普通但营销实力傲人，如今我们的产品傲人但营销却退步了。最大的问题出在员工的思考仍然以过去的情况为依据。"此话掀起轩然大波，赖利说他的主管见到贴文后暴跳如雷。

赖利告诉我们，他的工作是在微软的市场里建立顾客的信任感，他认为那意味着他应该"对公司的业务诚实以告"，然而他的主管并不赞同。赖利说："我被告知我的博客内容既不恰当也不专业，基本上他是警告我，如果我的博客再有被视做不恰当的内容出现，那我就得卷铺盖走人了。"经过短暂的风暴期，赖利递出辞呈离开微软，接着开始自创公司。微软的一位发言人拒绝评论此事，他告诉我们，公司规定禁止公开讨论员工离职的事。

赖利则反对微软松散的"聪明经营博客"政策：

当雇主回避阐述明确的博客政策，采用"以良好常识判断"的条款时，主管可能以他想要的方式任意解读，这时候问题就一触即发。我关心的不是博客，而是雇主；如果你任由主管发挥想象力（或缺乏想象力）去处理无可避免的博客话题，那你就得准备好失去优秀的人才，博客对上级的恫吓可不留情面，他们会离开公司自己创业，或是去替你的竞争对手效力。在员工看来结论很明显，如果你不知道在自己的博客上能够张贴什么、不能够张贴什么，最好的办法就是别去蹚浑水。

---

① http://www.cameronreilly.com

② http://www.thepodcastnetwork.com/gday_world

主管的七大忧虑——想太多？

FUD 这个词是 IBM 工程师吉恩·艾姆达尔 (Gene Amdahl)[1]于 1975 年创立艾姆达尔公司 (Amdahl Corp)[2]之后率先提出来的，他主张"FUD 是 IBM 业务人员对潜在客户灌输的恐惧、不确定和怀疑，这些顾客可能正在考虑采用艾姆达尔的产品。"但 IBM 却提醒顾客"没有人因为购买 IBM 的产品而被老板炒鱿鱼"，暗示他们如果买了艾姆达尔的产品就可能遭到解雇的命运。

自此之后，FUD 这个字眼变得愈来愈一般，通常用来反映企业对于改变现有制度的惰性。事实上，企业有个理直气壮的理由，就是博客与组织架构难以吻合，虽然公司试图将博客塞进公关或营销组织架构中，但兼容问题依然存在。

企业对博客怀有的恐惧、不确定和怀疑，足以让谨慎的主管谨慎小心，他们的担忧都有若干事实支持，但是少许缺点是否应该阻碍企业追求可观利益？我们不以为然。现在我们来粗略看看企业主管最常提到的顾虑。

1. 负面评语　企业痛恨别人说自己坏话，其实谁不是呢？"顾客教会"的麦康奈尔经常发表演说，他告诉我们，每次他发表关于博客的演说后，听众提出的第一个问题往往是："我该怎么处理负面评语？"根据他的工作伙伴哈伯的说法："我会告诉对方，反正人们一定会说你的坏话，网络上可以让他们发泄的地方不胜枚举，既然如此，为何不让他们在你的论坛（你的博客上）发言？这样你就可以正面迎战这些评语了。"诚如微软公司的托雷所说："当人们知道你正在倾听时，会表现得比较和善有礼一些。"

事实上，就算最老练的博客偶尔也会被读者那些的"爱深责切"的

---

[1] http://en.wikipedia.org/wiki/Gene_Amdahl

[2] http://en.wikipedia.org/wiki/Amdahl_Corporation

贴文激怒，因为有些评论根本不是出于善意指教。尽管如此，整体而言，博客仍然相信，负面评论让他们获益匪浅，使他们更明智。哈伯指出，当读者评论不公道时，"公司的忠诚顾客会跳出来帮你辩护"。通用汽车副总裁卢兹就有这样的经验，当某个汽车评论家在卢兹的博客留下负面评语时，有三十几个支持者贴文替卢兹辩护，至于卢兹本人则缄默不语。

2. 泄露机密 几乎所有公司都有一些方面是他们认为不能泄露给消费者知道的，或至少必须审慎选择揭露时机的，这些方面包括与专利有关的所有权、财务状况、人事信息等。举例来说，当微软拒绝评论赖利的指控时，该公司的作为纯粹是执行一项被普遍接受的公司政策罢了。

公司依然有沉默的权利，但是自从有企业以来，个别员工就不断打破沉默，博客只不过是最新的泄密渠道，有时候也当真有机密消息就这么流了出来。不过可以确定的是，博客绝非唯一的泄密渠道，自从有公司机密存在以来，泄露机密的事就没断过。

根据知识产权律师斯蒂芬·尼波尔 (Stephen M. Nipper) 的说法，公司担心的是"员工不经意泄露业务机密的可能性"，然而把靶心对准博客，很明显，"他们找错渠道了"。相反的，尼波尔建议企业好好查看电子邮件，因为它们"不是很不正式，传送者经常不假思索就将内容飞快传了出去。想想看，我们有多少人曾经懊恼不已，恨不得能把已经传送出去的电子邮件收回来？"尼波尔说，由于电子邮件的传送更为快捷，它无疑是"比博客更危险的泄露机密途径"。

反对者主张电子邮件只是一人传给另一人或少数几个人，而且收件者多半是可靠的同事，而博客是一人贴文给众多读者观看，你完全不清楚读者是谁，其中很可能有竞争者的身影。尽管如此，我们还是同意尼波尔的看法，一项机密泄露给一个人，速度和杀伤力绝对不亚于通过博客泄密给一群人；担心博客泄露机密的恐惧是真实的，但是FUD放大了危险的强度，在我们看来这样的夸大程度已经不合理了。

3. 无利可图 从高管对我们传达的顾虑中，仅次于负面评论的是博客耗费时间却无投资报酬可言。

投资报酬率对企业的重要性毋庸置疑，可是这个数据比较适合用来检视产品和服务，而不适合用来评估传播工具。新闻发布、网站等都与投资报酬无关，我们也不能用投资报酬率来检讨公司执行官出差 3 天参加主管会议、发表 20 钟演说的价值，然而大部分公司都了解其中的价值。

博客可以视为商业信誉的一部分，意义和慈善捐款或小区服务相当，如果品牌的正确定义是人们对贵公司的感觉，那么博客也可以视做品牌的部分延伸。

假如你需要用投资报酬来分析博客的价值，那你恐怕难以在损益表上找到它的位置。博客有效的证据都属于轶事性质，但是我们觉得这些证据很有说服力。就拿火狐狸举例吧，火狐狸的工作人员利用博客作为口碑相传运动的基础，短短 6 个月就累积了 6 000 万个用户，这个博客取得了不可思议的成果，而他们在《纽约时报》刊登两页广告后，只带来非常少的下载用户。博客也许不能创造直接收益，可是它们很善于制造口碑相传的声势，别忘了，口耳相传依然是吸引新客户、刺激销售的最有效办法。

4. 丧失信息控制权 优秀的高级业务主管会告诉你，当他讲得口沫横飞但潜在客户却听得兴趣索然时，这笔生意大概是不会成交了；但是当潜在客户开始和业务人员对话，就显示他"正在考虑购买"，生意就比较可能成交了。简言之，双边对话优于单边独白。

最厉害的业务高手永远了解对话的价值，事实上，现代公司里的业务人员与顾客通常变得更疏远了，因为有愈来愈多公司的顾客服务被迫使用自动化语音操作系统和电话选单。业务人员还是可能继续控制对话，不过真正厉害的业务人员不会让顾客察觉到这一点。

其实博客并不能控制博客上的对话，他们只能选择话题；他们可以决定是否过滤粗鲁、淫秽或不得体的评论，使对话处在他们的控制之下，就像才华出众的业务员与顾客的面对面交易一般。博客的互动是公开与

双向进行的，对话双方公开讨论真实的顾虑，坦然揭露发自肺腑的抱怨，公司博客认真地注意外界的批评。如果某人的对话太过夸大或虚伪怎么办？这时其他博客通常会跳出来纠正。

5. 竞争者打探情报 以色列曾经任职创巨公司 (Creative Labs Inc.)，这是美国生产声霸 (Sound Blaster) 品牌音响设备的公司，产品赋予大多数计算机音响能力。有一次以色列搭飞机飞越美国，他的正后方坐的是一位竞争对手公司的高管，对方身旁则坐着该公司的执行官，他们两人竟然没有认出以色列来。整整 4 个多小时，这两个人高声讨论他们对抗创巨的竞争策略，而以色列则默默倾听并做笔记。我们认为这类漫不经心的行为到了今天依然比口风不紧的博客更普遍。

有些人担心竞争者可能通过博客打探他们的见解与情报，然后拿这些材料来对付他们。我们并不淡化这种恐惧，竞争者无所不用其极地搜集情报，从事博客的员工需要明确了解他们可以讨论和不得讨论的范畴，在涉及不可谈论的范畴时必须格外谨慎。

有几位博客（包括斯考伯）倒是学到一件事，在竞争者表现出色、值得赞许时不妨站出来大方表扬他们，你本身反而会因为"有口德"而获得竞争优势。譬如斯考伯在博客里公开表示羡慕苹果计算机出产的 iPod 随身音乐播放器，也不掩饰自己仰慕 Google 的某些方面，他还写过文章赞美火狐狸的网络浏览器。这些公司或产品都和他的老板（微软）直接竞争，但是这么做令博客的读者更信赖他，继而在他推崇自己老板的优点时，也信任他的说法，这对斯考伯和微软而言都是好事。不过也有例外情况，人们相信斯考伯的原因是他的贴文总是力求平衡，但是他有没有可能和其他博客一样，一不留神泄露公司机密呢？有可能，但是机率不大，绝大多数员工似乎都明白什么消息需要保密。就我们的了解，在博客上不慎泄露机密的案例，远少于员工与媒体记者交谈或在社交场合中失言而泄密的案例。

当我们反观博客的竞争层面时，很容易看出公司应该尽早开设博客的一个有利因素：和网络时代一样，抢先经营博客的公司一般都能先拔头筹，取得竞争优势。第五章提到第一位主持博客的萨维尔街裁缝马宏堪称是高汀所描述的"紫牛"之一，他的博客（至少一开始时）精彩出众，但是继他之后从事博客的裁缝，恐怕只能屈居"褐牛"牛群之中了。在某个品类中先下手的人或组织，就可抢得对话领导权，而竞争者只能被迫追随，也许他们终有一天能迎头赶上，但是你的胜算比竞争者要大得多。就像大型实体书店邦诺书店（Barnes & Noble）想要对抗网络书店亚马逊的优先领导地位，结果却惨败一样：如果起步晚，想要追上领先者是很困难的。

6. 费时太多，读者太少 我们访问了众多成功的博客，他们最关注的问题就是时间。最成功的博客每天投入博客的时间很长，例如加拿大顾问集团"博客广播室"（Blog Studio）①的创办人福莱辛纳（Peter Flaschner）就说："我的结论是，任何无法全心投入这个过程的公司，都不应该经营博客，因为博客需要投资时间。公司规模愈小，投资的时间就愈多，如果贸然开始经营博客然后又抛弃掉，对公司可能弊大于利。"

经营博客确实需要投资大量时间：不只是花时间撰写贴文，还要事先思考、追踪其他博客、删除无法避免的垃圾邮件评论，如果你无法维系这样的承诺，就不应该动手开设博客。

被时间绑得动弹不得的个人或公司还有一个选择，这是"工蜂"博客（Worker Bees）②创办人埃莉莎·康玛花（Elisa Camahort）③所提供的建议。康玛花替一家没时间经营又担心法规限制的保健公司客户主持博客④，对方情愿与她签订契约，聘请她以客户的名义开设博客，而不愿自己花时间去经营。康玛花说："对于那些可能缺乏适当环境去经营内部博客，又想参与更多积极在线对话的公司来说，这不失为一个很好的

① http://www.theblogstudio.com
② http://workerbees.biz
③ http://healthyconcerns.com
④ http://workerbees.typepad.com/healthyconcerns

替代方案。"我们对这种外包博客的形态感到有些犹豫,不过拥有博客总是聊胜于无吧。

7. 员工行为不检 即使你是个完美如圣人的老板,有些员工仍然难免生生闷气,偶尔还可能干一些破坏力十足的事。目前为止,这种不要命的攻击行为在博客圈里还很罕见。打从企业博客诞生以来,很多人估计,头5年内关于企业的贴文超过10亿则,但是员工因为博客而被公司惩戒或解雇的个案只发生不到100起,比例非常低。

就算最畏惧风险的人,每天总得多少承担一点儿危险,别的不说,呼吸或喝自来水不都隐藏着危险吗?我们的论点是,根据目前的情况看来,员工行为不检的风险太低了,我们可以很有把握地假设,开博的利益远超它的风险。

由企业文化拍板定案

最后,我们觉得,企业决定是否经营博客的关键点在于文化,文化条件不符的公司不宜从事博客;在习惯于限制言论自由的政府或国家中,企业若欲经营博客将会面临文化尖刺;企业的各个部门若位于文化截然不同的国家,例如美国与中国,遇到的挑战更是棘手。

第七章曾提到的欧洲公关顾问兼热门语音博客主持人霍布森建议:"如果一个组织的环境里尚未存在公开与透明的传播机制,那么运用博客之类的工具就不太可能对这个组织有什么正面帮助。假如公开透明的基础仍未建立,那就不要经营博客。"我们很赞同这种说法。

在科技领域,文化的冲击已经造成外界对企业观感的影响。例如大家一向对苹果计算机和Google评价甚高,但这两家公司的文化似乎无法开设有效的博客;反之,经常备受外界嘲笑的微软和升阳计算机却鼓励员工从事博客,让许多人产生这两家公司拥有可靠而用心的员工与开放文化的印象。在我们看来,一股趋势正在扭转人们早先对企业的观感,科技界有许多人开始怀疑苹果计算机和 Google 为何只有那么少的博客，而少数主持博客的员工写出来的文章为何又暗藏一丝谨慎，让读者感觉这些博客在写作时，背后仿佛有主管盯着他们。我们察觉 Google 和苹果领导人的个人魅力遭到愈来愈多置疑，也许他们权力过大、控制过强，也太担心员工和供货商不知会说出什么样的话、透露什么样的思想。这两家公司的运气似乎越来越差，而如同我们在前文中指出的那样，微软和升阳的声誉反而节节上升。

文化的改变是缓慢进行的，如果贵公司的文化是封闭的，我们建议你在开设博客之前，最好设法打开封闭的文化；如果你的员工觉得自己不被信任，在鼓励他们从事博客之前，你可能需要花点心思展现你对他们的信任；假如贵公司文化中的传播政策建立在指挥控制的基础上，硬着头皮从事博客只会使公司落到举步维艰的下场；如果你不是真正相信自己能够借由倾听顾客、潜在客户、投资人、供货商和伙伴的说法，把公司变得更美好，那么费心费力经营博客的报酬恐怕会低于你的期望；假如你不想倾听（真正的倾听），那么博客对你和你的公司文化而言将是遍地荆棘。

如果你不能坦承公司的缺点，博客就不适合你；如果你坚持公司没有缺点，那么贵公司可能太过无趣，不值得一写。每一家公司都有问题，如果你不愿意公开讨论这些问题，无疑是错失博客可能贡献给贵公司的强大力量：人们极为渴望企业与他们对话，无论是好事还是坏事；如果企业开口闭口说"这儿一切完美无缺"，人们的反应多半是不信任。

我们喜欢《冷河》(Cold River) 一书作者乔伊夫·伊姆瑞区 (Jozef Imrich)[1]颇富诗意的评述："阳光是最佳杀菌剂，只要敏感数据不外泄，所有执行官都会鼓励透明与公开。"

---

[1] http://amediadragon.blogspot.com

Naked
Conversations

第二部分

聪明经营博客

朋友的本分是在你犯错时一如既往地支持你，因为当你正确时，几乎每个人都会奉承你。

——马克·吐温 (Mark Twain)

第 10 章

博客的错误示范

在举世皆欺瞒的时代，讲实话成为革命性的举措。

——英国著名小说家乔治·奥威尔 (George Orwell)

没有人制定官方博客规范，也没有所谓的博客警察，你尽可以随心所欲地经营你的博客。然而，除非你是受虐狂，否则一旦"犯了错误"，你不但无法享受博客的乐趣，也可能事倍功半，对自己的事业没有任何用处。

正确经营博客的一项简单规范就是真实，如果你想从事博客，一定要做真正的自己，让你和访客之间的对话"赤裸裸"，让读者认识你的真面目和出身背景。如果你不这样做，博客保安团会组织手持探照灯的暴民，来揭露你虚假的博客或所谓的角色博客，直到手执利刃刺穿你的谎言之心，他们的攻击才可能收手。博客圈里也许没有规范、行动指南或执法大队，可是却充满矢志保卫博客这个"干净渠道"的成员，他们要保持博客不被某些精敏机巧或做作的内容所污染。

如果你来自麦迪逊大道 (Madison Avenue, 纽约广告业大本营。——译者注)，或是抱有传统营销人员的心态，那么你肯定会经常忍不住诱惑，

时不时在博客上露一手，我们的建议是：千万别这么做！如果你不听劝告，将来一定会后悔的。

别把营销之手伸入博客

博客社群拥有自己的文化和特定的行为规范，他们永远欢迎新人加入这个迅速成长的社群，不过如果你不了解、不尊重这些既有规范，他们也会不留情面地撤销对你的欢迎。过去已经发生不少个人或公司企图把传统营销手法延伸进博客圈，结果却声名狼藉的事情。

马自达 (Mazda) 汽车公司在博客圈的短暂游历足以作为有效的警示教材。马自达拍了一个非常专业利落的广告片，内容是旗下某款车子在都市场景中表演极限特技，这个广告片的时间有 30 秒，不过该公司锁定的受众（X 世代驾驶人）却不买账，于是马自达的广告代理公司重新剪接了这个圆滑的广告片，放在一个博客上播放，并假称博客的主人是个追求时髦的都市青年。短短几小时内，博客圈就踢爆这项欺骗行为[①]，那部片子可能成为广告史上第一个在两种媒体上都惨败的影片。更严重的是，马自达在它亟欲获得的受众中信誉扫地。

反观"追求伟士牌"博客 (VespaQuest)[②]则是由货真价实的伟士牌摩托车都会型客户主持，他们贴文描写自己的生活和驾驶伟士牌摩托车的经验，这个博客在博客圈中颇受好评，阅读人数持续增加。

对于夹带营销计谋的文章，博客一贯毫不留情地予以打击。一家知名营销公司为麦当劳的林肯炸薯条 (Lincoln French Fry) 设计的营销手法可以作为这方面的研究个案。该公司采用过去效果最好的手段——整合营销，先从一个媒体展开，再延伸到其他媒体。一开始他们买下超级杯足球赛的转播时段打广告，内容描述一对男女发现有一根炸薯条形似美

---

① http://www.marketingvox.com/archives/2004/10/22/mazdas_blogviral_campaign_falls_flat

② http://www.vespaquest.com

国第 16 任总统林肯的侧面轮廓。足球赛过了之后，麦当劳旋即开设了一个"林肯薯条"（Lincoln Fry）博客[1]，不过在麦里欧（见第 5 章）有机会指称这个博客不合常规之前，博客圈就已经沸沸扬扬了。和马自达企图刻意欺骗的做法相较，麦当劳的不同之处是，他们想要人们知道林肯薯条是一场恶作剧，目的是把这个博客当做娱乐，可是博客（和大部分访客）却对此伎俩感到倒胃口，他们点燃火炬、备妥利刃，开始一传十、十传百的指责麦当劳是最新一个开设蹩脚（LFame）博客的大公司。

结果麦当劳很快就撤退，结束了博客运作。我们认为此举和该公司当初决定开设博客一样不幸，如果麦当劳先为这项计谋道歉，然后请访客提供下一步该怎么运作博客的建议，做法就聪明得多。举例来说，麦当劳的博客本来可以成为良好的平台，供大众讨论该公司从高脂肪、低营养餐饮转变成健康饮食的计划，博客迷本来也许会因此到附近麦当劳用餐，然后贴文表达他们对麦当劳改善成果的想法。但是，一切都因关闭博客这个决定销声匿迹了。这几年来，麦当劳的市场占有率不断下降，如今关闭了博客，该公司更是失去口耳相传吸引顾客前来用餐的机会。

博客嫉恶如仇的捍卫心态使得博客圈至今依然保持纯净渠道的特质，也正因如此，如今的博客圈才那么抢手。博客热情回应真实话题，并坦诚地发表看法：这就是魏纳所谓的"以真面目示人的对话"，对于不真诚、不真实的人，博客一概怒目以对。

我们将这本书命名为《财富博客》，原因是我们相信，"真实"才是博客的核心价值，由于这种准确可靠的本质，博客才得以成为崭新的、与众不同的沟通方式。如果真实性是博客的本质，那么可信度就是博客给我们带来的好处，不管人们再怎样处心积虑设计一个关于炸薯条的博客，也无法建立公司的可信度。

博客圈天天都在变化，新人（和后文即将讨论的新技术）不断带来

---

[1] http://lincolnfry.typepad.com/blog

新点子，增加了博客的诸多用法。法国的莱克雷可兴致勃勃地谈到"传播人性化"，并警告别让公司利益搞乱博客圈，这番言论似乎说中了大家共同的心声。

截至今日，尽管有许多人企图搞乱博客圈，不过都被"读者保安大队"成功地阻止，未来无疑会有更多状况发生，不论是出自善意还是密谋不轨。

传统营销、公关、业务开发、人力资源等方面的从业人员正逐渐朝博客圈前进，他们的如意算盘是可以不花分文就接触到百万受众，同时提高他们在搜索引擎上的排名，这些人的加入将使得博客渠道更难保持纯净。对于那些摩拳擦掌准备加入博客圈的人，我们的建议是仔细观察目前博客圈的运作机制，感受一下对话，进入博客静静聆听与观察，在你尝试改变它以前，先了解一下情势。见到有人被其他博客指责时，详细观察这些人和他们挨骂的原因，顺利进入博客圈谋取企业利益也许很容易，不过事实也证明博客圈对"胡搅蛮缠"的人是很严厉的。如果你不慎犯规，将会遭到博客圈的"围攻"，不过这里也是个易于原谅过错的地方，企业和个人坦承错误、洗心革面以后，仍然可以被接受。

角色博客大都很烂？

谈到洗心革面，我们最喜欢的个案是"薇姿"博客 (Vichy)，薇姿是法国化妆品巨子欧莱雅 (L'Oreal) 的分支部门，专门开发新的抗老化乳霜。薇姿的广告代理商在推出整合营销活动时，向公司大力推荐博客的概念，力促薇姿开设博客以配合营销活动。从那儿开始，一连串错误举动使薇姿麻烦不断。

广告公司先虚构一个名为"克莱儿"(Clair) 的作者（这一招后来证明是非常糟糕的点子），克莱儿在博客里抱怨说她需要更多睡眠，因为她已经过了 35 岁，可是一张照片却显示克莱儿是个脸上一丝皱纹也没有的美女，照片中的她撅嘴盯着手中的镜子，她使用的措辞也和薇姿的广告词极为相似。

短短几个小时内，博客圈就对此进行强烈的批评，读者评论涌入薇姿博客，指责这根本不是博客，还发表意见说这个网站严重限制博客的功能。人们不相信克莱儿是真实人物，他们责难薇姿欺骗大众。

克莱儿是博客圈所谓的"角色博客"(Character Blog) 的一个范例，我们觉得它堪称最佳错误示范之一。广告界一向善于利用角色概念，不论是电视、广播、印刷广告或大型广告活动，都能见到模特儿和演员模仿真人，克莱儿并不是第一个博客角色，以往出现的仿真角色不胜枚举。譬如摩根船长兰姆酒公司 (Captain Morgan Rum Co.) 就赞助"船长博客"(The Captain's Blog)[①]，虚拟一位海盗船长撰文鼓励年轻人饮酒狂欢，"只是要有所节制"。相较之下，"美食车站"(Gourmet Station) 网络食品与酒类礼品公司的"美味宿命"博客 (Delicious Destinations)[②]就含蓄得多，这个网站的特色是由一位中性角色亚历山大 (T. Alexander) 主持，他是个虚拟角色，贴文讨论饮食欢愉，而且言谈中从未表达希望读者掏钱购买食品或饮料产品。

此外，专门制造与销售顶级口味冰激凌的笛娜丽公司 (Denali Corp.) 也开设了一个博客叫做"麋鹿邦"(Moosetopia)[③]，主持人是一只酷爱旅行的卡通麋鹿。

"角色博客都是蹩脚博客"，说这话的人是主持"洞开的虚无"博客的辛辣漫画家麦里欧，他的博客是欧洲最受欢迎的博客，定期颁发"蹩脚博客奖"给实至名归的蹩脚网站，例如上述的 3 个例子。麦里欧一点儿也不手软，他曾经担任广告公司的高管，深知"广告公司干这码事的所有蹩脚烂理由。蹩脚网站不是笨蛋经营的，他们聪明绝顶，企图操纵消费者行为以满足他们自私的利益"。麦里欧还告诉我们，当他选定蹩

① http://www.thecaptainsblog.com

② http://www.gourmetstationblog.typepad.com

③ http://www.denaliflavors.com

脚奖得主后，对方有时会用蹩脚的手段反击，譬如某次他在博客上攻击一支香奈儿 (Chanel) 的香水广告，结果遭到许多假评语围剿。这一招叫做"以假乱真"(Astroturfing)，制造多位不相关人士为了某个特定话题群起而攻之的假象，其实这也不是新花招，查尔斯·寇尔森 (Charles Colson，美国作家兼演说家，曾经是尼克松总统的幕僚。——译者注）也曾用过这招为前美国总统理查德·尼克松 (Richard Nixon) 解围。"以假乱真"的计谋在许多地方有效，但在博客圈里就不管用了，因为博客可以追踪评论者传送文章的地址，因此当麦里欧追查发现，所有关于香奈儿的攻击都来自同一网址时，他很清楚对方正使出"以假乱真"的伎俩。

麦里欧说他颁发蹩脚奖其实是为了一个严肃的目标："我试图阻止（蹩脚博客），我认为这样才能促进这块园地成为思想与经验交流的沃土。"我们访谈过的所有博客几乎都同意他的看法。尽管麦里欧有效阻止若干蹩脚博客，但新的一批却不断加入。2005 年 10 月，《市场就是谈话》的作者之一魏纳在 BlogOn 大会[①]上发言指出，"黄箭"口香糖公司 (Juicy Fruit) 的博客[②]是他认为有史以来最恶劣的一个。我们赞成他的看法，部分原因是这家糖果公司企图欺骗学童，而且违反所有的真实性标准。

我们访谈过两位支持角色博客的人，但是他们无法说服我们赞成其论调。有一位角色博客的创作者宣称试图"以创意拓展博客"，但是就我们的了解，大多数用户都讨厌角色博客。麦里欧的"蹩脚博客"标签已经成为博客方言的一部分了。

许多传统营销人员活在"整合营销解决方案"的世界里，他们把想要传达的信息和劝购言辞混杂在一起，组成广告、公关活动、公司宣传册、网站等形态，令人听闻便想作呕。他们坚决反对博客那种捍卫家园、点灯笼找罪人的严苛攻击，我们在微姿的友人就是持这种看法的，多数传统营销人员现在仍处在否定阶段，拒绝相信大众对他们在传统媒体渠

① http://www.blogonevent.com

② http://www.juicyfruit.com

道中的行为已经深恶痛绝这个事实。不过其中的差别在于，他们在博客圈中的读者会反驳，有时候持反对意见者的人数居多、力量惊人；利用电视数字录放机的人可以在观看节目时换台避开广告，例如避开某个白痴驾着割草机在自己草坪上转圈圈的无聊广告，但是在博客圈内，不以为然的受众可以直接写信批评广告创意人。博客访客要的是真实性，你怎能和不存在的虚构人物进行真实对话？即便对方真实存在，却躲在匿名金钟罩后隐藏个人观点，你又如何与其对话？

这么说并不意味着博客不能成功地用于营销，"特利欧人"、"草莓"、"小牛博客"、"洞开的虚无"、"通用快车道"等博客的作者和其他人都已经证明了这一点。事实上，优秀的博客能够也应该具备营销的基本元素，这方面基础营销学早已阐释过。对话营销主张的是通过博客去建立这些元素，不仅速度更快，价格也绝对更便宜，博客做的是把公司内部展现给外界关心的人看，就像微软公司的影像博客"第 9 频道"①所做的一样，假如你呈现的是虚假或匿名的形象，那么你就根本不可能实现目标。

我们再来看看薇姿的后半段故事。

薇姿的营销团队见到"克莱儿"博客涌入大量尖刻的负面评语后极为震惊，他们也许还不太了解博客，但很清楚一旦品牌遭到打击，后果可能像野火燎原，一发不可收拾。法国媒体开始报道"克莱儿"的惨败：最畅销的法文报纸《世界报》(Le Monde) 刊出的评论很不留情，广告业界领导期刊《策略》(Strategies) 这样写道："试图假扮作者的品牌再无可信度，以博客之类的手法为产品涂脂抹粉，这简直愚不可及。薇姿从上而下的营销手法恰好与博客的理念相抵触。"

薇姿向 Six Apart 公司的勒穆尔求助，接下来该公司采取的第一项措施是向被他们冒犯的博客道歉，然后关闭博客，终结"克莱儿"。

不久,薇姿在勒穆尔的指导之下重新推出博客,名为"我的皮肤日志"

---

① http://channe19.msdn.com

(Journal de ma Peau)[1]，公司的首要任务是在新博客里再次为旧博客致歉，然后宣称这个博客将聆听顾客的声音，以此来服务他们的消费者。薇姿新博客与旧版本不同的地方，是提供所有博客应有的功能，而且团队成员都贴出相片介绍自己，证明他们是真实存在的普通人，这些面孔看起来远比克莱儿更为亲切动人[2]。很快，读者开始与作者建立对话，先前愤怒的评论渐渐被较为支持、有建设性的评论取代了，这家公司和它的客户之间彼此开始有了信任感。

薇姿的抗老化乳霜特别针对 35 岁以上的妇女而设计，这项活肤计划需要进行长达 1 个月的 4 阶段疗程，在化妆品方面具有一定影响力的法国博客索菲·库妮 (Sophie Kune)[3]同意与薇姿合作，推动这项试用计划。在库妮的协助下，又多了 5 位女性博客愿意加入，不过前提是她们可以不受干涉地发表任何意见。

第二个薇姿博客的表现逆转了人们对第一个博客的负面印象，自愿试用者相当喜爱这项产品，博客褒奖薇姿这次脚踏实地的转变。不过"我的皮肤日志"的成就不止于此，博客使薇姿更善于应付他们的顾客。薇姿国际营销事业群主管林恩·赛儿法缇 (Lynn Serfaty) 告诉我们，顾客提出来的问题是薇姿做梦也没想到的，譬如这款乳霜能否当做隔离霜使用，甚至能否在白天使用？这种乳霜该怎样搭配面膜使用？回答这类问题可以消除销售障碍，假如顾客的疑虑没有提出来，公司根本不知道这些障碍的存在。通过博客，薇姿也为有特定皮肤问题的女性专门调配合适的乳霜，并且让她们到住家附近的指定药房取货。

尽管法国新闻界原先强力抨击薇姿，但对薇姿第二次推出的博客却是赞誉有加，最大的财经日报还把该公司捧为闪亮巨星。根据赛儿法缇的说法，"薇姿的每一分子都从这次经验中学到教训，"这项成果很可能也会改变母公司欧莱雅未来的营销方式。欧莱雅电子商务小组主任乔治

① http://www.journaldemapeau.fr/blog/index.php

② http://www/journaldemapeau.fr/blog/archives/2005/05/merci_pour_tout.php

③ http://jesuisunique.blogs.com

斯·狄亚斯 (Georges-Edouard Dias) 表示，薇姿的成功"使我们确信只要企业愿意按照游戏规则来做，而且拥有可以分享与学习的东西，就可以成为博客圈的一分子。在这个一切只依照品牌权威来组织的世界里，如果能够通过对话实质性地改善产品或服务，使它们对你的顾客更有意义，这实在是令人耳目一新"。

从这件事情中，薇姿学到很重要的一课：假如你做错了，博客圈会告诉你怎样改正；如果听得进去，修正过的博客将可能实现你的目标。

反观经营"麋鹿邦"与"美食车站"博客的人，态度就迥然不同了。他们坚持顾客喜爱自己的博客，尽管两者都在博客论坛中遭到严辞批评，但他们完全无动于衷，并认为自己是创新者，面对古板博客的嘲讽，后者尝试强行规范严苛的博客条件。

为了提供客观报道，我们花了相当长的时间访谈这两个博客的幕后管理者，分别是担任"美食车站"博客顾问、主持"名伶营销博客"的布隆伯格，以及笛娜丽公司的执行副董事长约翰·纳尔迪尼 (John Nardini)——他坦承自己就是"麋鹿邦"的作者。"洞开的虚无"作者麦里欧认为这类营销者是魔鬼化身，对此我们并不苟同，事实上我们两人都喜欢布隆伯格和纳尔迪尼，发现他们的主张既真实又诚恳，他们也都谈到自己创作的博客为访客带来了许多乐趣，也拓展了品牌。针对我们提出大多数人觉得他们的博客很蹩脚一事，两人都不以为然，也许假以时日他们能证明我们错了。

不过我们认为，"美食车站"可以用更好的方法经营博客。几年前，以色列曾经与一家名为"虚拟葡萄园"(Virtual Vineyards) 的网络新公司合作过，这家公司堪称电子零售业的先驱，也是最早在网络上营销葡萄酒和精致美食的公司——其实和今天的"美食车站"相距不远。"虚拟葡萄园"公司热心协助小型手工酿酒企业接触全球市场，让他们可以和垄断其他经销渠道的大规模酿酒商竞争。

当时"虚拟葡萄园"的共同创办人葛拉诺夫 (Peter Granoff) 是全美

仅有的 13 位侍酒师 (Master Sommelier，为客人搭配葡萄酒与食物的认证专家) 之一，他极为擅长驱散葡萄酒的"迷雾"，也就是打破葡萄酒的精英主义，让更多普通老百姓也能和家人、朋友尽情享受美酒与美食。相对于那些以"闻香、漱酒、吐出"来判断酒类等级的高姿态品酒专家，葛拉诺夫完全不理这一套，他展现真正博客的精神与风格。"虚拟葡萄园"的营销努力建立在葛拉诺夫的人性关怀和对葡萄酒的热情上，正如科技狂热分子自称"技客"一样，侍酒师称他们自己是"软木塞痴人"(Cork Dorks)。网站的主要内容是"彼得 (葛拉诺夫的名字) 精选"和"彼得配酒"两个专栏，葛拉诺夫以提供建议的方式撰写专栏，并且经常更新内容，不厌其烦地亲自回复读者如潮水般涌入的电子邮件 (他们全都请求葛拉诺夫提供建议)。我们不妨想一想，如今有了博客这种便于对话的渠道，像葛拉诺夫这样重视真实的人能够为"美食车站"做些什么？身为怀有满腔热情的饮食权威，谁能比虚构角色亚历山大 (其实就是葛拉诺夫本人) 卖出更多酒食礼盒？也许"美食车站"开始了解这一点了，最近该公司已经开始在亚历山大的博客中穿插真人撰写的贴文。

同样，"麋鹿邦"也可以采取同样策略，由专家亲自出面解释公司产品的微妙异同，例如普通香草口味和顶级冰激凌有何不同。并且也能向顾客和潜在客户证明产品背后确实有真人具备独特专业知识。笛娜丽母公司的销售对象是冰激凌制造商，而非终端消费者，"麋鹿邦"品牌可以拿来作为替产品命名时的"秘密淋酱"，就像计算机制造商强调他们的产品"使用英特尔芯片"以吸引终端使用者一样。

不回应？将付出昂贵代价！

别有用心的博客固然不得人心，但是完全不加入对话更糟糕。有 3 个被广泛讨论的案例证明，一旦忽视读者的正当抱怨与关心，即使时间只有短短数天，也会造成莫大损失。

上市公司艺电 (Electronic Arts，简称 EA) 是生产计算机游戏的领导厂商，20 多年来开发了上几百种热门的计算机游戏软件。2004 年 11 月，一个自称是"艺电配偶"(EA Spouse) 的女子开始主持一个名为"艺电：人性故事"(Electronic Arts：The Human Story)①的博客。这名女子用形象化的语言描写了艺电公司声名狼藉的工作环境。对未经训练的观察者而言，这个博客可能没什么看头，对外链接寥寥可数，也缺乏其他指标，这足以说明作者缺乏公共影响力，于是艺电公司一开始忽视这个博客的存在，毕竟谁可能在乎一个软件开发工程师的妻子抱怨些什么？也许艺电选择缄默的另一个原因是，几个月之前一位员工对公司提出诉讼，指控公司虐待员工，这意味着公司聘请的律师可能秉持避免风险的一贯原则，建议艺电公司闭口不谈。

然而其他博客却注意到了，他们通过链接传播这项信息 (这在博客圈里是常事)，愈来愈多人迅速得知艺电配偶博客，再把消息传出去，于是口耳相传的机器开始全速运转，也有其他人开始证实这名女子的指控。闻风而来的新闻界要求艺电公司发表评论，该公司照本宣科地回应一句"我们不评论员工关系的话题"，这一来新闻媒体只报道了博客的一己之词。2005 年 7 月，离最早贴出文章的 7 个多月之后，我们到 Google 搜索"艺电＋员工"(electronic Arts+employees) 一词，结果艺电配偶依然名列榜首，此时她本人开始创立"游戏观察组织"(Gamewatch.org)，宗旨是扮演计算机游戏产业的监督组织，而艺电公司则面对第二次集体诉讼，同样是被指控虐待员工。

艺电的这次公关溃败仅是昙花一现吗？会不会对公司造成长期的影响？我们姑且把时光往前推几年，如果你是一个才华横溢的年轻游戏开发师，这家公司会是你应征工作的首选吗？你认为积极想要招募人才或向竞争对手挖墙脚的公司是在哪儿寻觅千里马的？如果你是投资人，一年多以来不断读到某公司的员工对公司的诉讼的新闻，你对自己投资这

---

① http://www.livejournal.com/users/ea_spouse/274.html

家公司有多少把握？假如你是基金经理人，你会把这家公司纳入投资组合吗？

我们无法得知艺电方面的说辞，该公司自然拒绝与我们讨论此事，不过有人告诉我们，艺电公司对于博客圈的任何相关评论都如临大敌。在这节骨眼上我们也不能怪他们，不过博客区真的把这家公司当做了过街老鼠，艺电的长期沉默等于容许外人挖墙角，如今他们恐怕已经陷入这个深坑不能脱身了。

艺电员工对公司提起的第一次诉讼胜诉之后，公司付出1 590万美元和解金给前任员工了事，远远超出员工指控公司不给加班费、不让他们午餐时间休息所节省的成本。

我们不是法官，没有资格对此案的诉讼程序发表意见，但是可以确定的是，一家公司不必承认过失也能够表达对那些失望员工的关心，并展现仔细倾听和积极应对的诚意。此事被揭发之初，艺电难道不能对这个情况表达同情与遗憾吗？艺电公司大可回头问问自己员工觉得在公司工作的感受如何，或许再解释一下目前设置相关工作条件的原因，同时表示公司希望改善不良工作条件等等。这类行动本来可能化解后来的难堪与火暴场面，但遗憾的是，这幕情景并未发生。我们认为未来很长一段时间里，艺电公司将会为当初的选择付出沉重代价。

看紧博客才不会吃大亏

艺电公司的处境并不孤单。《超人》(*Superman*) 的影迷也许还记得，打败英雄的东西叫做"可利泰"(Kryptonite)，有一家自行车锁具厂商也叫这个名字，2004年9月，这家公司在短短10天之内迅速学到痛苦且昂贵的一课。

事情是这样的，起初一个匿名人士打电话给可利泰公司，宣称他能用一支原子笔破解该公司的畅销链条环形锁 (Tubular Cylinder Locks)。

几天之后，同样的匿名声明登上了自行车玩家喜欢出入的网络电子布告栏"自行车论坛"(Bikeforums)[①]。

这则消息迅速在博客圈里蔓延开来，在这儿口耳相传的速度惊人，不久之后，访客最多的博客之一"Engadget"[②]不仅刊登该声明，还播出一段视频，内容赫然是如何以一支原子笔打开可利泰锁头的画面。

后来我们得知，可利泰公司特别组成了一个由 25 人组成的攻关小组，几乎是夜以继日地评估损害程度。另外，根据可利泰公关经理唐纳·托琪 (Donna Tocci) 的说法，他们还得不计成本赔偿顾客的损失。开始，该公司按照传统危机管理守则处理此事，托琪说公司仅在网站上贴出几则相关更新信息来平抚众议，而后她坚持公司正专注地应付这项问题，但"由于还有更需优先解决的事情"，因而暂时忽略了博客圈。

这套措施后来铸成大错，可利泰忽略博客圈的作风，留给了数百万人该公司漠不关心或消极对抗的印象，于是博客们言辞犀利地攻击可利泰。此外，他们也散布相关评论，吸引更多网友前去 Engadget 观看那段视频，根据 Engadget 主持人杰森·卡拉卡尼斯 (Jason Calacanis) 的估算，大约有 180 万个访客浏览过这个网页。

10 天之后，原本态度模棱两可的可利泰公司宣布，将为顾客全面换装新锁。观察家估计，从那时候起算，该公司已经为顾客换装 35 万把锁，根据《财富》的统计，成本大约是 1 000 万美元，而可利泰公司每年营业收入也不过才 2 500 万美元。

从博客圈的观点来看，接下来的 10 个月，这家公司依然没有打破沉默，直到我们在本书博客里张贴这一章的初稿之后，托琪才在 2005 年 7 月与我们联络。她告诉我们，可利泰公司在危机期间对于博客的事认识有限，不清楚博客的本质为何、如何运作，又该如何和他们打交道。后来当她试图加入博客对话时，被震耳欲聋的嘘声吓得赶紧闭嘴，博客

---

① http://www.bikeforums.net

② http://www.engadget.com

们谴责她"根本搞不懂状况"。托琪觉得新闻界报道她的公司时态度还稍微平和一点，她宣称："博客对自己的观点和意见热情十足，他们会针对某件事猛烈攻击或高声喝彩，然后随之起舞，而且不必像传统媒体一样查证事实或数据。这就好像打电话游戏一样，等到拨通第 10 次电话，信息内容不管对错都会被认定为事实，而且印象永难磨灭。"

托琪说，公司在危机期间曾在特别的网站上张贴显著告示给顾客看，不过这些内容我们现在已经找不到了，唯一找到的一份告示仍坚称锁具依然可以防盗，我们猜这里指的是防那些没有原子笔的盗贼吧。好几个博客告诉我们，他们确实去拜访了托琪所说的网站，却没有看见类似的告示，我们实在无法判断哪一边的说法才正确。不过托琪的话中有一点倒是很重要，她的公司做了自认为该做的事：特遣小组开会讨论问题的严重程度，并决定立刻采取行动，优先考虑顾客的财产安全。可利泰公司投入大笔资金使公司重新站起来：小组成员找传统媒体谈，并利用电子邮件和电话答复顾客的问题。然而他们遗漏了博客这个新兴势力，以致依然掌握不到情况，结果公司的公共形象持续遭受打击。可预见的是，未来几年，搜索引擎还是会逐条陈列对该公司的负面报道。

几年以前，企业花 10 天时间去回应突发状况算是速度快的了，如今不同了。2005 年 1 月，戴维·柯克派区克 (David Kirkpatrick) 和丹尼尔·罗斯 (Daniel Roth) 写了一篇文章[1]登在《财富》杂志上，标题叫做《为何无从招架博客？》，副标题是"随心所欲的博客可以捧红你的产品或摧毁你的产品，不管怎么说，他们已经成为一股企业无法忽视的势力"。他们的导言就是以可利泰公司的故事为例证，这家自行车锁具公司变成了媒体报道中很有名的博客圈错误范例。

2005 年 8 月底，PubSub 公司执行官鲍勃·怀曼 (Bob Wyman)[2]在博客企业峰会 (Blog Business Summit)[3]的一场小组讨论中发言："事发

---

[1] http://www.fortune.com/fortune/technology/articles/0,15114,1011763-3,00.html

[2] http://bobwyman.pubsub.com

[3] http://www.blogbusinesssummit.com

当时，你不能太责怪他们不听博客圈的话，可利泰公司因为不知道该怎么做而落入盲点，他们的遭遇让后来者明白了该怎么做。"我们认为他一语中的，可惜不是所有人都听进去了，其他锁具公司并没放在心上。

2005 年 4 月，加拿大博客达伦·贝尔福特 (Darren Barefoot)[1]在他自己的网站上发布一段视频，记录某人以剪刀、强力胶带和一卷卫生纸在两分钟内解开一个肯辛顿牌 (Kensington) 笔记本电脑专用锁。我们不确定这段视频的出处，不过这则故事从贝尔福特的网站开始迅速蔓延，很快就登上访客流量数一数二的 BoingBoing[2]和 Gizmodo[3]这两个博客。肯辛顿牌笔记本电脑专用锁产品有句口号是"如果你的笔记本电脑不上锁，就等于你的网络没设防"，此时该公司却选择把自己锁在博客网络之外，虽然情况愈来愈恶劣，他们依然保持沉默。接下来 Engadget 博客的创办人之一彼得·罗哈斯 (Peter Rojas) 又公布一项新资料，那是一帧显示某人正在破解肯辛顿汽车方向盘锁具的照片。更糟的是，假如可利泰公司的托琪告诉我们的话可信，此时肯辛顿公司应该已经知道风暴即将来袭，因为用原子笔开锁的问题不只限于可利泰公司，任何管状环形锁都面临相同问题，使用相同技术的肯辛顿公司也不例外。

我们有点儿同情可利泰公司，因为他们碰到的问题前所未有，然而肯辛顿有防范的机会却没有采取相应措施。我们想想看，类似危机让可利泰破财 1 000 万美元，因此肯辛顿应该采取的措施显而易见：加入对话，而且速度要快，表示得知这一问题令他们非常震惊。但是他们并没有选择这样做，他们还应该对顾客致歉，然后保证一定会把事情搞定。

面对危机，迅速反应是非常要紧的事。多年前强生药厂 (Johnson & Johnson) 面对一场远比自行车失窃更严重的危机，当时有人蓄意打开药房架上的几瓶泰利诺 (Tylenol) 止痛药并加入氰化物剧毒，后来 7 位民众死于剧毒药物。强生制药厂立刻快刀斩乱麻，回收市面上所有的泰利

① http://www.darrenbarefoot.com/archives/002675.html

② http://boingboing.net

③ http://www.gizmodo.com

诺止痛药，表明公司置公共安全为第一优先的态度，同时表示愿意承担所有责任，向此次恶意破坏案的罹难者家属表达歉意并发放赔偿金，更设立检举奖金给提供破案线索的人。另外，强生公司表示将会投资研发无法破坏的药瓶封口——今天几乎所有市面上的药品和食品都采用强生开发出来的这种防破坏封口。

我们在此讲述这些故事并无幸灾乐祸之意，我们也不喜欢"加入对话，不然要你好看"的个案辩论，不过我们全心全意赞同 Six Apart 公司执行副董事长达什①的看法，他在贝尔福特贴文发表了以下这段评语：

"我不赞成阁下（贝尔福特）的观点，可是老天，我讨厌'看紧博客圈，不然你迟早会吃大亏'这种教训，这让我觉得企业理应致力博客的原因仿佛只是为了让我们可以在对方拒不服从时敲诈他们。其实真正的理由……是这里对企业而言蕴藏无穷商机。每一个被破解的锁背后都存在上千个潜在新客户、很高的自由市场研究价值以及极富创意的新内涵。"

平淡无奇也是一种错误

平淡无奇，是大多数人和企业经营博客失败范例的原因，也许这听来没先前的例子那么富有戏剧性，他们只不过犯了乏味无趣的错误，但是高汀笔下的棕牛特征，他们几乎全都具备了。乏味的博客可能不会收到尖酸刻薄的评语，也不会遭到像其他网站怒斥艺电或可利泰公司的那种攻击，不过，平淡无奇仍会伤害你与你所代表的公司。一般人很容易犯这样的错误：下笔小心谨慎，确认没有冒犯公司内外的任何人，当其他网站说些对他不利或挑战他的话，也只是采取视而不见的策略，假装别人留下的评论不曾存在，以为这样那些人就会自行离开。

你也许会对被惠普公司 (Hewlett-Packard) 赶走的前任执行官卡

---

① http://www.dashes.com/anil

莉·菲奥莉娜 (Carly Fiorina) 有意见，可是不能否认，她也是个有趣的人，只是她的某些行动吓坏了一群推崇传统"惠普风范"(HP Way)(所谓"惠普风范"就是把工程与质量放在优先地位)的人。但是菲奥莉娜以一连串大胆行动终结老方法，使得员工、投资人、大众和董事们之间产生严重对立。当 2005 年初菲奥莉娜遭到董事会开除时，我们很失望地发现，惠普公司没有任何一个博客敢发表个人评论，谈谈她的离开对公司或顾客是好是坏。我们发现第一则惠普博客贴文的发表时间距菲奥莉娜被迫离职之时已有 6 个小时，作者是该公司一个经常出差的员工，撰文抱怨工作的艰辛。硅谷里盛传，当时惠普员工在公司走廊跳舞庆贺，嘴里高唱"叮咚，泼妇走啰"，而公司博客竟然在此时贴文探讨出差的辛苦！

在我们所找到的惠普博客贴文中，最接近实情的是这则评语，"她有优点也有缺点"，但这恐怕也称不上是什么深刻见解吧。另一位博客向读者保证，未来惠普依然会尽最大努力地照顾顾客的利益。后来菲奥莉娜展开巡回演讲，她在演说中斥责惠普性别歧视，宣称有一次被迫出席一场脱衣舞秀，原因是某个事业伙伴坚持说她非参加不可[①]。此话曝光之后，也没有任何惠普博客敢发表评论。

在我们看来，回避可能影响公司前途的争议性对话是极为错误的，因为这刚好让竞争者趁机牟利。当我们与升阳计算机的公关主管哈特泽对话时，他对升阳博客比惠普博客表现优异这一点沾沾自喜，他果断地说："我们拥有透明的文化，而惠普等竞争者并没有。"

有些公司高管在刚开始主持博客时的表现很平淡无趣，但是在聆听别人诚实而又不客气的评论之后，不论是写作风格还是内容都有所改善，证明他们确实注意到了读者的评语。但是有些博客却不一样，例如波音公司 (Boeing) 营销主管兰迪·巴赛乐 (Randy Baseler) 所主持的"兰迪日记"(Randy's Journal)[②]，他在博客中以第三人称描写自己是个"幸运的

---

① http://www.hp.com/hpinfo/execteam/speeches/fiorina/simmons04.html

② http://www.boeing.com/randy

家伙，有机会到世界各地旅行，讨论有关商用飞机的各种观点"。身为西雅图波音商用飞机部门的营销副董事长，兰迪长年都在与会晤专家、分析家、航空界客户、相关媒体会谈，所有言论都只顾着吹捧波音公司。兰迪的博客是最早推出的企业官方博客之一。

常年出差旅行一定让兰迪忙碌不堪，我们曾询问一位波音公司的代表，为何兰迪不让读者留下评语？对方的说法是："兰迪太忙了，没空回复。"我们揣测他一定比通用汽车副总裁卢兹、达拉斯小牛队老板库班、法国合作联盟的莱克雷可更忙碌，而他们几位全都关注评论并且亲自回复。兰迪日记是某些博客沦落为公司简介的典型，尽管它一直在吹捧波音公司，但将近两年来，它依旧是个糟透的博客，内涵与个人风格乏善可陈，无异于一份过时作废的火车时刻表。

我们认为这实在可惜，波音和法国的"空中巴士"公司 (Airbus) 在业务上有激烈的竞争，这一切你无法从兰迪日记里得知，我们想要获得为何自己应该支持波音而非空中巴士的论述，可惜这个博客无法提供。

尽管如此，波音似乎已经知晓许多博客的意见。2005 年中，该公司推出第二个博客，名为"飞行测试日志"(Flight Test Journal)[①]，内容100%扣人心弦。如这个博客充分描述了一架新飞机的标准，这里提供的网址测试的是波音 777-200 型飞机。此外，该公司也想出了许多极富创新的点子，譬如最近就邀请一群博客版主参加一架 777 型飞机的测试飞行，前提是他们答应在博客里讨论自己的试飞经验。后来这群参与试飞的博客所写的贴文，都对此次经验赞誉有加。

诚如我们已经提出的论点，好的博客对振奋员工士气有莫大的帮助，亚当·费拉包姆 (Adam Phillabaum)[②]从爱达荷大学 (University of Idaho)计算机系毕业之后加入了波音公司，他告诉我们："我服务的这家公司（以前）有个大家都觉得很蹩脚的博客，波音的规模大得诡异，有时候

[①] http://www.boeing.com/commercial/777family/200LR/flight_test

[②] http://doingboeing.blogspot.com

在这么庞大的公司里很难推动变革，可是当他们得知博客圈认为他们的博客很蹩脚，就立刻动手纠正过来，我一直觉得这件事真的很酷。"

没人性的博客请自行了断！

一个优秀的博客不能只求保持中立、谨慎、不冷不热，如果企业没有冲突、道德挣扎、产品开发挫败的经验，其真实性在人们眼里大概和猫王踩着黑丝绒开演唱会一样荒诞，而其趣味性则仿佛水电工聚在一起讨论非腐蚀性水管一样乏味。

印度最大的科技外包公司是威普罗 (Wipro)(在印度业务外包是个具有争议性的话题)，它的行业地位正好给了它相应的权威，为自己的立场辩护。譬如该公司可以提供相关例证，说明哪些公司从外包获取极大利益；也可以安抚因公司外包而失去工作、感到愤怒的员工，向他们证明外包对其他员工和公司大有好处；还可以讨论全球互相依存的利益。我们可以赞同也可以反对该公司的立场，但是这家公司必须要清楚地表达自己的立场。

然而他们并没有这么做，"威普罗博客"(Wipro Weblog)[①]的作者是一个高管小组，他们的贴文十分枯燥，以下这段贴文可以证明这点：

"一个有趣的新趋势就是将多种服务以全球外包方式委托一个伙伴负责，这些服务包括 BPO、信息技术基础架构与应用软件服务等。组织日益发现，善用这些领域之间的潜在综效所能创造出的利益持久性，远胜于零碎外包方式，这样的发现会刺激服务业者扩展服务项目吗？"

每一则贴文的语气都像这样。2005 年 8 月这个博客被废止了，我们倒觉得这是明智之举。

---

① http://www.wiproweblog.com

把威普罗这家公司特别挑出来讲也许太残酷了，毕竟其他公司和个人博客读来同样不堪入目，而这些公司至今既未改善也未放弃那些博客。威普罗错过了呈现公司人性化的机会，也错过承认自己的业务天生具有争议性的机会。威普罗的地位本来可以使博客极为吸引人（反正人们本来就会讨论外包，而且会讨论得十分激烈），但是事实并非如此。如果威普罗懂得加入（并主持）对话，情况会不会大有不同？

别挂在老板的服务器底下

忙碌的专业人士不必公司高层授意经营博客往往就已经忙得人仰马翻，一旦被交付主持博客的使命，文章里通常会流露出仓促的风格，这类博客的形成过程经常毫无乐趣，即便作者对特定主题的专业知识很丰富也不例外。"硅谷观察家"(Silicon Valley Watcher)[①]全职博客汤姆·佛雷姆斯基 (Tom Foremski) 于 2005 年 6 月指出："被迫主持博客的事实隐瞒不了，你一看就知道。"他发现许多主持博客的新闻记者都有这种情况，他们很难发展出一种"博客声音"：视当天贴文时间或他们个人情绪而定。主持博客的记者和写新闻稿的记者呈现截然不同的性格，他们写博客文章的风格和老板要求的严谨媒体风格大相径庭。正因为如此，新闻记者的博客最好在自己家里写，而不要挂在老板服务器底下，而且出发点是他们个人的热情与兴趣，而非为了履行员工职责。

Google 一直是科技界口耳相传的传奇，改天应该有人出一本书，写写他们出色的技术和发展史，不过我们在此提到 Google 却和这些无关。我们要指出的是他们长久以来都把公司置于第一位，这正是 Google 的官方博客[②]何以令人这么失望的原因，甚至糟糕到被拿来当做自私博客的错误范例。

---

① http://www.siliconvalleywatcher.com/mt/archives/2005/06/the_seemlingly_b_1.php
② http://googleblog.blogspot.com

　　Google 是全世界最成功、最受尊敬、最被信任的公司之一，也率先推出博客编写工具软件包"博客"(Blogger)。尽管如此，在我们眼中，Google 自己的博客令人感觉相当自私。Google 的工程师和产品经理利用博客报告公司项目进行得有多么顺利、产品有多么畅销，读者看到这些内容，大概会以为这家公司从来没失败过，而且组织里的每个成员都彼此仰慕。

　　阅读 Google 博客，你会认为该公司就是独立的世界，大家使用计算机的目的只是为了连上 Google 的服务。他们的博客大多链接到其他 Google 网站，至少我们在 2005 年 7 月的观察是如此。这个博客除了 Google 之外不谈别的公司，也不承认有竞争者存在，甚至很少加入关于搜索话题的对话，就算对话内容与 Google 关系甚密也不例外。博客圈里有很多人都高声质疑 Google 这种明显的孤立主义博客策略。

　　除了博客之外，Google 的公共形象也非常强势，每天拜访 Google 网站的访客人数超过全体博客圈的访客，然而他们显然忽视了博客新现象。有朝一日该公司可能会发现，忽视博客的抱怨将招致灾难性的后果，一开始也许只是不痛不痒的噪音，但若不予理会，终将遭到狠狠重击。当我们撰写此章时，Google 大约拥有 40 名博客，其中几个是我们私下认识的友人，平常觉得他们既聪明又有趣，可惜他们的博客却不是这么回事，我们不禁对个中原因感到好奇。有一位 Google 的资深主管读到我们这一部分文章，最近向我们"非正式"透露，他们公司的政策即将改变，员工即将随心所欲经营博客。我们打算静观其变，只是不懂他为何拒绝我们引用他的名字。

　　苹果计算机是另一家备受世人爱戴和信任的公司，但是他们给人的印象是不够信任自己的员工，因此不愿鼓励员工从事博客。苹果计算机总裁、创办人兼执行官乔布斯的性格显然也延伸到博客圈。据我们了解，苹果计算机内有 100 多个员工博客，不过大多数都是利用闲暇时间写些私人话题方面的文章，另外，苹果计算机的博客中只有不到 10 个人曾

经在文章里提过自己任职于该公司。这意味着什么？短期看来可能不算什么，但是就长期而言，苹果计算机将会自食其果。

当博客圈里出现与苹果计算机有关的争议时，该公司员工本来大可站出来替公司撑腰的，但却个个避之唯恐不及。举例来说，苹果计算机控告两名经销商在博客中违反保密原则，后来他们虽然赢了诉讼，却输了博客和平面媒体反映出来的民意。最近该公司还发现，由于轻视需求下滑导致他们存货过多的外界谣传，让苹果计算机的股价在科技股普遍上扬时逆势下跌，尽管后来证明谣言不实，可是苹果的推诿政策却伤害到自己。该公司似乎是采取全面开战而非怀柔的政策，举例来说，本书出版商约翰威立国际出版公司 (John Wiley & Sons, Inc.) 出版严厉批评乔布斯的书《ｉ狂人乔布斯》(iCon) 后，苹果计算机竟然禁止苹果商店(Apple Store) 销售所有该出版公司的书籍。

知过能改就能赢得掌声

美国 20 世纪 50 年代的廉价杂志如《真实告白》(True Confessions) 和《现代罗曼史》(Modern Romance) 经常使用"罪孽、受苦、懊悔"(Sin, Suffer, Repent) 这个公式，文章一开始就描述一桩罪孽，这也是最引人入胜的部分；接下来在第二部分简短描述犯罪者如何受折磨——愈痛苦愈好；每一篇文章到了最后都以作者旁白描述犯错的人在全心全意忏悔之后终于获得真正的幸福快乐为结局，并以鼓舞人心的话语为故事画下句点。微姿的故事就是这一套公式的经典范例。

博客圈偶尔会显得苛刻严厉，不过通常也很容易原谅犯错的人，本章所提到的公司当中，任何一家犯了致命错误，后来又通过经营博客、遵循本书点出的成功原则的公司都化险为夷，成功地改善了现况。

随着时间的演变，博客也会跟着演化，未来企业将会调整博客，使其符合自身的目标，这是理所当然的。博客圈里没有绝对的法则，更没有强制执行的机制，这点我们得心存感激，不过博客圈也有一些基本规则，譬如透明度与真实性等等，我们无法证明这些规则能够恒久存在，不过那些想要在博客圈里言行得体的公司，最好遵守这些基本规则才是明智的做法。

　　现在，就让我们来谈谈博客圈的正确示范。

第11章

博客的 10 项基本功

第一次就把事情做到位是很难的，更大的难处在于没有人能体会这有多困难。

——沃尔特·韦斯特 (Walt West)

我们在前面两章谈到了博客的黑暗面，如果读者们到现在还在阅读此书，你若非已经在主持博客，那就是决心动手试试了。本章与下一章的主旨是帮助你了解某些良好的博客要点：我们不谈工具与技术，只谈其他成功博客所采用的技巧与方针。本章也将点出许多能够改善大多数博客效能、增强其回应能力的小细节。

这儿列出了正确经营博客的 10 个秘诀，我们不愿称之为"最佳实务"，原因不仅是这个词已经落入传统营销俗套，而且因为博客太新、变化太快，仍然没有任何"试炼过的实务"可言。这些实务范例最初是由斯考伯在我们的博客上以初稿形式出版，其中有些经过读者评论之后，已经进行过改善或扩充。

秘诀1：博客的命名玄机

当本书的发行人乔·韦克特 (Joe Wikert) 于2005年2月推出博客时，取的名字叫"平凡乔"(The Average Joe)①，在这里他犯了第一个常见错误：没有对博客的名字深思熟虑。

请快速回答"平凡乔"对你有何意义？可能不多吧。这名字听起来像面粉一样，没有形状，没有意义，如果换上一个更具体的标题，应该会让那些关心他的主题、对他的产品或服务有兴趣的人更容易找到这个博客。单凭这个名字，你怎么会想去读一读乔的博客呢？任何人怎么可能一望就知道这是个关于图书出版的博客呢？你要怎么在 Google 搜索，才可能将"平凡乔"推上搜索结果排行榜的第一名？

你的博客名称可以帮助你拥有自己的利基市场。假设有个叫做葆拉 (Paula) 的妇女想在加州圣卡罗斯 (San Carlos) 的家里烘焙食物贩卖，以下哪一个博客名称比较出色：

"我的面粉制品博客"，还是"葆拉的圣卡罗斯面包烘焙博客"？

现在你可能了解搜索引擎对你的企业有多么重要以及博客是如何影响他们的了。不久前我们要找一个出版商，我们是怎么搜索的？记忆中我们的第一个搜索请求是"图书出版商博客"之类的问题，我们两个人脑力激荡，想找出能帮助我们觅得适当出版商的查询字眼，以下是我们记得的几个：

◆ 图书出版商

◆ 如何让你的书得以出版？

◆ 与图书出版商谈判和签约

◆ 最佳商业图书出版商

◆ 作者最喜欢的商业图书出版商

---

① http://jwikert.typepad.com

◆ 如何写书

◆ 如何争取出书合约

◆ 把你的书写出来

当时乔还没有推出博客，不过就算已经推出了，"平凡乔"恐怕也不会在上述搜索结果中脱颖而出。

在你拟定自己的博客名字以前，最好花点时间（也许 1 个小时）在搜索引擎上找一找，把你的博客可能包含的几个字眼组合一下，试试看会跑出什么类似的博客名单来。有一些工具能帮助你的博客登上搜索结果排行榜，还有成千上万的网站能帮你更深入地了解搜索信息的人们是如何思考的。你不妨搜索一下"丹尼·沙利文"(Danny Sullivan) 或"约翰·巴特利"(John Battele)，就会发现很多关于搜索引擎最佳化 (SEO) 的窍门能够帮助你，更别提巴特利所写的那本绝佳的搜索专著[①]《搜》(The Search) 了。

不过现在让我们回到乔的故事。在上述的搜索尝试中，我们注意到有四个词不断出现——"出版"、"作者"、"写书"和"图书"，这些正是乔应该摆进他的博客名称里，以便获得最佳搜索引擎结果的字眼；此外他也应该把自己的全名放进去，因为博客应该同时具备私人性与独特性。

那么"乔·韦克特的图书写作与出版博客"这个名字如何？听来很无趣，对吧？然而关键就在于此：如果你去 Feedster 之类的博客搜索服务网站，键入"出版"，看看结果是什么（请注意博客名称写在每一则贴文底下）。现在，试问你点阅一个叫做"平凡乔"的博客的机会有多高？比比看，如果有一个博客的名称叫做"乔·韦克特的图书写作与出版博客"，你点阅的几率是否会比较高？

其实乔还可进一步改善博客的名字，他已经拥有我们大多数人所欠缺的资产——权威。他是上市出版公司的高管，其所在公司的历史长达

[①] http://battellemedia.com

200 年。根据《纽约时报》的排名，2004 年最畅销的 25 本商业图书中，有 4 本就是该公司出版的，既然如此，为何不在他的副标题上反映出来？

"乔·韦克特，能帮您出版图书的 John Wiley 出版公司高管。"当时我们搜索出版商时若有这么一句蹦出来，我们一定会兴奋地点击阅读。

5 个月后韦克特告诉我们："我采纳你们的建议，把博客的名字改成'平凡乔，图书出版商博客'。做了这个小小改动之后不久，我到 Google 去搜索'图书出版商博客'，结果发现自己的博客从本来的默默无闻，一跃蹿升至第一名。我是 2 月 19 日开始主持博客的，到了 7 月 15 日，我贴文 82 次，得到 353 篇评论，被别人引用 46 次，还被 36 个网站建立了 43 个链接。"

韦克特问道："这对我们的事业有何帮助？呃，我现在很难想出具体的答案，我不知道今天如何评估这项进展，未来又该如何评估？我一厢情愿希望新作家会来拜访我的博客，会喜欢上他们所发现的内容，最终选择我们公司作为他们的出版伙伴。我尝试把贴文的焦点放在协助新作家上，例如我发现'版税支付''平均预付金'等通常是最热门的字眼，吸引搜索者前往'平凡乔'一探究竟。根据这个发现，我试图在博客里详细地讨论预付金和版税的事。"我们首先观察到韦克特的博客对他事业的影响，许多抱负远大的作者向我们道谢，感谢我们指点他们去拜访乔的博客，他们也表达渴望与写博客的出版商合作。

在我们看来，这一切不怎么平凡呀！乔。

秘诀 2：动手前先阅读大量博客

在你着手开设博客之前，首先广泛阅读别人的博客，这样你才能明白博客圈的情况。关于这一点，我们建议你先安装 RSS 新闻联播软件，这是一种搜集多个 RSS 博客的内容，然后在同一个窗口中合并呈现的软件。（我们先前提过，RSS 代表网页数据交换技术架构。）现在不论针对微软窗口或苹果麦金塔操作系统，都有好几种 RSS 新闻联播软件，而且大部分都是免费的。RSS 的地位极为重要，我们将在第十四章进一步讨论，此处比较要紧的是了解 RSS 可以让你的触角伸得更远更广，而不像网络浏览器一样只能让你逐一检阅不同网站。当某个博客更新时，RSS 新闻联播软件会用电子邮件把更新内容传送给你，这能使你的阅读效率比传统的网络浏览器快上 10 倍。

博客搜索引擎或 RSS 搜索引擎，是帮你寻找感兴趣的博客时最棒的工具，我们认为这些搜索引擎都很简单实用，不过每一种的改善速度略不相同。譬如 PubSub[1]提供 RSS 订户最佳搜索结果，也是我们目前最喜欢的一种；"博客网格线引述"(Bloglines Citations)[2]十分容易使用与理解，对新手而言是很好的选择；另外 Feedster[3]和"冰火箭"(IceRocket)[4]也有异曲同工之妙。

Technorati[5]很有参考价值，因为它可以告诉你谁链接到谁的博客，知道这一点很重要，它有助于你了解每一个博客的排名。此外 Technorati 还成为"贴标签"(tagging) 的中枢渠道，这是一种新的搜索系统，可以找寻你感兴趣的照片与文字博客，关于这一点第十四章我们还会详述。

你也可以利用如 Google 等老式的网络搜索引擎去寻找博客，前提是你得牢记，永远得在搜索时加入"博客"这个字眼，不过传统搜索引擎欠缺流通性，有时必须花上两个星期才会收录一个新博客。话虽如此，这一点已经开始改变，"Google 博客搜索"(Google Blog Search)[6]的外观和 Google 没什么两样，只是更容易使用，然而它只能找到 2005 年 8 月 1 日之后上网的内容。如果是一些 RSS 搜索引擎，你的博客在几天甚或

---

① http://www.pubsub.com

② http://www.bloglines.com/citations

③ http://www.feedster.com

④ http://www.icerocket.com

⑤ http://www.technorati.com

⑥ http://blogsearch.google.com

几个小时内就会被收录进去。

让我们假设你正在寻找关于拼布的博客，你可以使用任何搜索引擎去寻找拼布方面的字眼，得到博客圈内目前（或过去）与拼布相关网站的缩影，然而如果有人以后又成立跟拼布有关的博客呢？如果你使用 RSS 新闻联播软件，就可以订阅这个特定的搜索条目，未来任何人在博客内使用"拼布"这个词，内容就会自动出现在你的新闻联播软件上。大多数博客都利用 RSS 搜索，去追踪博客圈内是否提到他们的姓名、公司、竞争者，或是公司业务类别中的常见专有名词。

阅读其他人的博客应该能帮你找到撰写自己博客的灵感，也应该能让你有些概念，知道别人已经说过些什么，你又能贡献些什么。如果你花两个星期阅读 50 个博客，却仍然觉得自己没有东西可写，那么你很可能成不了出色的博客，不过请务必坚持下去，即使你不主持自己的博客，仍然可以看看别人在博客里说了些什么影响你和贵公司的言论，只要情况适合，你就能迅速发表评论。

秘诀 3：保持简洁，切勿离题

大多数人喜欢迅速浏览众多博客，如果你想要别人对你品头论足、传播你的信息，就应该投其所好，使对方容易这么做。

记住这一点，每一则贴文最好只谈一个概念或加入一组链接。有个家伙的做法正好背道而驰，迈克·岗德洛伊 (Mike Gunderloy)[1] 在博客里放进一整页链接他人博客的清单，对那些以网络浏览器拜访他博客的网友来说没有问题，但是对于想要链接其中一个网站的博客而言却很困难。岗德洛伊的网站在网络浏览器里显得十分美观，可是大部分有影响力的博客是通过他们的 RSS 新闻联播软件观看他的网站，而不是利用网络界面，因此当他们以 RSS 阅读岗德洛伊的博客时，就不得不耗费

① http://www.larkware.com/index.html

大量时间，不仅阅读上有困难，就连把内容以电子邮件方式传给别人也是麻烦重重。想象一下，如果他的网页中有某个链接很吸引你，但是位置在网页 2/3 以下的地方，你把它传给友人时必须这么附注："嘿，珍妮，去看看这里链接的手机网站，你只要往这则链接底下卷动 2/3 页即可。"再怎么比，也比不上单纯的"嘿，珍妮，去看看这个链接"来得便捷。

秘诀 4：展现热情和权威

我们一起讨论这两个秘诀，原因是它们虽然身为独立元素，在你的博客中却应该是密不可分的。良好的企业博客不但要具备热情，还必须有权威。热情并不代表言之有物，就像许多青少年日志博客一样；但只有权威又令人感到无聊，第 10 章所举的兰迪日记就是例证。

你应该如何展现对某个主题的热情呢？一个办法是经常贴文，频率高低以你有多强的竞争对手以及你想要吸引何种读者群而定。我们检视 Technorati 和 PubSub 列出的世界最受欢迎博客的名单，发现他们的贴文频率奇高，每天都超过一则。

斯考伯自己最喜欢的博客包括 Engadget[1]、魏纳的博客[2]、微软的员工博客[3]、"不检行为"博客 (Misbehaving)[4]、麦里欧的"洞开的虚无"博客[5]、乔舒亚·迈卡·马歇尔 (Joshua Micah Marshall) 的"论点备忘录"博客 (Talking Points Memo)[6]、格伦·雷诺兹 (Glenn Reynolds) 的"速成贤达"博客 (Instapundit)[7]、希尔斯的博客[8]、杰夫·贾维斯 (Jeff Jarvis)

---

[1] http://www.engadget.com
[2] http://www.scripting.com
[3] http://blogs.msdn.com
[4] http://www.misbehaving.net
[5] http://www.gapingvoid.com
[6] http://talkingpointsmemo.com
[7] http://www.instapundit.com
[8] http://doc.weblogs.com

的“蜂鸣机”博客(Buzz Machine)[①]、“敢死火球”博客(Daring Fireball)[②]等，所有这些博客也是每天至少贴文一则。

以色列的钟爱清单下包括“下一波”博客[③]、罗斯的博客[④]、律师厄尼的博客[⑤]、勒穆尔的博客[⑥]、麦吉的“冥思”博客(Musings)[⑦]、高汀的博客[⑧]、勒西卡的“新媒体冥想”博客(New Media Musings)[⑨]、“吆喝博客”(Joho the Blog)[⑩]以及希尔斯的博客。

这两串名单的内容差异性很大，可是有个共同点，那就是我们都喜欢多产的博客，名单中的这些人大多数每天至少贴文一次，或者至少每星期也达到三四次。

话虽如此，当你觉得生活中发生某件令你分心的事，减损你对博客题材的热情时，我们建议你不妨休息一下，有时候你就是没这个情绪，那么不必勉强，最佳写作火候还没到。像微软最受欢迎的博客之一(至少直到他在2004年结束贴文以前)克里斯托弗·布鲁姆(Christopher Brumme)[⑪]就是一个例子，他的博客不是那种会吸引很多人阅读的类别。布鲁姆的工作领域是技术难度很高的.NET平台共通语言执行环境(.NET Common Language Runtime)小组，他平均每个月只贴文一次，而且每则贴文约有1.1万字之长，几乎违反我们这里提供的所有建议。尽管如此，布鲁姆在软件开发工程师的圈子里非常受欢迎，他们大批涌入布鲁姆的博客，原因是别无其他竞争者。本来具有他这种技术知识的人就少，而除了他以外，别人也不来写.NET的内部结构，所以他能够这么久才贴

①http://www.buzzmachine.com
② http://www.daringfireball.com
③ http://www.whatsnextblog.com
④ http://blakeross.com
⑤ http://www.ernietheattorney.net
⑥ http://www.loiclemeur.com/english
⑦ http://www.mcgeesmusings.net
⑧ http://sethgodin.typepad.com
⑨ http://www.newmediamusings.com/blog
⑩ http://www.hyperorg.com/blogger
⑪ http://blogs.msdn.com/cbrumme

一次文，也从未有人质疑过他的热忱或权威。

说到权威，这是成功博客必备的另一项要素。当你为博客撰文时，记住只写你懂的事情，不论你是个水电工、汽车制造商、NBA 篮球队老板或制作 T 恤的法国人，只管把你的知识展现给关心这些话题的读者。

这项建议知易行难，不过新手上路时倒是有个好办法，就是不管你从事哪一行，只需讨论相关细节。我们看看第五章提到的裁缝马宏，他主持"英国剪裁"博客[①]时，将他所知缝制顶级西装的一切细节（包括布料、尺寸、量身等等）都呈现出来，还展示制作过程中的西装照片，换言之，他充分展现了自己透彻了解自己所从事的工作这一点。

吸引有影响力人士链接到你的博客，可以让你坐享其成，分享极为庞大的利益，那不但能让你在大批读者前曝光，也暗示着对方有可能把你当成权威，进而给你带来种种好处。举个例子，我们两人全心全意信任席尔斯，多年来一直阅读他的文章，而且都认为他所说的一切真实无误，因此当席尔斯链接到某人博客，并肯定该博客内容时，我们会信任他，同时认定他推荐的博客必然有权威、值得信任。

设法找五个大家欢迎且广受信赖的博客链接到你的新博客，这样大概就大势已定了。你可能愚弄一个人，却很难同时愚弄五个。

秘诀 5：增加评论

好的博客是对话平台而非单向的公关渠道，不过你必须克服心理障碍，明白你不可能拥有完全控制权，反之，你应该拥抱对话的延伸。如果你不容许他人评论，你的企业博客就可能被视做公关渠道，信任或拥护你的读者就会减少很多。这并不意味着你需要容忍过分粗暴的言论，斯考伯和以色列曾在博客中遭到一些评语的恶意攻击，之后以色列在他的"会客室规则"里宣示："如果你到我家做客，对我或其他客人粗鲁

[①] http://www.englishcut.com

无理，我会要求你检点一些；如果你不从，那我只好请你离开，而且不再容许你回来做客。同样的原则也适用匿名评论者，如果你不让我知道你的身份，就会遭到驱逐。"这项"会客室"政策让博客的日子比较轻松愉快，我们建议你如法炮制，制定规则，之后严格执行。

秘诀 6：容易亲近

如果你想获得意外惊喜，就得让人们很容易通过博客与你接触。我们知道许多案例，读者试图通过博客的网站与他们联络，但却得不到回音，结果这些无法取得联络的博客因而丧失获得邀请、建立人脉、谋职的大好机会。很多人利用博客展开对话，事后却却让别人无法通过电子邮件或电话联络上他们，这些例子之多简直叫人吃惊。

斯考伯在博客里公布了自己的手机号码和电子邮件地址。某个周六下午，他和家人一起玩迷你高尔夫球的时候，手机突然响起。

"哈啰，是斯考伯吗？"
"是啊。"
"嗨，我是美国广播公司 (ABC)'极至居家修缮'(Extreme Home Makeover) 节目的设计制作人。"

后来斯考伯发现美国广播公司不是要替他修缮房屋，不免感到有些失望，原来这位制作人只是想拜托他出马协助另一处西雅图地区的住宅配备一些计算机与其他设备。一开始 ABC 试图与微软的公关公司联系，但是时逢周末，没有人在办公室。可是这名制作人通过斯考伯的博客轻易找到了他，而斯考伯也欣然同意帮助。到了周一，获得该节目设计组协助的那个家庭就收到了符合他们需求的赞助设备。

你永远不知道谁想找到你，也不知道他们将对你的企业或职业生涯有何影响，除非你在博客上张贴你的电子邮件地址（至少要这样），否则双方永远也无缘会面。就像 ABC 制作人的例子所说明的，有些人根本等不及对方回复电子邮件，这时候有无电话联系方式就显得很重要。经验告诉我们，公布联络方式的风险是被夸大的，斯考伯的电话号码公布了好几年，至今他只接到过两个恶作剧的电话，电话的公布让他更容易让人亲近，获得了不少友谊，而且得到了许多原本不可能拥有的机会。

秘诀 7：说故事

企业博客做的一切其实就是说故事，讲你的故事。

高汀写过一本叫做《所有的营销人员都是大骗子》的书[①]，标题或许很耸人听闻，不过这样的题目让该书大卖特卖。当你深入研读此书，才发现他真正要表达的是，营销人需要会讲打动人心的故事。

我们由此得知，冲突是一则好故事的基本元素，是一个强有力的工具，商业书籍作家常常拿它来做文章。利用冲突，往往会增加你被人广泛注意的机会。

爱情和罗曼史如何？魏纳告诉我们他经常"调戏"自己的读者，不过他使用两性譬喻时很谨慎，因为过犹不及，反而会让你想表达的意思变得廉价。

指名道姓如何？"你有没有听说亚当·科利 (Adam Curry，公认的重量级博客催生者之一，与温纳并驾齐驱。——译者注) 在 Gnomedex 博客大会上是怎么说琼斯 (Jones) 的？"没错，这招确实管用，但也要小心别气走你的读者：如果使用过度，可能会令你的读者倒胃口。

戴维和葛利亚搏斗 (David vs Goliath，《圣经》记载牧羊人戴维搏倒巨人葛利亚。——译者注) 的故事呢？绝对卖座！如果你处于劣势，不妨大声说出来。

---

① http://www.allmarketersareliars.com/

个案研究也很有效，在企业博客里，客观呈现事实的效果十分强大，访客欣赏以事实说话，尤其是叙事者本人是深受其信赖的权威时，更令读者倾倒。

秘诀 8：善用链接

斯考伯还未到微软上班以前，有个前任老板指示他不要链接自己组织以外的网站，这种态度部分来自网络爆发时期出现的"黏着性"(Stickiness) 概念：也就是吸引别人到你的网站参观，然后他们就像苍蝇被"黏死"在胶纸上一样，永远不离开。用这种态度对待请客简直是侮辱人，而这也是我们在上一章里把 Google 的公司博客当做错误示范的原因。Google 的博客只链接到其他 Google 网站上，这种对待顾客的做法恰好与斯考伯年少时在照相机店打工的态度完全相反。如果他知道顾客在别的地方购买更方便，他会指点对方去其他的商店购买，结果虽然失去了一笔生意，却获得了顾客的信任与忠诚支持。

让我们想象三组不同博客：

A 组，只链接到 A 组自己的网站。

B 组，只链接到 B 组自己的网站。

C 组，链接到每个人的网站，包括 A、B 组，甚至 D、E、F 组……

C 组告诉读者哪儿有好东西，因此建立了权威，优秀的博客会链接到任何网站，而不只是对他们母公司友善的网站。噢，顺便提一下，C 组在 Google 上的搜索排名会高于其他两组，因为读者会优先拜访 C 组，然后才通过 C 组列出的链接去查看 A 组或 B 组。

加入链接时，请链接你的敌人、竞争者、甚至任何人，不要"黏合"，要"链接"，你要尽可能成为读者的最佳信息来源，而他们也会以大量

逆向链接 (inbound links) 来回报你。

秘诀 9：走进真实世界

从事博客的好处很多，许多人可以因此很容易地认识你，然而，这种方式到头来不可能让你们建立深厚的关系；如果人们认识你的唯一途径是通过你的博客，那么你呈现出的面貌就很单一，这也正是工商会议和产品展示会依然能够吸引大批参与者的原因。没有任何方式比得上面对面会谈，这些场合绝对比通过计算机屏幕来得更亲近、更令人回味。

如果你变成广受欢迎的博客，请尽可能走出去露面、演说，譬如主动参与各种形式的小组会议，参加任何能让受众见到你真实面目的聚会。如果你不常常外出，科技也能助你一臂之力，像是语音或影像博客都比文字博客更能让人们了解你，即使是静态照片也能为你的博客增添色彩，不论家人或宠物的照片，都能放在博客里。这些技巧都非常人性化，也都能增强你在博客中的人气。

其他博客将会协助你慢慢认识这些主题，工具很简单，往往不用花费分文。

秘诀 10：利用你的参照者日志

假设你正在一场鸡尾酒会上，忽然听到附近有人开始谈论你的事，这时候你会不会竖起耳朵仔细聆听？会不会觉得很想加入对谈？其实，有个简单的工具能让你监测到别人在博客里说的那些与你有关的事，那就是你的参照者。这是一种追踪技术，让你知道谁链接到你的网站，以及经由哪些网站链接进入你博客的实际访客流量。

我们每天阅读自己的参照者日志 (Referrer Log)，看看有没有新人链接到我们的博客，诀窍是从下往上读："广播使用者园地"软件 (Radio

UserLand) 呈现链接到你博客的网站清单，排列顺序由访客流量最高的网站依次往下排；"打字本"软件 (TypePad) 让你了解所有参照者是谁，顺序是从最新连接者排到最旧者；也许它们并不是很有用，不过"打字本"软件都附有"引用栏"，可以显示每一则贴文的连接者清单。

大多数参照者日志可以让你点击选择链接到你的网站网址，如此一来你就能阅读人们讨论的那些关于你的事。还有更厉害的"博客网格线引述"功能①，它不但是参照者日志，还让你一眼看出网络中任何网站的链接状况，任何人连到某个网站都会清楚显示出来，你只要输入一个网址，就会得到与之链接的网站清单。

以下是寻找我们网站参照者的输入方法：

http://www.bloglines.com/citations?url=http%3A%2F%2Fwww.nakedconversations.com

另一个是寻找 redcouch.Typepad.com 网站参照者的输入方法：

http://www.bloglines.com/citations?url=http%3A%2F%2Fredcouch.typepad.com&submit=Search

这些都与如何在博客圈中进行对话有关，一旦你跟随一个链接去看看某人写了些什么关于你的话，你就可以在自己的博客里贴文回应那个人的话，也许还可以再链接回到对方的博客上。这样的行动表明你确实倾听别人的意见，也愿意链接到自己公司地盘之外的领域。当然，这些链接也会帮助你在 Google 和其他搜索引擎上出人头地，好处不在话下。

了解博客圈显然是基础功夫，不过，了解你工作地点的组织文化与规范同等重要，目前已经有将近 100 个博客宣称他们被公司炒鱿鱼，原因是公司怪罪他们的博客助长恐惧、不确定、怀疑，因此下一章的主旨就是要减轻你的担忧，确保你能捧紧手中的饭碗。

---

① http://bloglines.com/citations

第 12 章

搞革命可能颠沛流离

好的营销一定程度上得靠遵循规则；而伟大的营销通常靠的却是打破规则。

——营销大师菲利普·科特勒 (Philip Kotler)

马克·简恩 (Mark Jen) 到 Google 上了两个星期班就被公司辞退了。由于 Google 不肯谈论此事，我们只能猜测他被炒鱿鱼的原因，我们认为简恩把 Google 的公司文化逼得太紧，公司为此开除了他。他的同事告诉我们，他们不喜欢简恩表达的对 Google 的怀疑论调，他们主张，一个新人到公司上班的头两个星期，总该抱持更积极的态度。简恩丧失了同事的尊敬和内部支持，公司内掌权人士没有一个愿意挺身为他辩护。他选择在财务季报公布、同事即将因股票坐收丰厚利润的前夕径自把先前出版的财务资料公诸于世，同时质疑分析师过度美化公司前景——这一错误让他丢了饭碗。

在博客世界里，这叫"Dooced"，意思就是某人的网络言行冒犯了上司，最后惨遭开除。这个词是网络设计师希瑟·艾姆丝庄 (Heather B. Armstrong) 于 2002 年所创，她由于在个人博客 Dooce.com 中讨论自己

在雅虎的工作经历和同事，后来被雅虎开除。另外也有一些员工因类似情况遭到解雇的例子，也吸引了众多媒体的报道。例如一位达美航空(Delta)的空姐埃伦·西梦奈蒂 (Ellen Simonetti) 在自己博客"空姐日记"(Diary of a Flight Attendant)[①]里，张贴了一张自己穿着制服的颇富挑逗性的照片，事后就遭到免职。该空姐被解雇之后，将这个网站的名称改名为"被解雇空姐的日记"(Diary of a Fired Flight Attendant)。微软有个合约承包商在他的博客里贴出一张照片，内容是微软的一处装货码头堆满了苹果的麦金塔计算机设备，此后微软便终止与他的合约。网络交友公司 Friendster 有一位软件开发工程师在博客圈里与人分享产品的技术细节，同样也遭到开除。根据"博客权利博客"(Blogger's Rights Blog)[②]的统计，有将近 50 家公司以博客言行不当为由，惩戒或开除了相关员工。

对某些人来说，在众目睽睽之下工作可能会危及自己的饭碗，因此他们需要制定保密的行为准则或方针。这或许有必要，但不要高估它们的力量，它们不见得能预防破坏行为，就像有人会主张："我可以在结冰路段以每小时 104 公里的速度行驶，因为这里允许的最高时速就是104 公里。"

我们将在本章探讨一些危险区域，举例来说，达美空姐西梦奈蒂被炒鱿鱼的理由似乎是因为她贴在博客里的照片形象恰好是公司公关团队极力想要扭转的形象。我们说"似乎"，原因和这一章里所举的其他例子一样，我们只能取得被解雇员工一方面的说法，至于公司方面都不肯讨论被免职的员工，他们的律师更是如此。我们确实知道达美航空的案例特别具有话题性，因为该公司先前曾被指责他们的广告歧视女性。我们假设西梦奈蒂的做法强化了公司想要扬弃的形象：这家航空公司只雇用性感的空服员，而且正中乘客下怀。西梦奈蒂张贴穿着公司制服的照片，无疑将达美的企业文化推往公司不愿前去的方向，所以她才遭到开除。

---

① http://queenofsky.journalspace.com

② http://rights.journalspace.com

如果你想避免简恩或西梦奈蒂在博客里所犯的错误，就需要了解公司的文化，清楚公司文化愿意和不愿意接受的事物。以下这些危险区域是我们从许多企业老板、高级公关主管、法律专家那儿收集来的，他们分别来自波音、通用汽车、塔吉特、微软、升阳计算机等公司，还有一些是我们从自己的经验中得到的教训。

◆ 不符合公司的公关形象。

◆ 泄露财务或其他机密信息。

◆ 惹恼同仁和老板，导致工作场所陷入混乱。

◆ 提前公布新闻，为公关团队制造意外负担。

◆ 揭露公司内不可告人的秘密。

◆ 制造麻烦，害公司承担法律责任。

◆ 损害公司与合伙人、竞争者或第三者的关系，以致影响公司地位。

考虑到以上这些危险合情合理，我们应该合理规避。但如果一个公司不仅容忍博客，而且鼓励员工从事博客，那么好的博客就会减轻这些危险。虽然我们主张雇主应该信任员工主持博客，但员工也必须值得雇主信任。尽管如此，企业的决策者也需要稍微放松一点儿，他们需要牢记，博客圈的气氛是坚决反对广播式营销和公关用语的，在大部分博客眼中，广播式营销和公关用语已经蚕食了其他沟通渠道。唯有雇主平常容忍员工的异议与批评，员工的支持与拥护才更真实、更有可信度。

了解公司对博客的容忍程度

斯考伯在他的 Scobleizer 博客里发表的言论偶尔称得上是批评微软最有力的声音之一，许多人讶异微软不但忍着没开除他（或至少教训他一顿），反而还持续鼓励他从事博客。斯考伯的顶头上司更替他掩护，

以防止他遭受指挥控制系统的打压。也许有朝一日斯考伯做得太过分，或是微软的管理层态度改变，他也难逃被解雇的命运。然而该公司获得的利益却是有目共睹的：斯考伯和其他微软博客所享受的自由，宣示了公司的宽容文化，也扭转了外界对微软的负面印象。

就像大多数多产的博客一样，斯考伯经营博客的时间多半在清晨4点左右，我们假设此时微软的公关团队和主管正在沉睡，斯考伯怎么晓得他发表的内容会不会超过尺度呢？

我们通常把公司法规想象成在沙地上画的线条，员工心里都有数，除非自己想被炒鱿鱼，否则千万别越线。不过经验告诉我们，并没有一条确定的线划分什么事可以做、什么事不可以做，有些公司文化的弹性比较大，也有些公司文化的弹性比较小。凌晨4点钟写博客文章的员工需要了解自己公司文化的弹性大小。

如果是规模庞大的公司，文化的弹性随部门的不同而出现差异，也许某个小组不容许博客存在，另一个小组却对博客建设性的批评睁一只眼闭一只眼，因此了解一家公司文化弹性的松紧状态可能是你在主持博客时特别需要注意的。没有人能够编写适合所有公司、所有小组的博客统一守则，你需要明白自己公司文化的弹性，然后按照它的弹性状况"聪明地主持博客"。

当你设法判断自己能不能在博客里写某些东西时，不妨问问自己以下几个问题：

1. **公司是否反对员工比公司更出风头**。举例来说，美国第二大折扣零售商塔吉特公司的文化非常严谨，即便是公司执行官也不经常向新闻界发言。该公司员工告诉我们，这样的企业文化阻碍了他们从事博客；公司方面则告诉我们，他们会监察博客圈所讲的与他们有关的那些话，而且公司并不鼓励员工从事博客。

2. **公司是否拥有"统一口径"的文化**。苹果计算机告诉员工，只有公关团队与执行官、财务长可以对外发言。虽然苹果公司有少数员工从事博客，但他们的作风极为小心谨慎，结果主持的博客自然不怎么出色。反观第四章讨论过的 1000 名升阳计算机员工博客，彰显了公司开放的文化，改善着外界对升阳的观感，这一点是苹果计算机那些零零落落的博客所办不到的。

3. **公司的文化是否理解"市场就是对话"**。如果你的老板还没读过《市场就是谈话》这本书，你送一本给他，他会欣然接受吗?

4. **你的老板会容忍什么**。展示一些博客给你的老板看，听听他的意见，这件事最好在你动手主持博客前就要搞清楚。

5. **公司在法律方面有多么谨慎小心**。和你的律师谈一谈，弄清楚哪些事情最让他们感到吃惊。

每个博客都应该随时备妥一个虚拟的"安全钮"(Safety Knob)，往一边旋转，你的博客虽然安全却乏味；转向另一边，你可能写出令人眼睛一亮的内容。虽然描写冲突、死亡、破坏、贪婪、腐败、欲望或淫秽的生活，很可能吸引大批访客前来(这些正是小说家和好莱坞编剧的创作基础)，可是如果这些元素被用来写公司博客，却会转变成内部冲突、不可告人的秘密、跨公司的冲突、混乱和令人质疑的行为。你可以讨论产品或员工的缺点，不过后果可能是你的贴文被视为淫秽不雅，或是公司同事暴跳如雷，也可能是一张请你卷铺盖走路的通知单，甚至以上情况皆有。

诀窍是找寻你的安全钮上最"安全"的刻度，如果你不偶尔试试朝反方向靠拢，最后博客可能会落得索然无味，这虽然不会让你丢掉饭碗，却也无法创造太多收获。

你所写出来的、可以公之于世的故事将建立你的个人品牌认同，也将会对公司品牌产生影响，如果你事先征询公司意见，公司也许不希望这些故事曝光；可是如果你是个叙事高手，公司的文化也拥有很大的弹

性，勇敢写出来不仅没事，而且还会助公司一臂之力。

公司里的指挥控制人员通常会钳制这类故事，只喜欢发布那些暗示公司上下一心、决策精准、全体员工尽皆幸福快乐的信息。这种"单一口径"政策就是微软当初被模拟成"博格人"的起因，因为多数人不喜欢推行指责政策的公司。

有时候优秀博客刻意挑战规则的尺度是有意义的，因为这一举动借此可以了解公司的文化能否禁得起磨炼，能否有助于公司变得更加透明。举个例子，斯考伯贴文指责微软执行官鲍默宣布改变立场，不再支持华盛顿州立法"禁止歧视同性恋者受雇权"这件事大失民心。斯考伯指名道姓地谴责鲍默辜负自己身为微软员工的荣誉感，并表示公司的这一行动会令鲍默离职。当时有些人猜测斯考伯很快就会被公司炒鱿鱼，但令人惊讶的是，事后不到一个星期，鲍默就把公司政策改回原先支持立法的立场。

如果你想成为顶尖博客，就需要克服打破陈规的恐惧。每天你都得说个有趣的故事，你需要有化腐朽为神奇的技巧，加油添醋固然可以让文章趣味横生，但是万一过了头，失业可能是你的下场。

现在我们就来仔细看看，这安全钮该怎么运转。

当然，你不开博也可能把自己的工作搞砸，打从有人受雇以来，就有人被雇主辞退。譬如一个 NEC 的高管在公开的新闻信中发表种族歧视的言论，旋即被解雇；斯考伯的妻子玛丽安 (Maryan) 目睹一名员工因不当抨击妇女而遭开除。尽管如此，如果经营博客的人粗心大意或愚昧无知，确实很容易制造尴尬和冲突。目前在美国绝大多数州内，并无保护受雇员工不被老板"任意"解雇的措施，一位雇主可以因为不喜欢你的口臭或你穿衣服的品味，就请你卷铺盖走路。你在公开场合（不论是博客或在社交聚会中）所说的任何话，都可能激怒某人，使他开口要求老板炒你鱿鱼。

如果你正在考虑开博，我们最简单的建议也许就是"别做蠢事"。

将来你在公司主持博客时，也必须谨记这个原则。不要做出会伤害贵公司的事，一定要聪明地经营博客。

以下是奉行这一建议的几个一般性原则，你可以根据个人的经验略加修正。

1. **详细阅读雇用合约条款**。即人力资源部门在你上班第一天要你签的那份文件。大公司都有一些帮助员工应付公众关心与注意的条款，如果贵公司提供这类条款，务必仔细阅读。

2. **避免法律诉讼问题**。如果你在上市公司任职，发言时必须很小心，特别是关于财务或前景展望方面的话题，因为这些言论可能会影响股票价格。你要弄清楚公司对知识产权的政策，以及对于讨论未曝光产品细节的限制。对未曝光产品消息的管理和控制，各个公司的态度可能相去甚远，即使处于相同市场的企业也可能立场不一，因此，你必须弄清楚贵公司法务部门是否容许你在博客上放置不用承担责任的声明书。

3. **和老板谈谈**。了解他想要（和不想要）你公之于世的东西，更重要的是，搞清楚万一你惹出麻烦，他会如何对待你。

4. **了解谁拥有什么**。弄明白你博客的内容和点子归谁所有。如果某个顾客在评论中提出一个有关新产品的点子，然后你的公司果真制造出类似的产品时该怎么办？出于相同逻辑，你可以利用公司设备在办公时间从事博客吗？

5. **弄明白博客政策**。在我们撰写此章时，许多公司都已开始思考制定博客政策了。你应该弄明白公司是否已经制定相关政策，假如没有，你可以考虑参与政策制定的过程，协助博客政策的形成。

遵循不做蠢事的诸多原则看似繁文缛节，然而不论如何，未来企业愈来愈需要处理与博客有关的问题，这一趋势不可能逆转。简恩告诉我们，他碰到的问题有一部分出在 Google 没有可供他检讨的原则。被

Google 开除才短短两个星期，社交网络公司 Plaxo 便雇用简恩，他的第一项任务（正如我们猜测的那样）正是替公司研究拟定一套博客政策。

在你动手制作之前先观摩其他公司的博客政策，这也许是个好主意。以下是一些可供你参考的公司博客政策网址：

◆ Groove Networks: http://www.ozzie.net/blog/2002/08/24.html#a50

◆ Plaxo, Inc.: http://blog.plaxoed.com/?p=41

◆ Nelson Publishers:

http://michaelhyatt.blogs.com/workingsmart/2005/03/corporate_blogg_1.html

◆ Sun Microsystems: http://www.tbray.org/ongoing/When/200x/2004/05/02/Policy

◆ IBM: http://www-128.ibm.com/developerworks/blogs/dw_blog_comments.jspa?blog=351&entry=81328

◆ Harvard Law School: http://blogs.law.harvard.edu/terms

◆ Feedster: http://feedster.blogs.com/corporate/2005/03/corporate_blogg.html

◆ Fellowship Church:

http://www.leaveitbehind.com/home/2005/04/fellowship_chur.html

团体经营官方博客

本书讨论的绝大多数博客作者都是企业中的个体，不过现在出现愈来愈多真正的"公司"博客，在那里，多位员工在公司开设的网站上共同使用同一空间，在上班时间贴文，而且这也是他们工作的一部分。这种分工合作的形态比单打独斗的博客更容易吸引大量访客，而公司博客对于所有权的问题，态度也是清清楚楚：如果你把文章贴在公司的空间上，内容所有权就属于公司；但如果别人所贴的某段评论给了你灵感，你一定要先征得作者同意，如果你没有征得同意就把那个点子付诸实行，擅自开业做生意，这是非常不理智的。

团体博客所需要的指导原则和个人博客所需的不一样，规范的松紧程度也不同。由团体分工撰写博客，固然不太可能会挑战公司的容忍度，却也失去了博客本来具有的个人日志精神。公司博客通常不适合张贴宠物照片，除非你是替宠物食品公司工作。此外，多位博客合力编写公司博客时，需要遵循一种统一的风格。虽然我们私下偏爱个人博客那种尖锐的风格，但是我们认为，许多公司对于官方版公司博客会感到自在得多，因为这些博客更为顺从。我们必须提醒的是，公司不应企图净化或修饰员工的贴文，而应该放手让员工去挥洒，保持博客的趣味、积极、透明与人性化。

负面贴文是老板最大的恐惧

到目前为止，这一章主要谈的是员工博客，但假如你是公司的老板呢？一方面，允许员工经营博客是授权的一种形式，可以提升士气，证明管理者信任员工；另一方面，有些员工会不断张贴一些足以让自己被炒鱿鱼的内容。

如果你真的必须因此而解雇某位员工，千万记得，为了博客内容不当而开除员工是一个公开举动，可能招致反效果。不论你的举动是否合情合理，当因为博客内容被老板炒鱿鱼时，博客写手会倾向把自己当做烈士，结果是被解雇的员工得以畅所欲言，而雇主却因为法律因素必须三缄其口。网络交友公司 Friendster 曾经解雇一个员工，理由是他制造的博客事端害得公司遭到顾客的抵制，接着公司扭捏宣称该抵制"规模小而且效果不明显"，不过我们认为 Friendster 公司这么做是很不智的。

雇主最好给予员工可以遵守的方针，告诉员工：只要符合大方针，他们尽可以享有成为世界级博客的自由。同时你应该清楚说明自己会

信任员工聪明经营博客，在信任的基础上，员工也应明了公司的文化中有哪些禁忌，然后雇主就可以退后一步，让员工尽情在博客上发挥才干。偶尔会有些人批评公司产品或政策，而且是在你的顾客、竞争者、媒体都一目了然的开放领域中批评，但这些人都将目睹公司文化的开放与宽容。

雇主和管理者告诉我们，最令他们恐惧的就是博客上的负面贴文，尽管如此，许多公司仍然维持容忍坦率贴文与评论的政策，在这个大政策方针的指引下，他们获得的利益超过损失。博客能帮助雇主给外界树立一个开明的印象，外界相信，容许博客存在的雇主是愿意倾听员工意见，从而调整公司政策的英明领导人，博客圈与顾客也会给这类公司热情的掌声。通过这种方式获得的公关利益不仅宏大而且能长期持续，潜在客户也乐于和这类企业打交道，各类人才也喜欢加入这类公司，至于员工方面，由于感觉自己的声音被上司听进去了，他们工作起来也会更卖力。

身为雇主，你应该明确表示自己希望员工都能充分获得信息，要求你的公关部门、研发小组、业务营销团队和其他高管主动发布信息给公司的博客，把他们视为圈内人及有影响力的人，提供大量机密的背景资料给他们，如此能使他们明白公司的目标走向，进而能够协助你朝那个方向迈进，而不会泄露不恰当的信息。这样你的博客就能了解公司的策略与愿景，又不致失言泄密。公司只有摒弃精心规划、单一口径的"一言堂"的作风，才能使博客表现出百家争鸣的繁荣景象。

这样的场景当然是最理想的境界，但并非所有员工都那么明智，在指责老板和工作场所时也不见得思虑周详。同样，并非所有雇主面对员工在博客上大放厥词时仍能保持宽宏大量的客观态度。有些员工博客真的是愚不可及，譬如在英国知名零售商"水石"（Waterstone）公司，有位员工在博客上把老板比喻为漫画《呆伯特》（*Dilbert*）里面那个愚蠢无能的主管，据说事后他被开除时感到震惊……居然还震惊？！

开除行为明显失当的员工会惹来麻烦吗？有时确实难以避免，但不论有没有博客，组织成员偶尔失言失态在企业是常见的，不过至今因为员工博客而造成公司利益受到损害的事件极少，这证明员工博客的风险系数低，实质损害更低。如今每天从事企业博客的人数高达数百万，张贴的文章更是以数千万计，而我们在其中找到的少数雇主自认被迫采取制裁行动的例子竟然不到 50 个！而且其中有些制裁行动还堪称温和，譬如 Technorati 总裁希弗利只要求员工博客坎耐迪别再张贴某项内容，后来这名员工也服从了指示。

我们曾在第三章里讨论过英特尔的执行官奥泰里尼，他要求 8.6 万名员工遵守博客的私密性，结果其中一位员工违反他的规定，将奥泰里尼的几则贴文泄露给《圣荷西水星报》。就我们所知，事后奥泰里尼并未执意找出泄密者，只要求员工不要再犯这种错误，而且据说当时他的口吻"坚定但平静"。此事过了将近一年，果真没有再发生信息外泄的事件。一般来说，博客并不希望扯其他博客的后腿，同时也不想辜负开明雇主对他们的信任。

企业雇主还可以选择另一个明智的做法，也就是建立公司的内部网站，或者更上一层楼，建立公司内的博客：雇主可以利用它来张贴博客政策，然后让博客随兴张贴文章，相互传授聪明经营博客的点子。有了正当的指导方针做后盾，公司的博客可以化身为一股新形态的跨部门互动力量。如同"顾客教会"所形容的，你的员工会变成现身说法的传道家，而深受鼓舞的顾客将汇聚一堂，替你传播公司的美誉。

不过最可能的成果是让雇主与员工双方都认知到某些地方的弹性是有限度的。外界通常把斯考伯归类为这种爱冒险的指标人物，他公开挑战执行官，宣称鲍默对某项社会问题的行动令他萌生辞意。在公司组织图上，斯考伯的职位比鲍默整整低了 6 级，但他仍甘冒大不韪，以强烈的语气表达不满。还有一次斯考伯公开表示，从博客的观点来看，微软的某个部门真是逊色，他在一则贴文中疾呼："当今任何人设计网页时

若不把 RSS 功能放进去，这家伙就应该被解雇。"此言一出，该部门的主管随即向公司要求开除斯考伯。

斯考伯满怀热情地经营博客，也许有时候他的言行看起来太过分了，可是这样的情况很罕见，当他涉入险境时，一定会事先作风险评估，把自己的意图告知妻子、顶头上司和微软聘用的公关公司，他自己也不太确定是否会惹来解雇之祸。反观简恩的做法就很不理智，他告诉我们，他完全不知道自己在博客里揭露 Google 信息一事可能替自己招来危险，并承认如果早知道有危险，当初是不会写那些东西的。

企业博客宣言

2003 年，斯考伯在 Scobleizer 博客里公开他的"企业博客宣言"(Corporate Weblog Manifesto)，理由有两个：第一，他用这份宣言提醒自己应该坚守的原则；其次，他将宣言公之于世以便读者能够回馈意见，因为他注意到愈来愈多博客自称是公司员工，而非独立个体。为了本书，他首度修订这份宣言，内容如下：

1. **实话实说，而且要说完整的实话，非实话不说**。如果竞争对手的产品比你优异，直接链接到他们的网站。反正顾客迟早会发现的，还不如主动这样做。

2. **不论消息好坏，都要尽快公布**。如果有人讲你产品的坏话，链接过去，你得抢在第二、第三个网站公布之前这么做，并且尽力回应对方的批评。营造信赖感的诀窍就是坦然站出来。如果你不回应别人的看法，也不站出来说明，就会让人产生不信任。

3. **真情流露**。不要找公司律师和公关专家来修饰你的讲稿，相信我，我们分辨得出来。此外，你已失去找人操刀的先机，如果你是博客圈里最后一个贴文发表意见的，就会成为笑柄。别担心博客的文字偶尔出现错漏，如果从来没看见你拼错字，我们反而会怀疑你是否真实存在。

4. 确保你支持最新的软件、网络、实人 (Human) 标准。如果不知道那是什么，就必须找出答案来。如果你不知道 RSS 新闻是什么，找出答案来；如果你不知道贴标签是什么意思，找出答案来；假如你不清楚 Google、Technorati、Feedster、Flickr 如何运作，赶快去把答案找出来。

5. 脸皮要厚。即使贵公司的产品在全球广获青睐，人们还是会讲它的坏话，这是必经过程，除非你能够专业、迅速、和善地回答所有问题（不论好坏问题），否则千万别主持公司博客。

6. 找出最权威的新闻来源。这样才能得知你感兴趣领域中的热门话题，举例来说，科技界最仰赖 Slashdot，而政治领域中最受瞩目的则是Wonkette 或 InstaPundit。

7. 先和普通大众谈谈。为什么？因为主流媒体总是在博客里徘徊，找寻值得报道的故事和可以引述的人物。如果主流媒体的记者找不到任何有内部消息的人物，就不可能刊印任何值得信任的新闻故事。一篇文章只有引述好几个新闻来源，才能博得人们的信任，他们可不相信新闻发布稿。

8. 万一出了错，赶紧承认。速度要快，并且交代你打算如何弥补，之后还要将该计划付诸实行。

9. 不要过度承诺，而应超值兑现保证。如果你预期 3 月 1 日可以出货，最好声明 3 月 15 日才会出货，如果你一直这么做，人们会开始信任你。以迪士尼乐园为例，你排队时很信任进度告示，因为人龙往前移动的速度总是比进度告示所指示的还快。（这些告示故意设计得比实际移动速度慢 15% 左右。）

10. 必须熟知你所在市场中的专家、业务人员、消息灵通人士。如果在公司碰上危机时你没办法联络上这些人，那你根本不应该经营公司博客。（这些人倒是比较清楚该怎么联络上你，因为他们通常比你更早知道别人在攻击你。）

11. **绝对不要改变公司的博客网址。**我们曾经改过一次，结果失去很多读者，后来花费好几个月才回复从前。

12. **如果你的生活正遭逢动荡，或是感到不快乐，不要在博客上写作。**因为这会影响写作质量，你的读者一定会注意到。

13. **如果你不知道答案，那就坦白承认。**"不懂"是人之常情，你该做的是去找出答案，超越读者的期望。如果你说明天下午就会弄清楚，务必在明天早上就找到答案。

14. **绝对不要说谎。**一旦说谎必定会被逮到，此后你便丧失可信度，而且永远赢不回来了。

15. **切勿隐藏信息。**就像航天飞机工程师一样，你的信息早晚会泄露，届时你就会信誉扫地。

16. **如果你拥有的信息可能让你官司缠身，发布以前先找律师商谈，不过要快。**速度是关键，如果你因为担心法律问题，花了两个星期才回应市场上的变化，这样你已经搞砸了，竞争者将会乘虚而入，操弄你于股掌间。

17. **链接你的竞争者，而且要跟对方说些好话。**切记你是产业的一部分，如果整个产业规模变大，你很可能也会分到一杯羹。你力求比竞争者的表现更出色，人们会记得的。

18. **与所有人为善。**大人物出现时，多数人都会设法取悦他们。私底下我们相信应该与人为善，而不只是讨好大人物。你永远不知道什么时候一个卑微的清洁工人会跑去念书，最后拿了个企管硕士学位，创立一家成功的公司，我们亲眼目睹过这样的例子。同理，你也不会知道哪一天谁会麻雀变凤凰，我们自己也吃过看走眼的亏。

19. **保持权威性。**如果你在博客里谈关于公司产品的事，就应该比任何人都了解这项产品，万一真的有人比你更清楚这项产品，你无论如何都得链接到他们的网站（同时应该写一些褒奖的话，谢谢他们鼎力支持你的产品）。

20. **掌握谁在讨论你。**利用 Technorati、Feedster、PubSub 之类的搜索服务，

弄清楚这些人是什么来头。

21. 保持透明。展现你坦荡的心胸，你没什么可隐瞒的。博客是与他人建立牢固关系的绝佳方法，证明自己没有隐瞒任何事情，最能够建立别人对你的信任与信心。

22. 发展网络之外的关系。网络关系相当松散，只要稍微施压，模糊的关系立刻就会消失无踪，不过如果你让人们面对面认识你，他们更可能与你维持长久关系，这正是我们花大量时间举办博客网友会和相关会议的原因。

23. 揭露所有冲突与偏见。如果有人付钱给你，记得要诚实告诉读者，即使当你自认为这并不影响你的写作时也不例外。透明宣告能够维持可信度。你是否持有你撰文所论述公司的股票？有的话就说出来！别人给你免费产品试用？告诉他们！某家公司或某人因为你的博客而请你吃饭？写出来吧！

24. 不要应他人要求在博客上配合贴文。公司的营销部门有要求你在博客里写一些特定内容吗？如果有，拒绝他们吧，你的博客应只属于你自己！告诉营销部门的同事，如果他们认为外界应该知道某些信息，请他们自己开设博客！你必须确定博客里的文字都是出于你自己的声音，而不是替别人代言，因为你得为博客的内容负责。

25. 保守秘密。如果有人在告知你某事之前先向你声明"这不是提供给你博客的"，你就不应该写出来；如果你不值得信任，恶名很快就会不胫而走。反之，事前你应该为所有对话设定基本规则，否则别人送给你一份试用产品，事后要求你不要放进博客里，此时你再拒绝对方就显得很不公道了。

26. 当你替公司代言时，必须清楚说明。假如你撰写个人博客，公司偶尔可能想要你纳入某些内容，这种情况发生时，你必须非常明确地说明自己角色已有改变。此外，当你撰文讨论公司产品，但是加入自己的意见时，最好附注"这是我个人看法"之类的声明，确保你的读者明白该

信息未经检查或核实。

27. 小心法律问题。评论法律问题非常危险，公开评论种族歧视、员工行为、专利等问题都可能威胁到你的工作。另外，你也应该以同样谨慎的态度处理文化敏感问题和政治问题，我们不是要你别写这些东西，只是写的时候要非常小心，切记全世界都能阅读到你的博客，而这么多读者的观点很可能与你相左。

28. 展现你的热情，贴文要勤快。

29. 回应读者。阅读别人留下的评论，常常检查你的参照者日志，反向链接那些谈论你的人。当你链接别人时，他们也会投桃报李。

30. 秉持伦理。请阅读并遵守李宜(Charlene Li)[1]和詹金斯(Allan Jenkins)[2]所编写的伦理政策，这些原则都相当好，可以帮助你回避伦理方面的矛盾。

31. 认清你并未拥有言论自由。如果你的身份是公司的一分子，你笔下所写的文字便代表整个公司，也会被人用公司言论的法律标准来评断；如果你是公司的高管，在文章中描写公司产品时更要如履薄冰，务必提供正确信息。

32. 动手经营博客之前先和你的主管谈谈。搞清楚哪些类型的博客是他会挺身支持的。

33. 攻击老板永远是危险的做法。就算要做也必须偶尔为之，我不是说你不能攻击老板，可是你这么做时一定要保持耳聪目明，同时开设"预警系统"。

34. 如果你想改变世界的某一件事，先问问自己："怎样做最能获得我想要的改变？"你应该懂得，从内部改变你的公司，远比从外部改变来得容易。

---

[1] http://blogs.forrester.com/charleneli/2004/11/blogging_policy.html

[2] http://allanjenkins.typepad.com/my_weblog/2004/12/code_of_bloggin.html

成也博客，败也博客

你可能谨守一切规则和现有的指导方针，却仍发现自己深陷麻烦之中，因为博客实在太容易伤害你与伙伴、客户、老板、同仁之间的关系了。万一真的惹上麻烦，到底该怎么做呢？

首先，移除惹祸的贴文已经于事无补，因为你把文章公布出去，早就通过信息网络传送到四面八方，即使你移除原始文章内容，那些文字始终存在于某处。如果有个读者注意到你动手移除或改变内容，可能会链接到你的博客，然后加注："某某人刚刚移除这篇贴文，我怀疑他们移除这篇文章的动机是什么？"

我们建议你不要删除原文，而应发布信息予以更正，表达歉意。删除原始内容只会强调你知道自己犯了错误。如果你贴出去的东西伤害性很强（譬如公司产品的原始码），就应当机立断将其删除，不过要留下简短说明，譬如"我们移除原本贴于此处的某些内容，因为我们发现自己张贴该内容是错误的举动"。碰到这类事件，想挽救自己的工作很可能为时已晚，但至少你可以借此避免吃上官司。

不论何时，万一有人指控你做错什么事，不要反击，至少一开始别这么做。倾听、倾听、再倾听，尝试站在对方的立场，了解他为何这么生气，而不要贸然回应。即使你被开除，也不要忘记从意见交换中学习教训；也不要暗中运作，当危机发生时，主动和你周遭的每个人多沟通此事。假如结果证明你错了，必须道歉，而且要真心诚意；万一证明你是对的，也还是要保持恭敬礼貌的态度，而且竭尽所能地保持谦卑；就算对方错了，也要让对方有台阶下。每个人能够活下来面对明天，总是最好的结果。

员工博客很像挖金矿，金子通常隐身在花岗岩内部，矿工需要使用炸药把矿山炸成体积较小、便于挖凿的石块才能发现它们。然而当炸药处理不慎时，很容易就会把自己的手脚炸断。

　　企业的员工必须学习谨慎小心的金矿工人,像挖金矿一样经营博客。博客固然能成就很多好事(让公司更可亲、建立良好关系、加深伙伴情谊、扩大传播和公关效果等),然而如果没把责任控制好,你可能发现自己会遭到解雇,或是落得更凄惨的下场(没错,还有别的事比丢掉饭碗更悲惨,譬如吃上官司)。

　　总而言之,放手从事博客,只不过要勤快且谨慎!

第 13 章

用博客扭转危机

中文的"危机"由两个字组成：其中一个字代表危险，
另一个字代表机会。

——美国第 35 届总统约翰·肯尼迪 (John F. Kennedy)

不论是福是祸，博客的真正力量在危机时刻最能见分晓。在过去几年当中，博客在危机时刻扮演愈来愈重要的角色，提供了大量迅速、宝贵、令人侧目和抚慰人心的信息。当美国或其他国家发生浩劫时，"公民记者"从最基层报道消息，他们的观点细致深刻，相比较而言，主流媒体在事发之后通过卫星观察、官方发言人或新闻小组试图还原的现场情况，往往无法捕捉到身临其境的感受。亲临现场的人们用照相机和手提电脑传送信息画面，然后把拍到的画面上传网络，把自己亲眼目睹、亲身经历的事件写成第一手数据，以文字形式张贴出去。

2004 年的最后几天，博客传送了大海啸吞噬泰国度假旅客的骇人听闻的画面；2005 年博客传送了伦敦地铁遭到恐怖分子引爆炸弹时惊吓的乘客蹒跚走出地铁车站的现场画面；后来卡特林娜飓风摧毁新奥尔良时，"公民记者"同样通过博客把现场画面传送到全世界。反观主流

新闻记者恰好置身此类现场的机会可以说微乎其微。

"公民记者"也可迫使媒体注意较小型的危机。2005 年 5 月，威斯康星州的科技记者科克(David Koch)在加拿大温哥华格劳斯山区(Grouse Mountain)失踪之后，我们将博客网站转化成科克的亲友和大众分享信息的空间，他的家属希望博客们能够刺激外界投以充分的注意力，促使媒体报道科克失踪的事情，进而鼓舞搜救小组继续搜索科克的下落。

接下来的一个星期，超过 100 人在我们的网站上留下评语，展现他们对山区地形、搜救作业、如何博得媒体注意等方面的专业知识。尽管我们成立博客的宗旨是争取出版图书的合作对象，然而两篇与科克有关的贴文引来众多评论，数量超越任何有关本书的贴文。后来科克的家属开始开设自己的博客，不计其数的其他博客也加入口耳相传的行列，媒体对它给予了更多的关注，而且不限于温哥华地区。

《华尔街日报》和哥伦比亚广播公司(CBS)都报道了这则故事，客制互动媒体公司"微播传播"(Microcast Communications)[①]合伙人格里·玻尔斯 (Gary A. Bolles) 自愿扮演家属和博客之间的联系角色，他说："毫无疑问，博客圈的活跃提高了搜寻作业的能见度，后来当地方性和全国性媒体对搜救行动的兴趣淡去时，我相信是因为博客的呼吁，才又鼓励媒体继续报道下去。"

博客也提供计算机和场所，让科克家属在温哥华地区可以使用。这则故事后来不幸以悲剧收场：在科克失踪一个多星期之后，搜救人员在一个峡谷中发现了他的遗体，尽管这样仍难以抚慰家属的丧亲之痛，然而，大规模搜救作业最终还是解开了科克的生死之谜，给了他家人一个交代。

这类危机当然不能视为与企业博客有关的范例，我们也不会麻木到主张企业危机的严重性等同于恐怖主义、自然灾害或重大事故。尽管如此，这类例子确实与企业危机有相似之处，博客在危机之下扮演分享与

---

① http://microcast.biz

传播信息的主角，而且速度之快前所未有。博客使企业能够迅速有效地控制、减轻或消除损害，先前我们讨论到的电艺公司、可利泰公司、肯辛顿公司的案例就是证明。也许这么说过度简化，一支 Engadget 博客播放的视频，竟然可以让可利泰破财 1000 万美元，幸亏这家公司自始至终心系顾客利益，否则该公司三十几年来辛辛苦苦树立的声誉，就可能因为博客事件而严重受损。

危机就在转瞬间

如同我们已经讨论过的，传统上大多数公司都使用发言人、新闻媒介、记者会、网络与大众沟通，然而这些工具绝大部分都难以触及目标受众，而且全都带有单向沟通性质。传统新闻传播显示你在说话，而不是在倾听；危机当前，倾听和回应远比任何指挥控制更有效。

大部分公司对于"危机管理"都有一套标准程序，然而我们认为"危机管理"本身就是矛盾的字眼。这套程序的第一步通常是召开高管会议，然后调查事实，在完成事实搜集之后，关键决策者就召开更多会议，以决定怎样采取恰当的行动。他们会把律师找来讨论风险，也找公关人员来营造最佳情境代言效果，最后公司会发表口径一致的单一公开声明。这样一套程序很花时间，动作快的大型公司也许得花上 10 天。

可是我们一再强调，世界的速度愈来愈快、距离愈来愈短，上述这些老掉牙的技巧很多时候都不管用了。在新兴的信息时代里，消息流传和意见形成的速度奇快无比，谣言与事实混杂，人们易于骚动；过去一度认为 10 天之内处理危机简直像光速一般，可是现在这段时间已经足够让一家公司的信誉在博客圈里破产。可利泰公司花了 30 年时间建立了良好的声誉，不料只因为疏忽了与一种陌生媒介的对话，竟然在短短 10 天内就付出了高昂的代价：金钱和名誉一起严重受损。更有甚者，即使危机已经解除，但是人们对一家公司的成见却能持续很长时间。我

们怀疑那些听说可利泰锁具有问题的人是否都知道该公司事后已经补偿顾客，事实上，这桩危机发生9个月之后，当我们在博客里贴文说明此事状况时，最早留言评论的人之一就是可利泰公司的顾客，他想知道该公司为客户换锁的计划是否依然有效。

企业按兵不动，因为他们想等到有了完整的故事以后再采取行动，这虽然听起来很符合逻辑，但无疑是错误的策略。

诚如马尔科姆·格拉德韦尔在他引人入胜的著作《决断2秒间》(Blink) 里所指出的，如今我们活在瞬息万变的时代。这位作家谈到人们通常必须在百万分之一秒内作出正确的决定，而凭借的是下意识撷取自己从经验中获得的智慧。格拉德韦尔说我们作出这类决策时通常利用"细切"(Thin-slicing) 原则，也就是选取最少、最重要的事实作为正确决策的依据，他主张事实太多可能混淆视听，不利于迅速作出准确判断。

当我们撰写此章时，斯考伯的处境刚好可以说明如果迅速反应，博客可以帮你适时化解危机。新闻记者安德鲁·奥尔洛斯基 (Andrew Orlowski)[1]主持一个RSS新闻博客网站"登记簿"(The Register)，他在里面指控微软的新网络浏览器"网络探险家7"(Internet Explorer 7) 防堵使用者纳入Google或雅虎的工具列 (toolbars)，而只能使用微软自己的MSN工具列。这样的指控对任何公司来说都是事态严重，对微软来说更是雪上加霜，因为奥尔洛斯基的指控暗示微软违反众所周知的反托拉斯和解案，这是该公司与数个州政府、美国联邦政府、欧洲政府所签订的协议。

不到3个小时，斯考伯就在他的 Scobleizer 博客[2]贴出反驳证据，证明奥尔洛斯基的指控显然谬误,因为那天早上才发布"网络探险家7"。在斯考伯说明之后，其他博客一整晚都在忙着试用该软件，以证实斯考伯的说法才是正确的。他们的结论是，除了某些旧版的Google和雅虎工具列之外，微软刚发布的浏览器测试版软件与任何Google和雅虎的

① http://www.theregister.co.uk/2005/07/28/ie7_nukes_rival_search

② http://radio.weblogs.com/0001011/2005/07/28.html#a10776

现有版本配合无间。此外，博客圈普遍达成了共识：测试版软件（亦即某些功能仍在开发与除错阶段）万一发生兼容性的问题，并不构成蓄意侵犯他人利益的证据。

接下来的 24 小时，斯考伯的博客人声鼎沸，愤怒的指控与侮辱言论交织在对话中，场面非常火暴。Technorati 搜索服务发现，到隔日下午 4 点钟为止，竟有高达 1 300 个博客链接到斯考伯的贴文。[①]

接下来没有任何事发生！"登记簿"毫无根据地指控并未散播到其他媒体上，尽管其他博客热心"奔走相告"，但并没有扩大奥尔洛斯基的指控所带来的负面影响。翌日早晨当微软的高管起床时，并没有在《纽约时报》或《华尔街日报》上看到具有杀伤力的报道，微软股价也未见下跌。就我们所知，美国司法部的监督人员也没有急匆匆跑去向上司打小报告。到了星期五晚上，人们对这件事的兴趣似乎消失了，博客圈的科技界人士回头评论这个测试版产品时也不再讨论指控的事。

斯考伯与网络探险家团队的行动很迅速，他们把事实送进口耳相传的食物链，几乎一刻也不浪费，立即在博客里主动发布消息并回答读者评论，因而有效地预防了一场危机。与可利泰公司的故事相比，你得同意斯考伯在博客上的快速反应行动比通过"官方渠道"更安全、更明智。

当全世界都在谈论自己（也许说法根本不公平也不正确）时，企业为何要选择在循序渐进中慢慢来？！漠视、排斥、挑战外界指控的声音，似乎是企业危机管理程序中太过常见的一部分，企业也倾向于否认小事端的潜在冲击，就像艺电公司处理那位员工配偶高声抱怨该公司工作条件时的情况。在我们看来，愈是谨慎的流程对企业的伤害愈大，企业应该积极回应批评，而且展现公司想要获得真相、想要保护顾客权益的诚意。按兵不动很容易让顾客和观察者觉得你站在公司利益那一边，置顾客利益于不顾。信誉和贞操十分相似，一旦失去，就不可能赢回来了。

---

① http://www.technorati.com/search/ie7%20beta

迅速回应并且真诚道歉

只消看看美国太空总署 (NASA) 怎样在反应迟钝上吃了大亏，就能明白我们的主张不假。过去四十几年来，太空总署是全世界载人太空探险计划领域里成就最大的组织，然而悲剧接二连三地上演。1967 年，"阿波罗号" (Apollo) 宇宙飞船因发射台 (Launch-pad) 失火，造成 3 名航天员罹难；1986 年，"挑战者号" (Challenger) 航天飞机在起飞之后 73 秒爆炸，7 名航天员罹难；17 年后，高龄宇宙飞船"哥伦比亚号" (Columbia) 在得州上空重返地球时因机体过热而爆炸，7 名航天员丧生。

3 次悲剧发生之后，批评声浪立即铺天盖地而来，平心而论，太空总署并没有完全封口，它表达了对罹难人员的哀悼、对家属的同情，也公开了事件的相关细节。可是像"挑战者号"爆炸案，太空总署花了好几个月的时间才发表"罗杰斯委员会报告" (Rogers Commission Report)；而"哥伦比亚号意外调查委员会报告" (CAIB Report) 也是 7 个月以后才得以公布 (这份报告断言太空总署的文化，如纲纪松弛，是该起悲剧的罪魁祸首)。

CAIB 报告再度引起外界对太空总署的批评，而且程度更甚以往。先前太空总署多月来维持缄默，表示一切静候报告出炉再说，可是等到报告公布之后，他们依然选择沉默：这次的理由是要好好研究报告。最后太空总署的官员终于开口了，他们讨论如何改善组织文化与如何保证飞行安全，对于那些依然耐心追踪这则新闻进展的人来说，太空总署确实是往前迈出了几大步。

然而在舆论审判庭中，这些措施此时已经太迟了。大部分民众早在太空总署的官员出面发表声明以前已经决定采取何种态度了。2005 年 7 月的一次发射出现了几秒钟的故障，之后大众的批评来得又快又猛，有些人还说太空总署被迫延迟下一次载人飞行计划。如今太空总署丧失了广大群众与政治界的鼎力支持，也许很久都不能重新赢回他们的信任。

太空总署的公共观感如何将影响以后的预算和计划，目前事态仍然有待观察。

如果当初借助博客，对太空总署有帮助吗？我们不知道内幕消息，也未曾尝试联系太空总署以求证，然而我们很确定一件事：只要组织愿意与公众对话、倾听批评、彬彬有礼且建设性地回应，而且愈快愈好，结果几乎总是利大于弊。把你知道的消息告诉大众，也坦然承认不知道的部分，这么做永远有帮助；展现公司确实关心安全、质量、服务、品德与客户满意等问题，这么做只会对公司的发展有帮助。不要管律师的告诫，诚心表示你对于某件坏事的发生深感遗憾，并不会让你在无比重要的舆论法庭中被判有罪。而如果你不表达关切之意，往往会让人们心生怀疑。当组织关闭沟通渠道、翻脸动怒，或把尖锐但合情理的问题当做侮辱来回应，那绝对不是明智的做法。

英特尔没有汲取教训

英特尔是另一家吃过大亏的公司。2000 年夏天，这家居世界领先地位的微处理器厂商推出奔腾三代 (Pentium III)1.113 千兆赫 (GHZ) 的处理器，号称打破当时的速度纪录。该公司的公关团队大肆炒作这一新产品，计算机业与主流媒体都兴奋地迎接这一新计算机芯片的诞生。然而两位各自独立的电子新闻信编辑——汤姆·派布斯特 (Tom Pabst)[1]和凯尔·贝奈特 (Kyle Bennett)[2]不约而同地发现并报道了新芯片的编纂问题[3]。芯片的精确性问题只出在一款技术难懂的 Linux 应用软件上，一般计算机用户不太可能碰得上，但是英特尔却不肯这样说，公司的官方发言人不当一回事地拒绝接受该报道，否认问题的存在，还表示公司已经对这个处理器进行过完整测试与指标测试。英特尔为了这个芯片的上

---

[1] http://www.tomshardware.com

[2] http://www.hardocp.com

[3] http://www.tomshardware.com/cpu/20000801/index.html

市已经耗资数百万美元，它可不会为了两份刊物就砸了新处理器准确性的招牌。英特尔编出一套说法，死也不肯退让。

然而2000年"登记簿"博客已经存在，这次倒是正确报道了英特尔的争议事件①，从那里开始，讨论声浪迅速挺进广受信赖的商业与科技媒体。一两天之后，戴尔计算机不动声色地停止供应配备该处理器的新计算机——此事"登记簿"也忠实报道了。翌日，《华尔街日报》在报道英特尔令人惊讶的问题时，引述了"登记簿"的说法，于是英特尔的股价开始下跌。在派布斯特率先揭露问题之后，不到3个星期，英特尔便宣布公司确实模拟复制出同样问题，一位公关发言人宣称这一"微小"问题影响到的计算机用户人数太少，因此不会全面回收产品。到了此时，几乎全世界都知道英特尔新推出一款有瑕疵的芯片。这家公司错就错在抱持"一切都怪顾客"的态度，致使大众内心的恐惧、不确定和怀疑迅速升高。

事件爆发数周之后，英特尔回收了处理器，付出了惨重的代价：英特尔的声誉受损，虽然该公司的处理器在世界上大多数个人计算机里依然占有一席之地，不过从那时候起，许多计算机制造商都开始有了不能把鸡蛋全都放在同一只篮子里的感受。英特尔的主要对手"速龙"(AMD)则开始趁隙抢占市场，至今成果相当不错。

你可能会认为像英特尔这样的公司一定会汲取教训，其实不然，早在1994年就有消息透露，奔腾芯片的某个错误会造成电子表格出错，但是英特尔的反应是嗤之以鼻，表示这样的错误每2.7万年才会发生一次，此话一出立刻引来外界的一片哗然，于是英特尔退让了，表示愿意更换有问题的处理器。忽视历史的人果真免不了重蹈覆辙的命运。

话又说回来，在搜集到所有数据之前，在解决方案出炉之前，在公司准备好斥资修正错误（如果有修正可能的话）之前，这家公司又能够说些什么呢？当律师谆谆告诫公司主管为求降低风险不可多言时，公司

---

① http://www.theregister.co.uk/2000/08/28/intel_recalls_1_13ghz_pentium

又该如何面对大众呢?

一家公司能够说(也应该说)这样的话:"我们正在倾听。对于已经发生的事,我们感到很难过,目前还不知道事情发生的原因,不过我们已经着手解决问题。对于受害者,我们感同身受,只要得到更多消息,我们一定会告知各位。"更重要的是,公司应该要了解博客圈怎样讨论这件事,因为有愈来愈多抢先爆料的事发生在博客圈。公司应该指派一个人专门监督博客圈的动态,至少每个小时追踪一次进度,一旦有突发状况,立即向上级报告。

危机时刻,博客会替公司争取到最欠缺的东西:时间。当一家公司展现倾听和回应的诚意时,人们会停止对这家公司的攻击,一如薇姿所学到的教训一样。争取到时间之后,公司可以运用任何传统制度来研拟解决办法,将公司的损失降到最低,并留住顾客的忠诚与信心。

Six Apart 公司成功的危机处理

班恩·卓若特(Ben Trott)与米娜·卓若特(Mena Trott)夫妇堪称博客圈的"第一佳偶"。回顾 2001 年,他们和许多才华横溢的科技从业人员一样,在没有任何防备的情况下遭到公司解雇。于是他们从硅谷返回加州老家皮塔卢玛镇(Petaluma),租了一间公寓,想要好好盘算一下该去找工作还是先成家生小孩。被解雇后的米娜在个人博客"缺钱"(Dollarshort)[①]里贴文次数大增,部分原因是为了打发时间,还有一部分原因是为了想成名。不过当时博客工具毛病很多,让她颇感失望,由于班恩是个优秀的 Perl 软件程序设计师,米娜便要求他设计更简便的工具。班恩真的办到了,而他也像多数软件开发工程师一样,想要与其他拥护这一创意的人分享。卓若特夫妇了解班恩创造的东西很重要,于是开始积极推广这套程序——"移动打字"(Movable Type)。这个程序后来成

---

① http://mena.TypePad.com

为了全世界最受欢迎的企业博客编写工具软件包。

　　一开始样样都很顺利，米娜告诉我们："在我们推出这套软件之初，博客产业还不存在，因此预期成果并不像今天那么好。我们必须自己设定预期目标，班恩和我决定既然开始了，就需要全力以赴。先前已有其他（软件）公司创业不久便倒闭，让用户孤立无援，我们知道自己可能得和'移动打字'唇齿相依，也必须决定究竟要不要义无反顾这么做。当时我们并没有什么具体的商业计划，只是有个愿景，要设计一套让每个人能够使用、而且赋予他们力量的工具。"

　　虽然这家公司成长速度惊人，看似一帆风顺，然而一次错误却几乎令这艘顺风船沉没。

　　2001 年"移动打字"上路的第一天，班恩和米娜获得 100 多次下载的支持，下载的人多半是博客圈里很有影响力的人士，他们最初给予卓若特夫妇的软件相当不错的评价，随即引来大批下载人潮。不久之后，卓若特夫妇开始推出使用更为便利的"打字本"软件 (TypePad)，因此迅速获得终端使用者的采用，大部分用户是不能娴熟使用计算机的一般大众。接下来的 4 年，这套软件的下载次数每 6 个月就增长 1 倍，班恩与米娜最终成立了 Six Apart 公司，搬进了旧金山的办公室。Google 并购"博客"软件 (Blogger) 的出版商派拉 (Pyra) 之后，Six Apart 变成了唯一一家全心全意开发博客编写工具软件的公司。班恩与米娜成了对抗 Google、雅虎、微软三只大鲸鱼的小虾米，是受压迫的英雄人物——而这个世界就偏爱屈居下风的小人物。

　　大约就在那时，危机突然袭来。自从创业以来，卓若特夫妇就表明会继续升级软件，并加强支持技术能力较差的顾客，而且最终还是会向用户收取费用。"移动打字"软件有一套特别授权制度，不久，这套制度变得像"鲁比高登博" (Rube Goldberg machine) 的另类接龙游戏①一样复杂，有企业客户愿意支付 150 美元取得授权，以此支持 2 000 个左

---

　　① http://www.rube-goldberg.com/html/gallery.htm

右个人用户。

当"移动打字"第三代准备上市时，公司推出的新授权政策令顾客大吃一惊，因为新政策使得集体博客变得很昂贵：通常分享集体博客的是一般消费者，而不是企业用户。顾客的负面评价来得又快又猛，48小时内就累积超过 1 000 则仇视 Six Apart 公司的评论。该公司对用户视而不见的做法激怒了顾客，他们扬言要集体变节投靠其他公司。卓若特告诉我们："一开始我们就知道人们会抱怨，但是我们可没料到有 1 000 个人想要亲手取我的项上人头。"这下子 Six Apart 公司显然遭到了大众强烈的反对，观察家都预测恐怕它避免不了破产的命运。

不过卓若特夫妇并没有惊慌失措，也没有恼羞成怒，更没有拒绝接受批评，反而是非常仔细地倾听，而且在博客圈的监视之下表现倾听的诚意。米娜的官方博客"米娜的角落"(Mena's Corner)① 持续公开接受评论，通过引述栏，访客可以清楚地知道博客圈如何谈论该公司的，即使最尖酸恶毒的批评也一览无遗。

"这些回应真的让我们很难堪，仿佛新车上的第一道凹痕，因为在此之前，似乎所有人都认为我们完美无瑕，现在不是了。"不过卓若特夫妇很用心倾听人们的说法，试着把情绪放到一边，他们学到的教训是：人们真正想要的不是免费使用权，而是不受限制的博客。

其实 Six Apart 公司的新策略是把矛头指向企业滥用。根据米娜的说法，他们夫妇从未打算惩罚个人用户，讽刺的是，企业客户倒是没有太多反应。当 Six Apart 公司最终决定采用前后一致的授权政策时，这些企业顾客松了一口气，他们长久以来就了解一件事，供企业环境使用的免费软件通常更昂贵，因为它们可能造成大问题。

卓若特夫妇学到的第二个教训是企业经营的绝对真理：人们痛恨令人不悦的财务意外。米娜回忆说："当时我们应该先把问题解释清楚，应该在采取行动之前先和我们的顾客谈谈。"

---

① http://www.sixapart.com/about/corner

最后 Six Apart 必须决定下一步该怎么做。"我们不能只是说，'噢，那就算了'，然后再改回旧的模式。我们必须弄清楚什么做法不管用，而且需要开始对'移动打字'的用户收费。"卓若特夫妇花了大概一个月的时间拟好授权方式，同时也投入大量时间与顾客持续对话。米娜借此在博客上频繁贴文(通常每天一次以上)，以便让使用者了解最新进展。

"我们得慢慢来，把事情做对。"她告诉我们。

一旦公司明确展现倾听的诚意，负面评论便持续减少，诚如一年之后法国的微姿公司所经历的一般，接下来的评论变得比较有建设性、较乐于合作，终端使用者也表达能够谅解软件开发与支持的成本压力。最后，米娜通过"米娜的角落"博客宣布新修订的授权内容，采用直截了当的合作方式。这次反对的人很少，危机解除了。如今不论是顾客还是观察家，都很难察觉任何对该公司不满的情绪，而且这家公司仍然保持高速增长。

我们认为，Six Apart 公司化解这场潜在危机的过程，应该被写入个案研究的教材，主旨是博客如何扭转或解除危机。这家公司确实发生了危机，但是拜博客之赐，公司形象得以从灾难中被挽救回来。如果要从头避免危机，难度就更大了。

让我们面对事实吧，危机确实会发生，大多数公司都拥有一套标准程序，以应付万一发生的危机，可是他们的程序很可能是在博客这种新媒介出现以前就制定了的。处在危机之中，你应该备有最厉害的工具——博客，也应该对这一工具早有体验。及早做好万全准备，正是尽早开设博客的最有力动机。当卢兹利用博客去解释通用汽车何以要撤销广告以抵制《洛杉矶时报》时，人们已经认识了他的博客，也早已决定好要不要信任他了。如果等到危机发生之后，卢兹才匆匆为此成立博客，读者很可能会感到怀疑，何况他过去的博客经验也使他更精于利用这种沟通渠道。

"库柏卡兹"公关公司的鲁贝尔[①]一向呼吁企业必须及早做好应付危机的准备，他发明了一种应对危机的博客保险箱，上面贴有"紧急时开启此箱"之类的警语。"库柏卡兹"公关公司与客户合作找出潜在的可能发生的危机，然后规划并设计一个"万无一失"的博客：这个博客只在紧急状况下才会启用，他们的客户明白一旦发生危机，谁将站出来替他们的组织说话，应该诉求哪些议题，最棘手的问题是哪一些。截至2005 年鲁贝尔告诉我们这些时，还未有任何保险箱被打开过。

我们认为此类博客保险箱被派上用场是迟早的事，届时这样的"锦囊妙计"纯粹只是公司管理工具组合的其中一部分。不过各项工具将会快速改善，花样也更多，如同我们下一章即将讨论到的，企业能够运用的工具选择性愈来愈高，不仅在紧急状况下如此，任何情况都不例外。

---

① http://www.micropersuasion.com

Naked
Conversations

第三部分

是科技，也是人性

所有能进行伟大巨幅创作的人，也能绘出精彩绝伦的小品。

——欧内斯特·海明威 (Ernest Hemingway)

第14章

不断升级的强大武器

未来不再是我们从前熟知的未来了。

——约吉·贝拉

(Yogi Berra，纽约扬基棒球队 20 世纪 50 年代当家捕手)

从今天算起 20 年之后，人们将会回顾我们今天所使用的博客工具，然后对这些工具的原始古朴忍俊不禁。未来什么东西会取代它们呢？我们毫无头绪，科技永远不断给我们惊喜，当今天我们回顾昨天的科技愿景时，有些看起来实在可笑。

我们发现 20 年前双耳式电话耳机的雏形状似日后我们挂在双耳下的"急救绷带"——这是让我们通过震动来接听与发话的装置。我们也还记得虚拟实境模型语言 (VRML) 技术，创意开发师相信有朝一日他们能够发展这项技术，让谈话对象的立体镭射光分身爬出计算机屏幕，跑到另一个谈话对象的客厅来聊天。当然，这些愿景尚未实现。而真正实现的却是 20 年前的人们做梦也想不到的技术，包括因特网、无线宽带、手机照相，还有 MP3 随身音乐播放器 iPod 等。

2005 年，在我们撰写本书的短短 6 个月间，与博客有关的技术如

RSS 和语音博客突然红火起来，它们被许多网友采用。就在我们写这本书的同时，这些新技术仍在持续地改变我们的生活。许多创新技术看似前途无限，不过仍然需要主流社会接受才算数，稍后我们会逐一讨论。不过首先让我们来瞧瞧，自从因特网发展以来，已经发生了哪些大事。

从浏览到搜索到订阅

10 多年来，因特网已经经历过两波大规模的普及阶段，现在正进入第三波。1994 年底"浏览时代"（Age of Surf）启动，图文并茂的网络浏览器让普通老百姓得以浏览更多网站，而且能从某处快速链接到另一处，简直令使用者心醉神迷。随着愈来愈多人在网络上流连忘返，也有愈来愈多企业开始开设网站供民众参观。最先推出的网站就像高汀的"紫牛"一般，可是短短几年之后，所有网站看起来都大同小异。因特网虽然承诺提供互动性，可后来的演变却证明网站持续更新的难度既高，成本又大，大部分网站一旦建成，不是少有更新，就是完全荒废在那儿。有些网站的功能比静态在线公司简介好不了太多，与过期的火车时刻表同样乏善可陈。

在"浏览时代"，搜索引擎一般来说毫无用武之地：你输入某个查询关键词，结果跑出来成千上万条信息，也许真正对你有用的那条就埋藏其中，但是要找出来简直似大海捞针。

接着在 1998 年，两个斯坦福大学的小伙子发明了 Google，他们采用智能算法而非关键词，大幅改善搜索结果，于是"搜索时代"（Age of Search）翩然降临。现代的搜索引擎确实令人耳目一新，人们想要的信息通常就排列在一连串搜索结果的最顶端。尽管如此，缺乏效率的问题依然存在，尤其是当你想找寻最新信息的时候。此外，目前这一代搜索引擎很擅长找寻企业自己发布的内容，却不善于挖掘外界对企业的评论。如果想要找寻已经更新过的信息，你会感到非常恼火，因为你必须一页一页检视，清查上次造访该网站之后有无任何更新数据。一般人以这种方式检视大约 12 个网站，就可能耗费 1 个小时，这可不是什么好玩的差事。

RSS 是煤矿中的钻石

目前博客与社交媒体正推动新一阶段的"订阅时代"(Age of Subscription) 的来临，你不必再亲自去找信息，信息自己会送上门来；不仅能听到企业单方公布的消息，还能听听别人对这家公司的评价。博客虽然推动了这一变革，不过真正强而有力的推动力来自读者订阅技术 RSS(网页数据交换技术架构)，人们直到现在才刚刚体会到它的完整意涵。

RSS 是一种数据派送协议，它让你可以订阅几乎所有的博客。如果你的网络浏览器配有适当的 RSS 支持功能，当你拜访某个吸引你的网站时，只要那个网站具有 RSS 功能，你就能轻轻松松点击"订阅"键，将该网站纳入你的订阅清单，以后这个网站一有数据更新，新的网站数据就会自动投递给你。

你可以用许多不同方式阅读你订阅的新信息，譬如请他们将信息投递到你的电子邮件信箱，或者使用独立的 RSS 阅读软件，或是利用网络界面联合播放阅读你所订阅的内容。不过最有效率的方法还是通过电子邮件收信端接收更新数据，当你订阅的某个网站出现新的贴文时，你的邮件软件会侦测到新接收的内容，此时订阅匣标志会变成粗黑字体提醒你有新内容，效果很好。在订阅匣内，每一则贴文都有标题；同样，新接收的贴文标题也是以粗黑字体呈现，你可以跳过或删除任何不感兴趣的条目——连读都不必读。在整个过程中，你根本不必跳离电子邮件的画面，这大大节省了时间。

所有这些省时省力的小细节会积少成多。假如你亲自拜访每个网站，检查是否有更新内容，一天大概检查 12 个网站就很了不起了，反观 RSS 可以让你在一个小时内快速查阅一两百个网站。很多人称斯考

伯是"博客痴"，他固定追踪 1 300 多个 RSS 网站更新，其累积的信息
量大得惊人。

如果想要订阅具有 RSS 功能的网站，你需要先备妥"联播"外挂
程序 (plug-in)，譬如 NewsGator 或 Feed Burner，不过现在市面上最畅销
的三款网络浏览器——"火狐狸"、苹果"萨伐旅"(Safari)、微软"网
络探险家"不是已经内建联播软件，就是即将在新版中纳入，以增加浏
览器的效率。在我们写好这一部分的前夕，Google 也加入战局，宣布
推出新的边栏功能列 (Google Sidebar)①，里面将包括称为"网络回形针"
(Web clips) 的联播软件：对末端使用者来说，这个词远比"RSS 新闻联
播器"来得可亲，易懂。

当你亲眼目睹新的 RSS 搜索引擎能做些什么时，你才能理解 RSS
的完整实力。我们指的是 Google 博客搜索器 (Google Blog Search)②、"冰
火箭"(IceRocket)③、"博客内容引述"(Bloglines Citations)④、Technorati、
PubSub 和 Feedster 等专门搜索博客的搜索引擎。如果说今天的网络搜索
引擎只是堆砌众多不必要的信息，那么新 RSS 搜索引擎就是替你大海捞
针，从堆积如山的煤矿中挖掘出钻石来。

假设你想买一辆新车，正在打听市场上的信息，换作是在 20 年前，
你大概会先阅读广告资料，问问周遭的亲友开什么车子，请他们推荐价
格公道、服务性能良好的车，还可能找几本汽车杂志来看看专家车评或
消费者的亲身体验报告。

在搜索时代，网络搜索引擎在买车时给你提供了更多选择，你可以
找到前所未见的丰富信息，也可以直接向某些网站买车。然而不管你怎
么搜索，唯一能轻易找到的顾客评论都是汽车厂商刻意挑选出来给你看
的，其他的评论你就必须逐一拜访各个网站，慢慢理出头绪。

① http://news.zdnet.co.uk/software/applications/0,39020384,39214432,00.htm
② http://blogsearch.google.com
③ http://www.icerocket.com
④ http://www.bloglines.com/citations

　　然而现在的情况不同了。假设你出于环保和油价居高不下这两方面的考虑，决定要买一辆混合动力车，可是你认识的人都没有开过这种车，这时候 RSS 搜索引擎（通常称为"博客搜索引擎"）就派上用场了。你可以读到世界各地的人们对于你正在考虑的这款车子作何评价，同时这些信息不再像网络浏览时代那样老套，而是每次有人说了什么你关心的话题，搜索引擎就遵从你的命令即刻送过来新鲜的信息大餐。

　　目前 RSS 搜索服务的竞争相当激烈，除了我们刚刚提过的 5 种之外，还有无数新服务正在冒头，雅虎和 Google 都已加入战局，预计微软也会很快跟进。

　　当竞争白热化时，新产品不断推出，几乎每天都有某家搜索服务公司追随同行脚步，在软件上增添相同的新功能，各家厂商都企图用新的功能与便利性来吸引顾客。在他们持续出招的同时，终端用户无疑是最大赢家。

　　其实 RSS 的功能不限于博客圈，网络上几乎所有网页都可以附加 RSS 功能，而实际上每天都有很多网站开始提供 RSS 功能。英国广播公司 (BBC) 和《纽约时报》网站都让读者可以通过 RSS 新闻形式订阅所需信息；下一代的网络浏览器，包括火狐狸、微软网络探险家、苹果萨伐旅在内，都会侦测有哪些网页具备 RSS 功能，进而让你只消轻点鼠标就能完成订阅。从此之后，网页一更新，你就能收到所有的更新数据。愈来愈多证据显示，网络上有大量网站正朝着 RSS 化的目标迈进，这意味着终端使用者很快就能享受到信息涵盖范围远超博客圈的上门服务。

　　另外，还有无数结合 RSS 功能的小型便利应用程序，每一种都能让网络变得更快速、更便捷，利于用户从网络上获取所需的资源。举例来说，"RSS 拍卖"软件 (RSS Auction)[①]是参与 eBay 网络拍卖的好帮手，当你指定某件产品在 eBay 上以特定价格拍卖时，这个软件会在条件符

---

① http://www.rssauction.com

合时实时通知你；Yaywastaken 公司 (Yaywastaken.com)[1]的诺岚 (Sean Nolan) 提供 RSS 新闻形式通知，一旦亚马逊网络书店展售吸引你的某本新书或旧书，你就会立刻接获通报；另外，这个网站还提供类似服务给"超额存货"公司 (Overstock.com)[2]的寻宝买家；在哈默斯里 (Ben Hammersley) 的"危险前例"(Dangerous Precedent)[3]网站上，你可以利用他们免费的 RSS 编码字符串 (code string)[4]去追踪某个邮寄途中的联邦快递 (FedEx) 包裹。这类便利程序正在迅速崛起，我们认为未来还会有更多新发明陆续面世。

任何有创新的地方，通常会发现营销人员徘徊不去，他们在找寻市场的缝隙，以便能争取人口中那 2%：这群人永远都抗拒不了营销人员的诱惑。RSS 也许是营销人员的最佳选择，因为这种方式容许他们替有需要的人服务，并且不用去干扰其他人。

假设你的冰箱发生故障，你需要买一台新冰箱，RSS 技术开始提供真正的随选广告 (Ads-on-demand) 服务，让你能够订阅所有关于新、旧冰箱的广告，而且你能指定需求时间、条件、地区，附带相关款式、品牌、信誉的种种信息，一旦决定要买哪一款冰箱，就可以取消订阅这些广告。

过去你只要和网络营销人员建立电子邮件关系，就永远摆脱不了被骚扰的境地。这些营销人员不仅"锲而不舍"地给你寄送你不想要的电子邮件，而且把你的姓名和邮件地址转卖给其他数据库营销人员，除非哪一天你停用这个账号，否则将源源不断地收到垃圾邮件。反观在使用 RSS 技术时，只要你停止订阅广告，它们就会自动消失；营销人员别无选择，因为 RSS 赋予收信者而非发信者停止订阅的权力，发信者也无法得知谁订阅了广告，因为你从来没有向他们登记电子邮件地址，因此发信者不可能用你不想要的新垃圾邮件来骚扰你。

---

[1] http://www.yaywastaken.com/amazon

[2] http://www.yaywastaken.com/rss/overstock

[3] http://benhammersley.com/weblog/2004/07/04/track_your_packages_in_rss.html

[4] http://www.benhammersley.com/tools/fedex_package_tracking_in_rss.html

RSS 重新调整游戏规则,把过去只属于企业的权力转移到用户手中,顾客可以选择要不要开始一段关系,也可选择开始与终止关系的时机。通过 RSS,顾客有机会观察你,决定是否信任你,他们能在任何时间以任何理由与企业决裂。现在顾客根本还不必走进经销商的展示卖场大门,就已经从网友口中获知对某个经销商的评价。

这项新的平衡并不意味着企业就是输家,如果一家公司选择信任潜在买家能自己作出正确的决定,那么将有更多咨询的客人可能掏钱购买。假如一家公司经营透明,而且鼓励员工主持博客或直接与顾客对话,借此表现出公司对员工的信任,那么将有更多读者会订阅这些员工的博客,而且将会变成未来的顾客。

进入“语音博客圈”

在魏纳与网景公司妥协,支持采用 RSS2.0 标准之后,魏纳创造了一种额外的功能,让人们可以订阅语音博客 (Podcasts),这项功能有一部分源自魏纳与前 MTV 名人亚当·科利 (VJ Adam Curry) 的合作成果。与此同时,科利还开发出一种下载软件的应用程序“iPodder”,并于 2004 年 8 月 13 日制作了《每日来源码》(*Daily source Code*)[1],这是有史以来的第一个语音博客。没有人清楚当时究竟有多少人收听到这个博客,不过根据“公民编造”博客 (Citizen Spin)[2] 的估计,推出后不到一年,每日收听科利语音博客的人数就将近 10 万人。皮尤研究中心表示,当时美国有 600 万人收听过语音博客,这么高的增长率甚至大幅超越文字博客。

2005 年 6 月 28 日,苹果计算机的音乐下载服务 iTunes 推出语音博客 iTunes 4.9,让 MP3 播放器 iPod 的用户可以直接订阅 RSS 网站内容。一夕之间,许多语音博客发现他们的访客流量暴增 4 倍。直到 2005 年

---

[1] http://live.curry.com

[2] http://citizenspin.typepad.com/citizenspin/blogwatch

仲夏，iTunes 提供了 3 000 多种语音节目，成为了"语音博客中心"。这个媒体的急速成长有一部分要归功于它与文字博客的整合，因为读者是通过文字博客得知某个新语音博客成立的消息，以及该上哪儿去找特定语音内容的信息。

有好几位制作人正逐步证明语音博客这门生意可行，科利是其中之一，它的"科利语音博客节目网"(Adam Curry Podcast Show Network) 制作了 35 种节目，每天的听众人数总计有数十万。科利说这家公司从一开始就采用传统的媒体广告模式，从一开始就能够获利，但他仍然募集 850 万美元资本，以资助公司快速的成长。

科利致力采用不太具侵扰性质的广告方式，为什么？他告诉我们："因为广告讨人厌。这玩意儿很无聊，人们碰上广告就躲。"他说电视、广播的广告之所以有作用，那取决于两项因素：人的情绪和反复播放。比方说，当你观看电视时，剧情刚要进入高潮，你可以断定电视台必定会趁机插播广告，然后再让观众看到精彩刺激的结局。反复播放更是扰人，科利表示："我痛恨这个事实，不过当选总统的人，绝大多数是那些竞选广告打得最凶、在媒体上重复播放次数最多的候选人。"

当我们访谈科利时，他正准备为导演斯派克·李 (Spike Lee) 的新电影制作一个"幕后花絮"语音博客。电影制作人付钱给他以作酬谢，苹果计算机也付钱给他，感谢他让 iTunes 用户独家下载这个语音博客的内容。在这个语音博客里，你找不到直接广告，科利本人很确定他的听众将会感激他屏蔽了侵扰式的广告。

科利在语音博客的领域抢得先机，不过他绝非唯一，现在这一行已经出现无数拓荒者想要争食市场大饼，此外至少还有一打博客，外加 ABC、CBS、NBC、NPR 等大型电视网，也都是早期加入的竞争者。为何这一媒体一推出就能造成如此大的轰动？因为预测语音博客市场规模的机构几乎是刚完成预测数字就立刻被实际数字所超越。英国广播公司

(BBC)①本身拥有大约 20 个语音博客，经验堪称丰富。该公司的新闻引述了丘比特研究公司 (Jupiter Research) 的估计值，该评估还称，到 2010 年底，美国将有 5 600 万人拥有自己的数字音乐播放器。另外，专研科技趋势的福里斯特研究公司 (Forrester Research)②也估计，到 2010 年时美国收听语音博客的家庭将达 1 230 万户。不论这些数字是如何估算出来的，大家的共识是，未来几年内收听语音博客的人数将会大幅增加。

奉送语音博客

难道广告必须是支撑企业的主力吗？不见得。

曾经连续成功创立了好几个公司的企业家道格·凯依 (Doug Kaye) 主张，企业赠送给他们语音博客内容，可能是种比较明智的做法，而且最终获利会更可观。2002~2003 年间，凯依在撰写《松散耦合：网络服务的缺角》(*Loosely Coupled: The Missing Pieces of Web Services*) 一书时领悟到，他采访的对象要比他自己更清楚网络服务的事，假如能让这些受访人对他的听众畅所欲言，自己完全不介入干涉，这样写出来的书会更精彩。对一位作家而言，这是相当难堪的处境，不过凯依很快就体会到如此做会更容易、更有效地记录与传达这些专家的声音。科利推出第一个语音博客之后，凯依旋即跟进，在他的博客里公开为撰写该书而进行的采访实况，这一实验促成了"信息技术对谈"博客 (IT Conversations)③的诞生，并在日后扩展为一个与技术有关的语音博客网络。到 2005 年劳动节时，凯依已经制作出 56 个节目。

当我们于 2005 年 8 月初访问凯依时，"信息技术对谈"博客是靠赞助 (以及凯依自己的钱) 维持生存，不过我们感觉到他已经在全心全意筹备"信息技术对谈第二代"，主要概念是由任何地方的公民语音博客

① http://news.bbc.co.uk/1/hi/technology/4658995.stm

② http://www.webrankinfo.com/english/seo-news/topic-3589.htm

③ http://www.itconversations.com

通过在公开集会中现场收录方式，自行录制人们对于任何主题的演说内容："信息技术对谈"会找来现场观众，请受邀主讲人在某日某地对这些听众发言，听众再录下谈话内容。这将大大限制主持人发言，也有点像开放来源的语音博客，用意并不是让任何人增加或修改内容，而是让任何人都能参与。制作完成的语音博客内容将会对所有人公开，听众可以通过主题、地点、演讲者或任何相关细节在博客圈里搜索，有效时间从翌日早晨到 100 年后——或许 1 000 年后也说不定。

为何企业应该关心开放来源的语音博客？其实很多企业已经开始这么做了，不过凯依认为他们的做法只见树木不见森林，他告诉我们，绝大多数企业只是把语音博客视做新品种的网络串流 (Streaming) 媒体，也就是已经盛行了很多年的因特网广播系统。

企业对传统网络广播的投资报酬率在数据库营销里可以找得到。比如说，有一位知名演讲家应邀在某家公司赞助的集会上发表演说，他的演讲内容被录下来，通过网络免费传送，不过这还附赠一个陷阱。一般人必须先注册，也就是通报你的姓名、电子邮件地址，也许还要输入一两项人口统计数据，才能够下载语音内容。通常注册窗口上还包含一个常被人忽略的小方格供你勾选，目的是授权企业寄发"额外信息"给你。一旦你忽略了它没有勾选，将视同你允许企业以直接营销之名利用你提供的信息，因此企业是以纯粹投资回报率的观点来决定广播内容是否成功：将聘请演讲者的费用和制作成本从后续销售业绩中扣除，以此判断投资回报率的多寡。

凯依根据经验估算，企业借由上述手段最多可能吸引到 1 万人前来注册收听，接下来使用标准的直接营销手法，平均可促成 200 笔实质交易。此外，企业还可将注册登录人的姓名、地址转卖给数据库清单公司，赚取一些外快。这 1 万个免费注册的听众仍将付出代价，只要使用的电子邮件账号不改，他们会一直接到各种垃圾电子邮件以及自己压根儿不想要的促销产品的信息。

凯依认为这样的策略太过短视，长期来看会打击公司的信誉和业绩，而且愈来愈多人也察觉到这种所谓免费注册的陷阱，并有意识地避开。然而，企业若能改用免费的 RSS 订阅取代注册的条件，立刻就能增加 10 倍左右的听众，虽然选择向这家公司采购的听众人数会远远少于免费注册的人，但是他们所创造的业绩仍然可能高于先前免费注册模式达成的 200 笔生意。只要有 1%的听众自愿购买，成果就可达到被迫注册模式所促成业务的 500%。

根据凯依的说法，有少数几家公司已经开始接受这样的看法，虽然尚未有任何研究个案可以佐证，不过他告诉我们，最近他协助 BMC 软件公司 (BMC Software) 推出了一个"BMC 谈话"博客 (BMCTalk)[①]。这是一个配备主持人的 RSS 功能语音博客，讨论主题从打高尔夫球如何推杆推得更好到公司并购之后人力整合的问题等，可谓无所不包。此外，近期凯依也担任"业务人力"公司 (Salesforce.com) 的顾问，帮他们开发类似博客。当我们访问他时，这一计划依然处于开发阶段。

有一个例子可以说明语音博客对企业的用处。"信息技术对谈"博客有一次录下了《决断 2 秒间》的作者格拉德韦尔在热门科技会议"大众科技"(PopTech) 上的一席演讲[②]（这次会议的主旨是结合技术与社会学方面的思考）。当格拉德韦尔在 2004 年 10 月发表演说时，将近 500 位付费入场的观众报以热烈掌声，接下来的 10 个月，有 67 000 人通过语音博客收听到他的演讲内容。格拉德韦尔在"大众科技"会议上的那场演讲并未收费，不过同一时期他在其他场合的演讲，每场收费高达 4 万美元；到了 2005 年 8 月，他的演讲价码提高到每场 6 万美元，而且成为科技圈里最炙手可热的演讲家之一。格拉德韦尔的新书销售量远超过先前出的另一本书。同时，"大众科技"的 2005 年度会议虽然提高门票售价，却打破了 9 年来的销售纪录，门票首度销售一空。有人算得出

① http://talk.bmc.com/podcasts/simpleblog_view
② http://www.itconversations.com/shows/detail230.html

这儿的价值消长吗？我们无法证实，但是可以这么说，不论是格拉德韦尔或"大众科技"会议，都没有因为"奉送"而吃亏。

大公司通常会举办知名演说家系列演讲，邀请格拉德韦尔这种巨星级的演说家去演说，试想免费而且不需注册的语音博客能否提升人们对公司的观感？这些博客可能影响潜在的员工吗？过去他们并不知道一旦成为这些公司的员工，就可以享有这类高质量的员工特权。我们觉得答案是肯定的，语音博客的内容实际上是永远存在的，随着它的年岁日增，在网络搜索引擎上呈现的地位也会变得更稳固。

企业也可以用另一种方式从语音博客中获利，那就是录制最杰出、最聪明员工的声音和说法。公司赞助员工出风头不仅能够振奋士气，更能向世界展现自己员工的优秀素质，证明高管对公司团队是多么引以为荣。除此之外，这么做使公司显得更真实，说明在此工作的员工是有血有肉的真人，对他们的工作满怀热情并具有权威，这些成果远比促成200笔直接销售业绩要宝贵多了。

影像博客慢慢崛起

文字和语音博客的意义深远，但是再怎么样也比不上亲眼目睹演说家的表演来得真切。如果你无法亲自参加某个特殊会议，那么现场录像的威力绝对毋庸置疑。影像博客出现的速度比文字和语音这两种社会媒介缓慢，部分原因是目前共有18种相互排斥的标准，致使影像成本昂贵，制作难度也比较高。此外，影像档案的规模也很庞大，除非拥有宽带设备，否则一般人难以观赏。和语音相比，影像不好随身携带，便利性差多了。人们可以一边开车或慢跑，一边收听语音博客，但若当他们做这些活动的同时收看影像博客，恐怕是非常危险的。

斯考伯白天在微软上班，担任"第9频道"博客的访谈人，该网站目前堪称世界上最受欢迎的企业影像博客，每个月的访客近300万人，而这份工作无疑将他推上世界舞台的中心。虽然"第 9 频道"有维基、论坛和相当多的文字内容，不过按照统计数字来看，斯考伯访问微软最杰出的软件开发工程师仍是最大卖点，他制作的某些影像档案被下载了10 万次以上。

其他公司也开始朝影像博客缓步前进，有一家跨国媒体公司告诉斯考伯，他们正打算推出一个模仿"第 9 频道"模式的影像博客。阿曼达·康登 (Amanda Congdon) 制作的"火箭荣景"(RocketBoom)① 有广告支持，她的这个影像博客极有创意，而且常有出人意料之处，每天吸引 6 万名访客，除了口耳相传之外，别无其他营销门路。

不过，影像博客若要真正起飞，高昂的制作成本必须要先降下来，频宽和储存的问题也需要解决（或至少缓和下来）。现在有一家公司保证可以低价解决频宽问题，另一家则宣称能免费解决储存的问题。

加州佛尔森 (Folsom) 一家刚成立的软件公司"大神奇"(Serious Magic, Inc)② 推出了全套低成本的影像传播工具。根据该公司营销主管米歇尔·葛丽娜 (Michelle Gallina) 的说法，《财富》500 强大公司中已经有半数左右采用他们的产品，例如《今日美国》报就是采用该公司的产品训练员工③。另外，凯悦丽晶饭店 (Hyatt Regency) 也采用"大神奇"的产品来制作影像内容，以此吸引企业客户使用旅馆内部所配备的会议设施④。不过更令我们兴奋的是"大神奇"的新承诺，2005 年 2 月该公司执行官马克·兰德尔 (Mark Randall) 告诉我们，他的公司拥有"能让普通人制作出专业质量影像"的技术。我们在重要的"展示"(Demo)⑤会议上与兰德尔相遇，（这项会议为新成立的公司提供展示舞台，每一家公司可以在台上用 6 分钟的时间现场展示新产品。）兰德尔上台作了一场极棒的展示，讲话像连珠炮一样介绍该公司的影像博客软件

① http://www.rocketboom.com

② http://www.seriousmagic.com

③ http://www.seriousmagic.com/articles/vc/videotraining/usatoday

④ http://www.seriousmagic.com/vcarticles.cfm?study=hyatt&crntPg=bus_marketing

⑤ http://www.demo.com

"VlogIt!"，这个产品计划在 2005 年秋天正式上市，售价在 100 美元左右。另一个新组织"我们的媒体"(OurMedia)①是个非营利组织，他们提供"永远免费"的在线影像储存空间，以消除使用者的储存与频宽障碍。现在我们看见一个崭新、低成本的企业传播渠道正在迅速崛起。

新闻与博客窗口

文字博客的创新技术太多了，我们无法在这里一一列举，不过我们认为有一样创新技术的潜力无穷，它足以扮演分水岭的角色，那就是个人新闻编辑网站 Memeorandum②。它是第一个连接旧媒体与新媒体的技术，提供单一屏幕视野，结合传统媒体的醒目标题和热门博客的相关评论，一举结束新旧媒体双方长久以来争论不休的对立局面，在这里使用者是最大的赢家。

当我们撰写此文时，Memeorandum 仍是不起眼的小角色，经营者是曾经服务于英特尔的软件开发工程师盖布·里维拉 (Gabe Rivera)。公司设在里维拉自己的卧室，他靠的只是一台伺服主机。截至目前，里维拉只推出主流、政治、科技③三类新闻的版本，但是未来的发展似乎永无止境。

Memeorandum 可能会终结"链接博客"(Link Blogs)，也就是专门通报其他博客地址的博客，这些博客绝少增加自己的新内容，企图只通过通风报信来争取影响力。由于 Memeorandum 利用算法提供结果，和 Google 十分类似，因此可以自动完成链接过程，提供的主题链接成果远比真人运作来得迅速，而且还具有单页摘要的便利。虽然这项技术可能对目前排名领先的博客堪称坏消息，但是对于终端使用者却是好事。我们看得出来，未来将会出现个人化的 Memeorandums，届时你可以亲自挑选自己最喜爱的几千个博客，然后输入 Memeorandum 引擎中，就

① http://www.ourmedia.org

② http://www.memeorandum.com

③ http://tech.memeorandum.com

能获得真正量身订做的新闻服务了。

行动博客战火激烈

　　行动博客 (Mobile Blogs) 纯粹是指那些通过移动设备贴文的博客，有些内容仅仅是一张由可照相手机拍摄的相片，再搭配寥寥数语的图说。（通常还结合了实时通讯的速记文字。）不过，以行动博客传输地理方位的信息却具有重大意义，此外，网络龙头如亚马逊书店、微软实时通 (MSN)、Google 等，都已将地图绘制功能视为与竞争者火拼的战场。

　　举例来说，亚马逊的 A9[①]就把照相机装在车辆上，然后随着车辆在街市上行进拍照。这项技术对使用台式计算机的地图制作者来说早已采用多年，不过亚马逊的做法更进一步，他们将拍摄结果链接到 A9 的工商电话簿，让用户能实际看到某家寿司餐厅外观和内部装潢如何。（看完后你今晚也许会想去那儿用餐，也许随意看看就算了，反正只是肚子饿一时兴起。）目前有好几家公司也在努力设计软件，让先前在某家餐厅吃过饭的客人可以撰写饮食评论贴在博客上，借以鼓励或劝阻有意前去消费的客人。

　　2005 年 8 月，Google 推出"Google 地球"(Google Earth)，这个网站提供的地图[②]简单得不可思议，网友只要利用网络浏览器就能轻松卷动地图，而且数据详尽，输入你要搜索的地区、餐厅、电影院、商店，所有信息一览无余地呈现在你眼前。另外，"Google 地球"最令人惊艳的地方是提供卫星空拍地图，并开放技术，容许不隶属 Google 的软件开发工程师自行增添新的应用软件。例如现场交通数据消息，Google 的交通地图可以呈现替代交通路线，以利于用户避开发生塞车、火灾、犯罪现场、恐怖攻击等意外的地段。

　　① http://a9.com
　　② http://maps.google.com

地图也可以容纳具有地缘关系的广告和数据，对旅行在外的人来说，想要找寻当地的星巴克咖啡馆或医院时，手边备有这样的地图是很有用的。位于佛罗里达州的"潘特学院"(Poynter Institute) 号称美国新闻业的研发重镇，那里的技术人员拉里·拉森 (Larry Larsen) 向我们展示一款软件雏形①，说明博客与新闻界可能在地图供应新一层次的实时信息这个领域上英雄所见略同。

微软 MSN 的"虚拟地球"(Virtual Earth)② 小组的程序开发工程师梭塔 (Chandu Thota) 设计出"博客地图"(BlogMap)③，这套软件可以让博客看见博客主人所在的地点，以及邻近地区其他博客的位置。梭塔告诉我们，这项服务推出一星期之内，就吸引了 10 万人下载"博客地图"，他还说，下一步将允许博客直接贴文到地图上面。

在博客上贴标签

标签是众多简单的小创新之一，但这些小小的创意现在已经开始大大增进搜索博客的效率。贴标签的功用和你在档案夹里放入一个标签并无不同。你只要在一则博客贴文的底下加注"Technorati 标签"，然后再写下你的贴文主题关键词，例如苹果计算机、布什总统、消费电子展等，接着就可以照常贴出文章。Technorati 的标签页④ 使用者众多，譬如博客在 2005 年 8 月追踪的标签就高达 300 多万张。在标签页上，通常可以输入你要追踪的一串编码或单字，然后进行链接，不过单单是输入某个搜索关键词，也会让 Technorati 找到你，使你更容易被他人发现。

让我们用例子来解释标签如何运作。假设你打算参加在拉斯韦加斯举行的 2006 年消费电子展 (CES)，你想要看看其他博客如何报道这次

---

① http://www.poynter.org/column.asp?id=31&aid=86690

② http://channel9.msdn.com/ShowPost.aspx?PostID=71140

③ http://www.feedmap.net/BlogMap

④ http://www.technorati.com/help/tags.html

展览，如果你上网络搜索引擎搜索"CES"，就会得到数不胜数的搜索结果，但是绝大多数却与你想要的信息无关。然而如果每个参展人在会场发出博客贴文时，都在文章底下附注"CES 2006"的标签，那么搜索结果就会令你满意得多。

碰到照片和其他文字稀少的多媒体贴文时，贴标签特别有用，因为文字稀少又缺少标签，就很难用搜索引擎去寻找。搜索引擎扫视一张灯塔的照片时，无法将图像转化成"灯塔"两字，除非张贴照片的人在照片上附加"灯塔"的标签。

Technorati 与网络照片服务业者"Flickr"①、"Buzznet"②合作，也和链接服务业者"Delicious"③、"Furl"④联手提供标签服务。延请以色列担任顾问的"瑞雅"(Riya)⑤公司于 2005 年 10 月底推出这项划时代的技术，只要你告诉"瑞雅"软件艾妲姨妈 (Aunt Ida) 是谁，这套软件就会自动将你计算机内或"瑞雅"服务范围内所有艾妲姨妈的照片贴上标签。

标签的作用还不仅于此，标签可以和地图、行动博客整合，满足长久以来吊人胃口的"地理标签"(Geo-tagging) 的业界承诺，也就是允许公司和个人在地图上标识对象，并通过行动博客发布该项标签信息，这项技术最终会让我们轻易找寻人、地方、产品等等，也让我们可以阅读先前到过同一地点的人所写下的评论文字。现在有不计其数的公司正设法拼凑这片拼图上的无数碎片。

把一生的时光留给计算机

我们在研究本章内容期间所听闻的发展计划中，野心最大的可能非"毕生片段"(MyLifeBits) 莫属。"毕生片段"是微软旧金山实验室的吉姆·杰

---

① http://www.flickr.com
② http://www.buzznet.com
③ http://del.icio.us
④ http://www.furl.net/index.jsp
⑤ http://www.riya.com

财富博客

梅尔 (Jim Gemmell)[1] 和高登·贝尔 (Gordon Bell，他是 DEC VAX 计算机之父)[2] 正在研发的软件，这套系统能够记录你一生的经历。(日后想要看看你过去经历过什么，或想要与亲友分享这些体验时，可以从计算机中提取出来重温旧梦。) 不论影像、照片、博客或其他零碎的数字信息，都可以保存下来，储存在"毕生片段"软件里面。微软的另一支研究团队 (位处英国剑桥) 则正在研发"有感摄影机"(SenseCam)。这是一款小型数字相机，使用者可以将它挂在脖子上，只要有动作感应它就会启动摄影，然后自动将内容传送给"毕生片段"软件。当一件值得注意的事情发生时，你将手在摄影机前摇晃一下，摄影机就会自动开拍，这样你的生活可以拍成照片、贴上标签或地理标签、张贴上网或存放在个人计算机中。用这种方式，你保存了重要的时刻，也能与关心此事的人分享。

"毕生片段"也有实用的一面，针对中风病患者的研究发现，照片有助于因中风损失记忆的人重建记忆。上述这两个团队也在研究，这类生活博客工具是否真的能协助我们平常人更了解特定事件，因为通过实地拍摄的画面，我们能够真实地回到事发当时，再次目睹完整情境。不过我们认为与此关联性最强的是，如今光靠一台计算机就足以储存一个人一辈子的影像纪录。

自从传奇的网络公司热潮爆发以来，许多观察家都认为科技界没有什么惊世骇俗的进展，然而事实上，这个表象的背后确实出现了令人目不暇接的创新，而其中有很多新技术都和博客与社交媒体有关。我们在这一章里讨论的技术，只是冰山一角，代表目前刚浮出或即将浮出水面的部分，这些技术正在塑造企业传播和人们寻找、分享信息的方式。下一波技术创新可能会令我们叹为观止，不过朝社交媒体这个大方向前进似乎是明确的趋势。

如今的前景展望比过去更为明朗，我们已经进入沟通的新世纪。

---

[1] http://research.microsoft.com/~JGemmell

[2] http://research.microsoft.com/users/GBell

第15章

一桩聪明又便宜的生意

> 将博客圈的成长视为纯粹的科技现象是相当自然的事，
> 不过它也是深刻的人性现象，是人类从事对话活动的一种新方
> 式，就某方面来说，也是将这类对话具体化的方式。人生稍纵
> 即逝，而博客圈却能为我们每天多捕捉到一点奇异的亲密感。
> 也许该把它想象成一种迅速膨胀的全球化思想泡沫。
>
> ——《纽约时报》2005 年 8 月 5 日社论

有的时候，工具就是工具，在我们一生中，铁锤的改变少之又少。如果我们花好几年工夫写一本关于铁锤的书，在创作的过程中这个主角不会有太多改变，大多数工具都是如此，然而博客可不一样。

我们花费 9 个月的时间撰写这本书，在这期间博客和博客圈的创新简直令人眼花缭乱，光是博客的数量就（9 个月前不足 750 万人）增长了 2 倍，几乎达到 2 000 万人。今天世界上每隔一秒钟就有一个新的博客诞生，而每隔两秒钟又有一个博客遭到主人抛弃。从一开始我们就知道自己写的是不断变化的目标，期间还当真因为斯考伯在微软碰上危机事件，而必须延迟完成"用博客扭转危机"那一章。几个星期之后，我

们再次被迫延迟完成"不断升级的强大武器"那一章，原因是我们快要写完初稿时，才发现又有新的博客媒体冒了出来。

在整本书里，我们试图把焦点放在博客和社交媒体如何改变企业与顾客的关系上。书中提供很多诀窍和个案研究，尽管科技不断发展，我们希望这些技巧与个案未来依然能贴近现实。

从开展这项计划到目前为止，我们感受到企业界对博客的态度在持续改变。我们着手写第一章时，大部分工商界人士仍然认为博客是一时的流行，不愿认真对待这一媒体，当时算是"否定阶段"；接下来我们察觉到企业界对博客产生了若干愤怒情绪，他们认为博客是捣蛋鬼，破坏了过去号称最佳实务且行之有效的制度（有一个暴怒的执行官甚至告诉我们，博客是一种用来欺骗搜索引擎结果的欺诈手法）。当我们登上新闻媒体时，《福布斯》杂志写了一篇封面故事，把博客圈比做擅动私刑的暴民[①]，不过从面对变革时人们由否定阶段演进到愤怒阶段的过程而言，《福布斯》杂志加入的速度算是晚的。

今天有愈来愈多的工商人士明白，博客根基已稳，企业界需要设法理出头绪，想办法在公司的沟通方式中纳入博客。我们期望本书能帮助人们为公司作出正确的决策。

在"导言"中，我们主张博客是革命的一部分（这场革命的范围比博客圈更大），许多人并不赞同我们的说法，认为博客现象不过是企业营销组合中新增添的生力军，他们一再告诉我们：博客是演化结果，不是革命。经过9个月的研究及访谈100多位企业界人士之后，我们现在深信，博客是一场非常重要的革命中的一样工具，它的发展势不可挡，而且改变了企业与所在社群之间的关系平衡。

诚如网络公司兴起的年代，少数几家公司将从博客圈中脱颖而出，变成傲视群雄的巨人，其他众多公司将逐渐凋零。由于这场革命，企业界为了追求高效益，将会改变投资（不论是财务资源或人力资源）的方

① http://forbes.com/home/free_forbes/2005/1114/128.html

向；营销预算将会遭到削减，这也许会释放出更多资金重新投入产品开发与顾客支持。我们已经目睹了那些对市场很有影响力的人士在态度上起了大改变，也清楚他们改变的原因。这样的巨变惊天动地，我们一直很伤脑筋，不知道该怎么称呼这个"比博客范围更大"的改变。

本书不是一份客观报告，我们一开始就坚定拥护博客，也就是相信所有企业都应该从事博客，并警告那些在企业中不经营博客的公关人员。后来在写书的过程中，我们发现自己当时的理念有些言过其实，之前我们低估了文化（包括企业文化与国家文化）的影响力，简单来说，有的文化倾向开放，有的则相对封闭。有些领导人信任自己所督导的部属，其他领导人则不信任；这样的差异愈来愈重要，因为更多人开始理解公司的博客政策（成文或不成文都算），这足以让外界看穿这家公司如何看待自己的员工与顾客。

当我们讨论社交媒体时，绝对不能低估文化的重要地位。随着新兴科技的持续崛起，有些公司会在某一方面表现出色，但在另一方面却毫无表现。与苹果计算机合作的科利告诉我们，尽管苹果计算机的执行官乔布斯向来不鼓励员工将工作上的事在博客上公之于世，但是他自己不久之后即将主持语音博客。科利不置可否地说："这家公司的 DNA 本来就不适合博客，不过乔布斯喜欢语音博客。"我们很确定，有些企业或有些人打死都不会加入这场革命，譬如握有改变组织文化大权的人将顽固地保持现状。坦白地说，并非所有不愿涉足博客的大公司都将衰败或灭亡，不过在外界眼里，他们将会比经营博客的公司来得更无趣。

像 Google 之类阻挠博客的公司可能会开始失去有才华的员工，这些公司在华美的外表之下，也已开始暴露其他的缺陷。当我们开始撰写本书时，这家搜索引擎公司无疑仍在其所在行业中备受崇敬，拥有傲人的地位，但是我们感觉到它的光彩似乎已经黯淡许多，原因之一正是它的博客一直很平庸：无法让员工在博客里尽兴挥洒的公司，既无法振奋内部士气，也吸引不了外面的优秀人才。才华横溢的博客拉塞尔·贝蒂

(Russell Beattie)^①告诉我们，由于感觉 Google 的企业文化颇为封闭，公司政策又显得心口不一，因此他决定取消与 Google 的求职面谈。后来贝蒂加入了雅虎公司，因为他觉得这家企业积极鼓励他与其他员工主持博客。

最近 Google 宣布将惩罚科技媒体网站 CNET ^②，他们采取的措施是一年之内不回应 CNET 的来电，也不让 CNET 参加其他新闻媒体都受邀参加的 Google 活动。这项措施源于 CNET 利用 Google 发布 Google 执行官埃里克·施密特 (Eric Schmidt) 的个人资料，用以证明 Google 使得太多个人资料过于轻易曝光。在我们看来，这只是小事一桩，不管是 CNET 的报道或 Google 的反应，本来只是不足挂齿的趣事。然而外界认为 Google 公司的博客庸俗乏味，以及开始认定 Google 公司文化其实比许多人想象中的更封闭，该公司的形象并不像过去那么讨人喜欢。或许要经过很久之后，这家投资人与网络搜索者心目中的宠儿才会真的陷入泥沼，在此之前，Google 还有大把时间可以明智地改弦更张。我们确实也听到谣言，说 Google 将会彻底改变公司的博客政策。那么观察它下一步怎么做，将是未来一件很有意思的事。

话又说回来，如果博客真的是革命的一部分，岂会没有流血牺牲？我们已经看出传统的单向式广告与营销人员正面临明显而急迫的危险，这些传统营销手法的信徒正濒临不改变就灭亡的处境。博客与社交媒体像是抡起锤子，正在把一支银色的长钉敲进传统营销模式的心脏，取而代之的新现象是顾客与公司乐于接受更公平的游戏规则，双方可以使用未经修饰的简单家常话彼此对谈。大部分人比较信任这样的声音，而不信赖经由专业人士精心修饰而成的 60 秒广告台词。上述根本的改变将顾客放到了首要的位置。与过去企业只把顾客当做广告的被动接收者相比，这种新的顾客定位真令人耳目一新。

---

① http://www.russellbeattie.com/notebook/1008565.html

② http://news.com.com/Google+balances+privacy,+reach/2100-1032_3-5787483.html

没错，如果你接纳我们的主张，贵公司的顾客信心将会大幅增强，事实上，顾客也不一定永远是对的，有时候顾客的要求很不合理，有时候他们甚至口出恶言。我们所访谈的大多数公司都担心会遭到顾客公开的言辞抨击。作为本书作者，我们曾收到充满恶意的博客评论，这让我们很不好受，不过我们也因此体会到，即使顾客错得离谱，放下架子倾听仍然是最聪明的做法。此外，当你展现出彬彬有礼的倾听姿态时，大部分观察者都会站在你这一边。

我们并不是在宣扬故作单纯的利他主义，这本书讲的是生意、效率、利润，博客是一桩聪明的生意，它比我们今天所采用的大多数营销手法更便宜、更有效。升阳计算机的董事长施瓦茨告诉我们，通过他的博客，他所接触到的人数远超过在产业杂志上刊登整版广告所能争取到的读者。更妙的是，读者能与他直接对话。火狐狸的用户极其热爱这项产品，居然愿意自掏腰包买下《纽约时报》上的两版广告，后来他们却发现在争取顾客方面，博客的效果更突出，而且花费少之又少。英国裁缝马宏利用博客提升了知名度，短短数月之内他的业务增加了300%，同时让他一跃成为全世界最知名的裁缝师傅。卡顿的特利欧手机博客所拥有的访客人数，竟然超过这款手机的两家软、硬件制造商的网站访客总数，卡顿对特利欧产品的影响力已经超越这两家公司的高管。

博客比传统广告和公关活动便宜很多，这是毋庸置疑的事实。此外，不断有证据显示博客更有效（就像火狐狸团队所发现的一样）。今天在传统公关和广告业界服务的人，日后是否会沦落到去餐厅端盘子？如果他们依然紧紧抓住这些显然正在萎缩的方法而不肯改变，其中一些人恐怕逃不掉这样的命运，其他识时务者就会自我调整，在新时代中争取一席之地；他们当中有许多人将会设法使价格调整得更合理、可信度更高、互动性更强，譬如霍尔茨、霍布森和鲁贝尔等人都已深谙此道。

虽然我们发现博客存在文化歧异现象，却也嗅出一丝缓和的先兆：过去媒体和博客圈常常出现剑拔弩张的文化冲撞，如今两者开始出现异

中求同、握手言欢的迹象。不到一年以前，《纽约时报》的首席科技记者乔治·马可夫 (John Markoff) 还质疑博客不够资格传递新闻，如今博客和记者虽然在重大问题上的立场还是互不相让，然而愈来愈多媒体引用博客贴文作为消息来源。此外，新科技如 Memeorandum 实际也把新闻界与博客结合在一起，让消费者坐收渔利。何况新闻本来就不应该由传递者定义，而应该由传递内容者通过报纸、广播或宽带渠道的传递来实现新闻的透明与公正。

我们事先拟定的假设并未全部按照计划得到实行，譬如我们始终找不到主持博客的水电工，这也许是文化因素吧。我们原先以为会找到很多支持微型市场的博客例证，也就是网络杂志 Wired 编辑克里斯·安德森 (Chris Anderson) 所谓的"长尾巴"(The Long Tail)，可后来找到的这些微型市场的顾客大概只有一百人到数百人，虽然市场数量可以以百万计。我们猜测可能的原因是博客目前还停留在冒出头部的初步阶段，也许未来会慢慢现出庐山真面目吧。

商店和工匠若能握有博客这个工具，获得的好处说也说不完。譬如法国 T 恤制造商卡萨德就开创一个以博客为基础的公司，让顾客自行决定几乎所有细节，因此吸引了大量的顾客；日本横滨的一伸牙科里，友善的牙医团队证明博客对街坊邻居具有重大意义；马羽餐厅的威廉姆斯利用博客打败入侵他地盘的知名品牌连锁餐厅；如果不是博客，"设计海绵"的邦妮也许到现在还是个失业的设计顾问，但是借由博客的力量，如今她已成为设计业的重量级新秀。我们相信博客能为小公司提供庞大的商机，不论这些企业想要接触街坊顾客或是世界各地的消费者，博客都能助他们一臂之力。

博客这项工具确实令人刮目相看，但是我们访谈的大部分对象都坚持它不仅是工具而已，他们称博客为"新的沟通渠道"、"可信的营销途径"、"现状破坏者"、"主流媒体杀手"、"奇迹"等。

我们为这幅比博客更巨大的图像想出一个最贴切的名称，叫做"对话营销"(Conversational Marketing)，不过这个名字仍然无法包纳它所有的内涵；博客不仅冲击营销，也凌驾于营销；它不仅在对外沟通上举足轻重，对内沟通一样也少不了它；博客是危机时的救火队，是卓越的研究汇集器、诚聘英才的工具、产品发明机，也是顾客服务与支持的改善机制。博客提供双向沟通渠道，让一般人能接触公司高管，也能促进员工关系，鼓励顾客成为产品传播家，因此更能推动公司与顾客间的互动。未来博客对企业的好处还会比这些更多彩多姿，只是我们目前还无法想象罢了。

回想我们在与尤喜·瓦尔帝（就是监督 ICQ 四位学生创办人的那个大人）对话时，他曾指点我们：研究显示，讲故事和对话是人类文化的精华。我们把瓦尔帝的话稍微修改一下，博客堪称超强效的讲故事与对话。

最后，博客已经结束了一个时代，而且开启了另一个新时代，在这个新时代里，公司对大众的单向传播已发挥不了作用，他们也必须靠倾听人们的心声才能在市场中胜出。我们称这个时代为对话的时代，它没有改变所有事情，因为就像奈斯比特对我们说的，并非所有事情都会改观，但是有一些事改变了：博客正在冲击所有的企业，它使这个世界变得更小、速度更快。

博客也把企业变得更好了。

揭秘美国 FBI 培训间谍的识谎技巧

你只须

寻找"欺骗的线索"
发出"谎言追缉令"
拿起"心灵测谎器"
轻松玩转"心理游戏"
心中默念"防骗十诫"
学会逃离"自欺的陷阱"
同时认清"行家的骗局"
你就能做到"永远不上当"
最终"让真相说话"！

〔美〕大卫·李柏曼 著
项慧龄 译

重庆出版社
定　　价：26.80 元
出版日期：2007 年 12 月

如果无法阻止别人说谎
那就学会永远不上当

破谎宝典 还你天下无谎的世界

这是一个充满谎言的世界。你要做的就是在 5 分钟内识破一切谎言！

在这本破谎宝典中，著名心理学家大卫·李柏曼教给你简单快速的破谎技巧，使你能从日常闲聊到深度访谈等各种情境中，轻松地发现真相。

书中援引了几乎所有情境下的破谎实例，教你如何通过肢体语言、语言陈述、情绪状态和心理征兆等微妙的线索，嗅出谎言的气息，避开欺骗的陷阱，还自己一个"天下无谎"的世界！

大卫·李柏曼：专家中的专家

他在美国 200 多个节目中曝光并且频繁做客美国国家公共广播电台 (NPR)、美国公共广播电台 (PBS)、今日秀 (The Today Show) 和福克斯新闻 (Fox News) 等，受到全世界各大主流媒体的追捧，被誉为人类行为学领域"专家中的专家"。

他的主要著作包括：Get Anyone to Do Anything, Instant Analysis, Make Peace With Anyone, How to Change Anybody，其中部分作品被翻译成 11 种文字。

最受欢迎的商业博客之一
站在时代前沿的商业妙想

〔美〕赛斯·高汀 著
刘祥亚 译
重庆出版社
定　价：35.00元
出版日期：2007年7月

本书首次将赛斯·高汀近十年来最优秀的博客文章、杂志专栏和电子书内容结集出版，这些内容都是最富爆炸性、最有启发性、最具传播性和操作性的商业思想。

在书的每一页，你都能找到发人深省的观点和故事，它们足以改变你的工作方式、购买行为及观察世界的角度。

简单梳理一下，你会发现赛斯的这些思想可以分为几个群落：

第一个群落是网络。赛斯对于网络的思考在15年前就已经开始！他在2003年关于网络发展的诸多预言如今正在被一一兑现。

第二个群落是营销。赛斯谈到，营销的本质是一场对话，而传统的广告业却因为在这场对话中的失信而逐渐失信。他相信，未来最有力的营销途径是口碑，而在网络世界里建立口碑的方式将与传统社会截然不同。

第三个群落是未来。赛斯把我们拉上了时光的快车道，用最令人目瞪口呆的方式跟我们分享了他眼中的未来。

第四个群落是中国。这部分无疑会对中国读者具有特殊的意义。赛斯从另外一个角度提出了中国社会当前所面临的机遇。

赛斯·高汀

前雅虎副总裁
当代最有影响力的商业思想家之一
他的博客是当今世界上点击率和链接率最高的

〔匈〕安德烈·科斯托拉尼 著
林琼娟 译
重庆出版社
定　价：29.80元
出版日期：2007年7月

欧洲"证券教父"教你如何炒股赚钱

在投资领域，有欧洲沃伦·巴菲特之称，且被奉为绝对权威的安德烈·科斯托拉尼说："我是投机人士，始终如一！"科斯托拉尼通透掌握"以钱赚钱"的精髓，对金融商品和证券市场的一切了如指掌，以幽默、隽永且极富魅力的笔调，写下精彩绝伦的心理告白，其作品是20世纪的缩影，也是20世纪的智慧结晶。

科斯托拉尼能将抽象的策略、思想、观念用通俗有趣的故事来表达，其归纳的原则、公式和技巧，可令大众欣然接受，当然，大众也乐于了解他所描述的投资世界。

本书正是他钻研、思考、解读政治、经济、新闻、社会、资讯与心理学的精华，是他翻滚于股市洪流时，所见的投机客、股票玩家、狡猾老狐狸的真实缩影，也是他看穿股市心理，得以在无数次战役中，最终获胜的亲身体验。

本书揭露了股票市场中的机密，能培养读者独立思考与操作股票的能力，是股市操盘手及投资人的必读书籍。

短信查询正版图书及中奖办法

A．手机短信查询方法（移动收费0.2元/次，联通收费0.3元/次）
　　1．手机界面，编辑短信息；
　　2．揭开防伪标签，露出标签下20位密码，输入标识物上的20位密码，确认发送；
　　3．输入防伪短信息接入号（或：发送至）1066958879(8)08，得到版权信息。
B．互联网查询方法
　　1．揭开防伪标签，露出标签下20位密码；
　　2．登陆www.Nb315.com；
　　3．进入"查询服务""双码防伪标防伪查询"；
　　4．输入20位密码，得到版权信息。

中奖者请将20位密码以及中奖人姓名、身份证号码、电话、收件人地址、邮编、E-mail至：my007@126.com，或传真至0755-25970309

一等奖：168.00人民币现金；
二等奖：图书一册；
三等奖：本公司图书6折优惠邮购资格。
再次谢谢您惠顾本公司产品。本活动解释权归本公司所有。

读者服务信箱

感谢的话

谢谢您购买本书！顺便提醒您如何使用ihappy书系：
◆ 全书先看一遍，对全书的内容留下概念。
◆ 再看第二遍，用寻宝的方式，选择您关心的章节仔细地阅读，将"法宝"谨记于心。
◆ 将书中的方法与您现有的工作、生活作比较，再融合您的经验，理出您最适用的方法。
◆ 新方法的导入使用要有决心，事前做好计划及准备。
◆ 经常查阅本书，并与您的生活工作相结合，自然有机会成为一个"成功者"。

<table>
<tr><td rowspan="13">优
惠
订
购</td><td colspan="2">订 阅 人</td><td></td><td>部　门</td><td></td><td>单位名称</td><td></td></tr>
<tr><td colspan="2">地　　址</td><td colspan="6"></td></tr>
<tr><td colspan="2">电　话</td><td colspan="3"></td><td>传　真</td><td colspan="2"></td></tr>
<tr><td colspan="2">电子邮箱</td><td colspan="2"></td><td>公司网址</td><td></td><td>邮　编</td><td></td></tr>
<tr><td rowspan="4">订
购
书
目</td><td colspan="6"></td></tr>
<tr><td colspan="6"></td></tr>
<tr><td colspan="6"></td></tr>
<tr><td colspan="6"></td></tr>
<tr><td rowspan="4">付
款
方
式</td><td>邮局汇款</td><td colspan="5">中资海派商务管理（深圳）有限公司
中国深圳银湖路中国脑库A栋四楼　　　　　　邮编：518029</td></tr>
<tr><td rowspan="2">银行电汇
或转账</td><td colspan="5">户　名：中资海派商务管理(深圳)有限公司
开户行：招行深圳市银湖支行
账　号：5781 4257 1000 1</td></tr>
<tr><td colspan="5">交行太平洋卡户名：桂林　　卡号：6014 2836 3110 4770 8</td></tr>
<tr><td>附
注</td><td colspan="5">1．请将订阅单连同汇款单影印件传真或邮寄，以凭办理。
2．订阅单请用正楷填写清楚，以便以最快方式送达。
3．咨询热线：0755-25970306转158、168　　传　真：0755-25970309
E-mail: my007@126.com</td></tr>
</table>

→利用本订购单订购一律享受9折特价优惠。

→团购30本以上8.5折优惠。